本书系2015年教育部人文社会科学研究规划基金项目

"阅读与大学生发展的相关性研究——基于浙江省大学生阅读水平的调查"

（项目编号：15YJA880004）研究成果。

阅读与大学生发展

——基于浙江省大学生
阅读水平的调查和研究

YUEDU
YU
DAXUESHENG
FAZHAN

查 颖◎著

浙江大学出版社
ZHEJIANG UNIVERSITY PRESS

图书在版编目(CIP)数据

　　阅读与大学生发展:基于浙江省大学生阅读水平的调查和研究 / 查颖著. —杭州:浙江大学出版社，2019.11
　　ISBN 978-7-308-19667-3

　　Ⅰ.①阅… Ⅱ.①查… Ⅲ.①大学生－阅读－研究－浙江 Ⅳ.①G252.17

　　中国版本图书馆 CIP 数据核字(2019)第 237589 号

阅读与大学生发展——基于浙江省大学生阅读水平的调查和研究
查　颖　著

责任编辑	周　群
责任校对	杨利军　许晓蝶
封面设计	海　海
出版发行	浙江大学出版社
	(杭州市天目山路 148 号　邮政编码 310007)
	(网址:http://www.zjupress.com)
排　版	浙江时代出版服务有限公司
印　刷	杭州良诸印刷有限公司
开　本	710mm×1000mm　1/16
印　张	16
字　数	283 千
版 印 次	2019 年 11 月第 1 版　2019 年 11 月第 1 次印刷
书　号	ISBN 978-7-308-19667-3
定　价	59.00 元

前　言

　　在建设一流本科教育、让人才培养中心任务回归本源的新时代呼声中，人才培养质量成为当下中国高等教育领域的普遍关注点和重要课题。在2016年教育部开展的第四轮学科评估中，"人才培养质量"作为四个一级指标之一居于首位。在即将开展的第五轮学科评估中，对人才培养质量的评价将更重视"学生的获得感和成长度"。[①] 由此可见，对人才培养质量的评价正在逐步转向以学生为重点、以促进学生的发展为标准。因此，了解学生、研究学情、分析大学教育对学生成长和发展的实际成效是值得探究的中国高等教育研究新领域。

　　目前在以"大学生发展"为主题的研究中，国内外学者就"大学生发展的影响因素"进行了丰富的研究，验证人际互动、学生参与、大学组织、学习模式等对大学生发展的影响，但"面"上因素关注较多，"点"上因素关注较少，鲜有研究从阅读这个微观视角检验阅读对大学生发展的影响。阅读是人类获取知识、传承文明、提升精神境界的基本实践活动，也是大学生最基础和最重要的学习与生活方式。本书正是在此背景下，尝试对阅读与大学生发展的关系进行分析研究。

　　本书在梳理国内外相关理论和已有研究的基础上，采用量化研究和质性研究相结合的研究方法，对阅读与大学生发展的关系展开探讨。一方面，通过实地走访浙江省5所大学，对1105名本科阶段的文科大学生开展分场次集中问卷调查，并使用SPSS、Excel等统计软件，运用多元线性回归、多项

---

　　① 黄达人. 关于一流本科的若干思考[R]. 金华：浙江师范大学，2019.

Logistics 回归模型和有序 Logistics 回归模型对调查数据进行处理与分析，获得大学生在阅读内容、阅读数量、阅读方式等方面的特征，对阅读参与水平是否影响和怎样影响大学生的发展以及大学在提升学生阅读参与水平、促进学生发展中的影响机制等进行了验证性研究；另一方面，通过对 22 位文科大学生（包括 18 位在校生和 4 位已工作人士）的深度访谈，面对面地感受他们的阅读体验、了解他们的阅读故事，并运用扎根理论对阅读与大学生发展的关系以及大学生阅读的影响因素进行探索性分析。质性研究的发现使量化研究结论得到进一步的验证、补充和丰富。

研究发现，大学生的个体特征和在阅读参与中付出努力的多少（阅读数量）和质量（阅读内容）显著影响大学生发展，包括价值观、知识获取与创新能力、认知思维能力、组织表达能力和心理品质的发展，这表明阅读参与水平对大学生发展具有影响力。阅读环境和阅读互动是大学为吸引和鼓励学生积极参与阅读而提供的支持与服务，阅读环境和阅读互动显著影响大学生阅读和大学生发展，这表明大学对学生的阅读参与水平和学生的发展都具有影响力。一言概之，学生的阅读参与和大学的阅读支持共同影响大学生的发展。

本书的研究结果表明，学生的阅读数量越多、阅读内容越以专业类书籍和经典著作为主，大学为鼓励和促进学生的阅读参与在阅读课程和校园阅读活动组织、图书馆建设、校园阅读互动等方面付出的努力越多，大学生的发展就越好。但本书的研究发现，当下的阅读现实是无论是大学生的阅读参与还是大学的阅读支持均不容乐观。

本书通过实证研究直面现实，尝试从阅读这个贯穿大学学习生活始终的微观视角呈现大学生的阅读参与和大学的阅读支持对大学生发展的影响力。希冀本书能够帮助我们重新认识阅读在大学人才培养过程中的定位，为大学进行人才培养改革、提升人才培养质量以及中国大学生发展理论的构建提供理论基础和实证数据的支持。由于本人才疏学浅，本书肯定存在不尽如人意之处，希望得到同行和专家们的批评和指正，同时也希望本书的出版能够促进中国大学生发展理论的构建。

浙江师范大学

查　颖

2019 年 7 月

目　录

绪　论

第一节　问题提出

　　高等教育质量保障是当前全球范围内的普遍诉求,《国家中长期教育改革和发展规划纲要(2010—2020 年)》也明确指出,高等教育要"提高人才培养质量"①。长期以来,我国对高校人才培养质量的关注点主要是高等教育供给方的投入,但这只是保证人才培养质量的必要条件而非充分条件。因此,对人才培养质量的关注点转向以学生为重点、以促进学生的发展为标准是个值得探究的问题。在 2016 年教育部开展的第四轮学科评估中,"人才培养质量"作为四个一级指标之一居于首位,并构建了"培养过程质量"、"在校生质量"和"毕业生质量"三维度的人才培养质量评价模式。对教育过程的监控和测量②正是目前全球高等教育质量评估的新趋势,"学生参与"是这种过程性评估模式的核心概念。学生参与是指学生在课堂内外的有效教育活动上所付出的时间和精力,以及大学为促进学生参与这些教育活动所创

---

① 中华人民共和国教育部.国家中长期教育改革和发展规划纲要(2010—2020 年)[EB/OL].(2010-07-29)[2016-07-20]. http://www. moe. edu. cn/publicfiles/business/htmlfiles/moe/moe_838/201008/93704.html.

② 金子元久.大学教育力[M].徐国兴,等译.上海:华东师范大学出版社,2009:100-115.

造的条件和提供的服务。① 北美学生发展理论和大学影响力理论是学生参与概念产生的基石,它们从不同角度阐释了大学生在校期间成长和发展的影响机制。前者将大学生的发展更多地视为一个自主发展的过程;而后者则强调大学生的成长是受外在因素影响的结果,强调大学环境、组织特征、社会化互动等因素对大学生能力发展的影响。② 阿斯廷的"学生涉入"理论指出,大学生在有意义的教育活动中投入时间越长,付出的努力越多,收获越大。③ 佩斯则进一步提出,不仅要关注大学生学习的时间数量,也应该关注其努力的质量。在这些理论的基础上,美国学者乔治·库恩提出了"学生参与"的概念。北京大学朱红关于"中国首都大学生的参与度及其成长的影响机制"的研究结论验证了学生参与理论在中国大学情境下的适切性。④

尽管大学生发展理论在世界范围内已有上百年的研究历史,但我国学界没有把大学生群体作为重要研究对象开展长期系统的研究,因此我国至今未形成本土化的大学生发展理论。近年来虽有不少学者开始关注和引进美国的各种大学生学习和发展的评估工具,其中一些理论也进行了跨文化情境下的适用性验证,但从总体上说,这些理论在中国高等教育情境下的适用性和解释力仍有待进一步的考证。

直接经验的积累和间接经验的积累是人类进行知识积累的两条基本途径,随着人类社会的发展,间接经验的积累成为知识积累的主要途径。阅读,作为一种间接经验积累的主要方式,是人类获取知识和发展知识的基本实践活动。教育部部长陈宝生在关于"高等教育要做到四个'回归'"的讲话中强调:"一是回归常识。教育的常识就是读书。要围绕读书来办教育,积极引导广大师生……读优秀传统文化经典、马列经典、中外传世经典和专业

---

① 朱红.高校学生参与度及其成长的影响机制:十年首都大学生发展数据分析[J].清华大学教育研究,2010(6):35.

② 朱红.高校学生参与度及其成长的影响机制:十年首都大学生发展数据分析[J].清华大学教育研究,2010(6):36.

③ Astin A W. Excellence and equity in American education [R]. Washington DC: National Commission on Excellence in Education, Department of Education. ERIC, 1982: 1-27.

④ 朱红.高校学生参与度及其成长的影响机制:十年首都大学生发展数据分析[J].清华大学教育研究,2010(6):35-43.

经典。"①这段话包含了两层意思：一是阅读是高等教育的常识；二是在当下的高等教育中，阅读有所缺位，所以要"回归"。由此可见，大学需要审视并提高阅读在人才培养过程中的地位。

大学生是高等教育的培养对象，学习是大学生的中心任务，而阅读是最基础又最重要的学习和生活方式，它帮助大学生获得知识发展、智慧提升和精神成长。② 大学阶段学生的生理、心理、知识、经验等因素均已趋向成熟，他们精力充沛、求知欲强，智力水平已达到相当高度，是个体生命发展过程中的最优阶段，而他们读书求学所在的大学是"一个提供了最大的读书空间与时间的场所"③，因此大学阶段是阅读的黄金时期。同时，大学生作为一个特殊的社会群体，拥有较高的知识水平和文化修养，是社会发展、民族进步、国家强盛的未来所倚和中坚力量，因此大学生有责任引领阅读。然而，高等教育中阅读的缺位必然包含大学生阅读的缺失，大学生的阅读现状堪忧。不少有关大学生阅读的调查报告显示，无论是在阅读内容、阅读数量还是阅读方法上，大学生都存在某种欠缺，更值得关注的是大学生阅读旨趣的功利化、狭隘化等倾向。大学生的阅读水平到底怎样？哪些因素影响了大学生的阅读水平？这正是本书首先要探讨的问题。

学生参与理论指出，学生在大学的学习生活参与程度对大学生的成长和发展具有正向作用，是影响大学生成长和发展最为关键的因素。学生参与包括课堂学习参与、课外学习参与、跨专业学习参与和课余活动参与等。① 而阅读作为大学生最基础又最重要的学习和生活方式，是普遍存在于大学生课内外学习、专业和跨专业学习、校园文化活动中的有效教育活动。其与大学生成长和发展之间的关系怎样？大学生"读什么"、"读多少"和"怎么读"是否影响和怎样影响大学生的成长和发展？阅读在大学教育体系中的定位如何？大学创设的阅读环境和条件是否影响大学生的有效阅读？这些正是本书要讨论的主要内容。

本书选题的确定还有一些个人背景的缘由需要说明。我是一名在高校

① 教育部部长陈宝生：高等教育要做到四个"回归"[EB/OL].（2016-10-19）[2016-12-15]. http://edu.people.cn/GB/n1/2016/1019/c1053-28791643.html.

② 查颖.文科大学生阅读问卷调查分析：对浙江省1004名大学生的调查[J].中国高教研究，2016（11）：65.

③ 朱永新.我的阅读观[M].北京：中国人民大学出版社，2012：245.

④ 朱红.高校学生参与度及其成长的影响机制：十年首都大学生发展数据分析[J].清华大学教育研究，2010（6）：35-38.

已工作 20 多年的"双肩挑"教师,在 20 多年的职业生涯中,有 12 年在学生管理第一线工作,如果包括担任班主任工作的时间,那就是 16 年,可以说大学生是与我朝夕相处的群体,从 70 后、80 后、90 后到 00 后,我一直与他们"亲密接触"。我既在第二、第三课堂陪伴他们,也在第一课堂观察他们。当然,我不仅仅是陪伴者和观察者,我也是实践者。我体味着不同年代大学生的差异,体验着他们大学生活的酸甜苦辣,感受着他们的迷茫和疑惑,感知着他们真实的成长与发展,与他们在同一个舞台上奋斗。他们有时会困扰我,但更多的是带给我感动、喜悦和满足。大学生已成为我思考高等教育不可或缺的一部分,亦是我体悟生活不可替代的重要部分,因此,大学生成为我的研究对象似乎顺理成章。

然而,作为一名高校中层管理者,我感到困惑的是大学对学术追求的"现实热情"或者是"现实压力"正在替代其人才培养的基本价值和中心任务。在高等教育实践中,人才引进、管理体制、资源获取、绩效分配等正成为高频词汇,而作为大学核心利益相关者的学生,他们的学业状况怎样,大学是否并且如何促进了他们的成长和发展等问题并没有真正进入高校决策层的视域范围。人才培养在现实中成了大学"口中的巨人,行动的矮子",即使是高度重视的若干相关指标,其逻辑出发点也往往是资源获取而非学生发展,大学生在高校发展定位中的主体地位出现了被弱化甚至被忽视的趋势。

本书尝试从阅读视角入手,探讨阅读与大学生发展的关系,分析大学在促进学生阅读和学生发展中的影响力,为大学人才培养质量提升和中国大学生发展理论构建提供新的思路和些许实证依据。

第二节 研究意义

一、理论意义

本书具有以下几方面的理论意义:

第一,对丰富阅读学理论有一定的贡献。本书以阅读为视角,探讨阅读与大学生发展的关系,围绕涉及的一些关键和核心概念如阅读、大学生阅读等进行深入理解和分析,探讨阅读与大学生阅读的本质和价值、大学生阅读的影响机制等。上述研究得出的结论可以丰富阅读学理论。

第二,对构建中国大学生发展理论有一定的贡献。尽管国外的大学生发展理论已有上百年研究历史并趋于成熟,但由于我国学界没有把大学生群体作为重要研究对象开展长期系统的研究,所以我国至今未形成本土化的大学生发展理论。近年来有一些学者和研究团队开始运用西方大学生发展理论研究和解释中国大学生的发展,并主要围绕大学生发展状况的调查测量工具、大学生发展影响因素和大学生发展评价三个方面,对其中的一些理论进行了中国高等教育情境下的适用性验证,但从总体上说,这些理论在中国高等教育情境下的适用性和解释力仍有待进一步的考证。本书从阅读视角入手,对大学生发展的内涵、维度等进行深入探讨,采用量化研究和质性研究相结合的方法并运用相关的西方大学生发展理论分析和验证阅读与大学生发展的相关性以及大学在其中的影响力。研究结论将以一个新的、微观的角度来验证西方相关大学生发展理论在中国高等教育情境下的适用性,并为中国大学生发展理论的构建提供实证数据的支持。

第三,对丰富高等教育学和高等教育管理学理论有一定的贡献。本书以阅读为视角、以大学生为研究对象,致力于探讨阅读与大学生发展的关系,其中涉及对高等教育目的、人才培养机制、人才培养质量评估、大学课程改革、大学文化环境等的讨论。上述内容的讨论和研究亦可以在一定程度上丰富高等教育学和高等教育管理学的相关理论。

二、现实意义

人才培养质量是当下中国乃至全球范围内的普遍关注点。我国高等教育已完成从精英阶段向大众化阶段的过渡,有些地区甚至已进入普及化阶段,随之而来的不仅是学生规模的膨胀,还包括学生在家庭背景、学习基础、学习动机、学习行为等方面出现的显著的多元化趋势,这些使传统的高校人才培养模式面临冲击,需要通过转型来重新适应。但令人遗憾的是,高校人才培养模式并未实现相应的转型,滞后的人才培养模式致使人才培养质量成为社会各界质疑、诟病甚至问责高校的一个突出问题。站在学生的角度,人才培养质量也可以理解为大学促进学生成长和发展的程度,即大学在学生成长和发展中的影响力。

阅读是人类获取知识、传承文明、提升精神境界的基本实践活动,也是大学生最基础和最重要的学习和生活活动。在当下中国,阅读的贫乏使得阅读的重要意义被越来越多的人关注和呼吁,也引起了政府的高度重视。李克强总理在2014年、2015年、2016年连续三年的《政府工作报告》中都提及了阅读,并在接受人民日报记者采访时讲道:"用闲暇时间来阅读是一种享受,也是拥有财富,可以说终身受益。……把阅读作为一种生活方式,把它与工作方式相结合,不仅会增加发展的创新能力,而且会增强社会的道德力量。"①虽然政府关注的是全民阅读,但对处于阅读的优势和关键时期又拥有较高知识水平和文化修养的大学生群体而言,不仅自身应该具备较高的阅读水平,更有责任在全社会引领阅读,以提升全民阅读水平。而本书致力于阅读与大学生发展的关系研究也是希冀研究结论能改善和促进大学生阅读,并进一步推动全民阅读。

此外,阅读对大学生自我发展具有积极意义似乎是个无须证明的议题,并且是已有相关研究——无论是分析大学生阅读的特点、时代背景、阅读技巧,还是指出大学生阅读存在的诟病,又或是提出相应解决对策——的共同前提条件,但是对于这个前提条件本身却缺乏相应的研究和证实。

本书以阅读为视角,以浙江省文科大学生为样本,通过调研来呈现大学生阅读水平的真实情况,并在此基础上分析大学生阅读的影响因素以及阅读是否影响和怎样影响大学生的成长和发展,力求对阅读与大学生发展相关性这个看似不言而喻的议题做出准确清晰的呈现,这对提升大学生阅读和发展水平都具有重要的现实意义。

第一,目前以省级区域为视域开展阅读调研活动的对象主要是上海、广东、湖南等省份的大学生,而大学生发展研究的对象则集中在上海和北京。本书立足浙江省,通过调研形成的大学生阅读报告以及阅读对大学生发展影响的研究结论是对全国范围内大学生阅读和大学生发展研究的补充和丰富。

第二,已有关于大学生发展影响机制的研究主要关注的是宏观层面的因素,本书从阅读这个微观角度折射大学生的发展,为大学提高人才培养质量、进行人才培养模式改革以及转变人才培养质量评估范式等提供新的视角和些许政策依据。

第三,本书通过对大学在促进学生阅读参与中的现状和影响力的分析,可以引起大学对阅读在高等教育体系中的定位以及关于学生阅读指导、推广和服务等工作的审视、反思和改进,在促进大学生阅读的同时推动大学生引领全社会的阅读,进而对促进全民阅读、营造书香社会有所帮助。

---

① 李克强.阅读是一种享受 希望全民阅读能够形成一种氛围[EB/OL].(2015-03-15) [2016-07-23].http://www.gov.cn/zhuanti/2015-03/15/content_2834273.htm.

第三节　相关研究和理论

经资料搜索,尚未发现专门对"阅读与大学生发展关系"进行研究的文献。

国内在以"大学生发展"为主题的相关研究中,只有间接提及阅读的情况,如把阅读作为大学生学业发展的一个二级或更低位的指标,但基本都未进行全面深入的讨论。于海在 2002—2003 年上海大学生发展调查中,在 8 项测量指标之"学习情况"中专门调查了大学生的"阅读习惯"并进行了讨论。研究发现,大学生"偏好非学术类读物,经常读人文社会科学典籍者不足三成","资讯发达使学生阅读面扩大,非学术类阅读占有很高比例;但比较下来,学术类阅读显得单薄,专业期刊与外文文献阅读更是稀少"。在 2004—2005 年上海大学生发展调查中,6 项测量指标之"学习情况"的 13 个二级指标中仍包含"阅读习惯",但在"研究的发现和讨论"中没有具体提及。[①] 在 2008 年度首都大学生发展调查中,在涉及"学生的学习投入与行为"指标下的"课余时间配置"中的"学生每周课余自学"题项中,阅读与作业、预复习一起包含其中,但也没有进一步的讨论。[②] 李忠等在关于"知识视野下的高等教育教学与大学生发展"的研究中提出大学生的发展在于三种形态知识的获得,其中的规则性知识的获得最便捷、安全的来源是书本,即通过阅读获得规则性知识。[③] 显然,在上海大学生发展调查项目和李忠等关于大学生发展的研究中,阅读被视为与大学生发展相关的一个二级指标,而在首都大学生发展调查中,阅读则被视为与大学生发展相关的一个四级指标。也就是说,国内已有研究中尚没有直接对阅读与大学生发展相关性进行研究的成果。

国外的相关研究亦然。仅有学者研究了阅读技能与大学生成就之间的

---

① 于海.上海大学生发展研究(2002—2003)[J].复旦教育论坛,2003(2):1-5;于海. 2004—2005 年上海大学生发展报告[J].复旦教育论坛,2006(2):49-54.

② 鲍威.未完成的转型:普及化阶段首都高等教育的人才培养与学生发展[J].北京大学教育评论,2010(1):27-44.

③ 李忠,闫广芬.知识视野下的高等教育教学与大学生发展[J].江苏高教,2009(3): 68-71.

关系,普雷斯顿(Ralph C. Preston)等人在"The relation of reading skill and other factors to the academic achievement of 2048 college students"中探讨了阅读技能与学生学术成就的关系。① 阅读技能是大学生阅读中的要素之一,学术成就是大学生发展中的维度之一,因此以上研究也不是完整意义上的对阅读与大学生发展相关性进行直接研究的成果。

从已有的相关研究看,尽管过去很少有学者对阅读与大学生发展这两个变量间的关系进行直接的研究,但是有关大学生阅读、大学生发展等的研究成果还是比较丰富的,如一些大学生阅读调查报告为本书提供了背景参考,一些区域大学生发展报告为本书提供了经验借鉴,国外比较成熟的学生发展理论以及国内学者关于这些理论在中国高等教育情境下的适用性研究为本书奠定了理论基础。

一、大学生阅读的相关研究

(一)国内大学生阅读的研究现状

国内关于大学生阅读问题的研究从 20 世纪 80 年代逐步进入学者视野,接下来的 30 多年时间里,国内学者对大学生阅读保持了持续研究。其中研究著作主要集中在两个方面:一是关于大学生阅读内容、阅读策略、阅读方向等指导类著作,如李天英编著的《大学生读什么》(陕西师范大学出版社,2001)、赵友编著的《大学生读书策略与方法研究》(中国农业科学技术出版社,2004)、谢友倩译的《大学生阅读指导》(中国人民大学出版社,2005)、阎德才和崔万立编著的《大学生阅读指南》(大象出版社,2010)等;二是大学生阅读心得体会辑录类图书,如王志勇主编的《理想青年:启明——大学生读书心得集》(华中科技大学出版社,2008)等。学术论文主要是围绕大学生阅读调查、大学生阅读环境、心理学视角下的大学生阅读、大学生经典阅读和大学生阅读比较等进行研究的成果,此类研究的代表人物主要有岳修志、刘英梅、费广洪、党怀兴、涂海青等。

1. 大学生阅读调查研究

大学生阅读调查研究是国内学者关于大学生阅读最为关注的研究主题。学者们通过对在校大学生的阅读兴趣、阅读习惯、阅读内容、阅读方式

---

① Preston R C, Botel M. The relation of reading skill and other factors to the academic achievement of 2048 college students[J]. Journal of Experimental Education,1952, 20:363-371.

和方法、阅读需求等进行调查和分析,以期找到大学生阅读的特点、存在的问题以及大学为学生阅读提供的最主要服务平台(图书馆)的建设方向等,进而提出指导和改善大学生阅读的建议和对策等。

岳修志在《当代大学生阅读问卷调查分析》中设计了概况、阅读行为、阅读心理 3 类共 26 个问题的调查问卷,对国内 39 所大学的 4078 位学生进行了 2 个月的调查分析,基于调查结果得出了大学生阅读态度积极、阅读行为不尽如人意的结论,并对功利性阅读、阅读推广和阅读辅导等问题提出了建议。[①] 周松青对上海市 1305 名在校大学生的读书兴趣、表现、课余时间的分布等进行了调查,结果表明:女生读书时间多于男生;大学生课余上网玩游戏时间严重超标;在课堂教学中,认真听课学生所占比例偏低。[②] 梁春芳以杭州 16 所本科高校为例对大学生的网络阅读、经典阅读、校园阅读环境等进行了调查,通过对调查结果的定性和定量分析发现:大学生增加课外阅读尚有较大空间,大学生阅读认知度普遍较高,纸媒仍是大学生首选的阅读载体,精读泛读结合是大学生首选的阅读方法,兴趣至上是大学生首选的阅读目的,不知道读什么和如何读是大学生主要的阅读困惑,没时间读是妨碍大学生阅读的主要原因;对大学生阅读产生主要影响的是同学、老师和朋友,大学生获取读物的主要渠道是学校图书馆,大学生阅读的主要场所是宿舍和图书馆,大学生文化消费的主要场所是书店和校区报刊亭;大学生网络阅读时间和纸质图书阅读时间相差不大,查阅资料是大学生首选的上网目的,休闲娱乐类读物在大学生网络阅读中最受欢迎,大学生对"网络快餐文化"的认知较为模糊;文学名著和青春文学是大学生的最爱,大学生对经典名著认知度较高并有不同程度的涉猎。[③] 张事业等人以广州地区 7 所高校的大学生为调查样本,从该地区在校大学生读书与否、读书的类型等角度进行分析,结果显示大学生的读书现状不容乐观,表现为阅读量不够、阅读视野过于狭窄等。[④] 唐淑香等对湖南省 8 所高校大学生的阅读量、阅读倾向、阅读频率、阅读服务等课外阅读情况进行了调查分析,该研究的调查对象是湖南

① 岳修志.当代大学生阅读问卷调查分析[J].大学图书馆学报,2011(4):81-85.
② 周松青.我国在校大学生读书表现存在问题及对策分析:对上海市 1305 名大学生的调查[J].中国青年研究,2008(9):47-50.
③ 梁春芳.大学生读什么书:杭州 16 所本科高校大学生阅读状况调查[J].中国出版,2009(4):48-52.
④ 张事业,陈志,叶静华.大学生读书现状及思考:广州地区七所高校大学生读书情况调查[J].科技进步与对策,1998(6):104-105.

省包括师范、农业、林业、医学、商学、理工科院校及综合性大学等不同层次、各具特色的 8 所高校的本科大学生以及少量研究生。调查结果发现,大学生阅读态度沉稳,阅读量略显偏低,阅读动机多元化,阅读以纸质文献为主,阅读经典热情不减等。[①] 陈晓曦等从学生在人文科学阅览室的读者统计和学生毕业论文的引文统计两个角度定量研究了大学生的阅读需求,通过对统计结果的分析讨论得出大学生阅读需求具有"开放型"集中性、"应变型"稳定性、"起伏型"阶段性三方面特征,由此从信息资源的建库重点、信息网络建设的导向特色和文献信息教育的突破方向三方面对高校图书馆建设提出了建议。[②] 金秋萍调查了大学生对高校图书馆阅读推广活动的评价,对广西大学、广西财经学院和广西师范学院的 50 名学生书友会会员进行了问卷调查,调查发现阅读推广活动的效果与图书馆馆藏质量无紧密联系,大学生看重的是活动对其产生的实际影响如专业水平和语言表达能力的提升等。研究还对 19 种高校图书馆阅读推广活动进行了排序,排在前三位的是精品图书展览、名家讲座和名著影视欣赏,而排在后三位的是污损图书展览、古典文献欣赏和读书节的启动与闭幕仪式。研究最后从活动的宣传和组织形式等方面对高校图书馆的阅读推广提出了相应建议。[③]

2. 大学生阅读环境研究

大学生阅读环境研究主要是从信息化背景和新媒体环境出发,探究大学生阅读环境的变化以及由此带来的阅读方式的改变如网络阅读、数字阅读、手机阅读等对大学生阅读的影响,进而提出相应的干预和引导机制。基于移动互联环境下的大学生阅读研究是近年来关于大学生阅读研究的热点,得到学界的持续关注。

刘英梅认为,新媒体、新技术的发展逐渐改变着阅读中传者与受者之间的关系,让受众之间存在互动,同时阅读信息的表达方式开始多样化,信息的出版渠道逐渐多样化,信息趋于表面化,信息内容的权威性降低。研究对大学生阅读开展了抽样调查,结果显示传统纸质阅读是大学生的主要阅读方式,图书馆是多数大学生选择的阅读地点,大学生阅读目的明确,阅读内

---

① 唐淑香,孙娟.湖南省大学生课外阅读调查与分析[J].图书馆建设,2009(3):63-66.

② 陈晓曦,金越,陈务正.从大学生阅读需求探讨高校图书馆信息化建设问题[J].大学图书馆学报,1998(2):54-56.

③ 金秋萍.基于问卷调查的高校图书馆阅读推广活动评价分析[J].图书馆学研究,2014(24):70-74.

容广泛等。研究最后以图书馆为视角,提出了为大学生营造理想的阅读环境的若干对策建议。[1] 黄晓斌等人以中山大学的学生为调查样本,分析了数字媒体对大学生阅读时间、阅读方式、阅读倾向、阅读内容等方面的影响,研究发现大学生对在线阅读的喜爱和纸质文献阅读的偏爱不是此消彼长的关系,而是并存的,学生会根据阅读方式、阅读内容等加以选择:他们在浏览扫读、跳跃式阅读、选择性阅读以及娱乐休闲和获取信息时会选择数字媒体,而在重点阅读、深度阅读以及阅读小说、名著、文学典籍时更多地选择纸质文献。[2] 刘亚等人对杭州电子科技大学本科生的手机阅读行为调查发现,了解资讯是大学生手机阅读的首要需求,直接联网阅读是大学生最喜欢的手机阅读方式,手机阅读的干扰主要来自阅读资源和环境的特征以及大学生的心理和社会角色特点,而手机阅读的激励因素与大学生的自我需求和从众心理等相关。[3] 庞佳等从技术、经济、需求和政策四个方面分析了移动互联环境下大学生阅读模式变迁的驱动因素,研究认为移动互联并没有改变阅读的本质并建议大学图书馆通过制定用户身份识别策略、开发图书馆专属移动应用和建立移动阅读引导机制来指导大学生科学地进行移动阅读。[4]

　　3. 心理学视角下的大学生阅读研究

　　心理学视角下的大学生阅读研究主要是从心理学视角出发对大学生阅读的影响因素进行研究,国内学者比较关注大学生阅读中的眼动研究。

　　费广洪等基于插图作为帮助人们提高阅读理解能力的一种常用方法,选取了 40 名大学生为被试,使用眼动仪考察了图文相关程度的高低对场依存型以及场独立型大学生图文阅读的影响。该研究发现,对不同认知方式的大学生而言,图文相关性对其影响不同:对场独立型大学生的阅读成绩无显著影响,但对场依存型大学生的阅读成绩影响显著。该研究认为,高相关插图有助于提高场依存型读者的阅读成绩。[5]

　　张巧明等采用移动窗口技术,以 101 名大学生为被试,探讨了大学生的

　　① 刘英梅.全媒体时代大学生阅读环境分析[J].图书馆建设,2012(3):77-81.

　　② 黄晓斌,林晓燕,刘子明.数字媒体对大学生阅读行为影响的调查分析[J].图书情报工作,2008(2):53-56,119.

　　③ 刘亚,寋瑞卿.大学生手机阅读行为的调查分析[J].图书馆论坛,2013(3):97-101.

　　④ 庞佳,穆祥望.移动互联环境下大学生阅读模式变迁的驱动因素分析[J].图书馆工作与研究,2013(10):124-128.

　　⑤ 费广洪,王细英,龚桂红.图文相关性对不同认知方式大学生阅读影响的眼动研究[J].心理学报,2013(7):783-789.

阅读知觉广度,同时使用多元回归方法考察了各因素对眼动指标的影响。①

4. 大学生经典阅读研究

大学生经典阅读研究主要针对当前大学生远离经典名著而追求片面化、肤浅化阅读的现象,分析其对大学生人文素养养成等的不利影响,并提出引导大学生研读经典的对策建议。

党怀兴指出,当前大学生的阅读现状堪忧,具体表现为读书漫无目的、读图、"浅阅读"和不读书等,为此他提出了促进大学生经典阅读的具体举措,如推荐经典阅读书目、开设系列经典导读课、组织开展丰富多彩的经典阅读活动等。② 孙桂洁从阐述大学生阅读经典的重要性入手,借用一些调查数据分析了大学生经典阅读现状,结果发现当代大学生对经典文本的疏离已经到了令人担忧的地步,因此作者从转变教育观念、加强制度保障、营造读书氛围三方面提出了引导大学生阅读经典的途径和方法。③

5. 大学生阅读的比较研究

大学生阅读的比较研究主要以调查为基础,对不同时段如十年前后、扩招前后以及中外大学生阅读情况等进行比较分析和发展走向研究。

涂海青在 2000 年和 2010 年分别对同一学校的大学生进行了两次内容基本相同的问卷式抽样调查及随机调查,比较和分析了相隔十年的大学生在阅读动机、阅读习惯和阅读态度等方面的差异。研究发现,十年来大学生阅读情况的变化和走向主要表现在四个方面:大学生阅读动机明确,科研意识增强;阅读目的重在提高自身修养;纸质文献仍是首选,网络阅读大幅上升;阅读呈多元化发展,阅读倾向重在引导。④

赵慧真对中美大学生的阅读倾向进行了比较,发现我国大学生的阅读存在盲目性、消遣性、平庸化等不良倾向,并从社会文化、教育制度、教学方式、学生信息素养、图书馆资源建设等方面分析了中美大学生阅读倾向差异的影响因素,提出了提高大学生阅读兴趣、扩大大学生阅读范围、增强大学生信息意识、提高大学生信息能力等建议。⑤

---

① 张巧明,王爱云,闫国利.大学生阅读知觉广度影响因素的回归分析[J].心理与行为研究,2013(2):190-194.

② 党怀兴.倡导阅读经典 提高大学生的人文素养[J].中国大学教学,2010(3):9-11.

③ 孙桂洁.对于大学生阅读经典问题的深度思考[J].图书馆学刊,2009(4):53-55.

④ 涂海青.10 年来大学生阅读情况的比较与走向:以常熟理工学院为例[J].图书馆理论与实践,2011(6):85-88.

⑤ 赵慧真.中美大学生阅读倾向比较研究[J].图书馆,2009(6):32-34.

　　从以上国内有关大学生阅读的研究内容和研究成果可以发现,国内学者主要研究了大学生的阅读认知、阅读动机(目的)、阅读内容、阅读数量、阅读方式等方面的实际状况并提出相应的对策建议。调查研究是最主要的研究方法,实验研究方法基本限于心理学视角下的大学生阅读研究,调查研究的结果主要是描述性呈现。此外,大学生阅读研究成果主要集中在图书馆、情报与文献学领域。以相关学术论文检索为例,在中国期刊全文数据库(CHKI)上以"大学生阅读"为篇名(1992—2013)检索到的 40 篇二级及以上论文(CSSCI 来源期刊)中,有 28 篇发表在图书馆、情报与文献学领域的期刊上,占比为 70%,而发表在教育学领域期刊上的只有 4 篇,占比为 10%。

　　学者们关于大学生阅读的研究结论基本是一致的。其中最为一致的是大学生的阅读方式——虽然数字媒体呈上升趋势,但纸媒仍是首选;其次是大学生的阅读认知——尽管大学生的阅读行为有不尽如人意之处,但对阅读的态度都是积极肯定的;再次是大学生的阅读数量,调查结果普遍显示大学生的阅读数量不多;此外,学校图书馆是大学生选择的主要阅读场所也是较为一致的研究结论。

　　学者们的研究结论也有不一致的地方,主要集中在大学生的阅读目的和阅读内容两方面。具体来说,在阅读目的方面:有研究显示大学生阅读存在盲目性,也有研究表明大学生阅读目的明确;有研究发现完成学业是大学生阅读的首要目的,也有研究显示兴趣至上是大学生阅读的首要目的。在阅读内容方面:有研究表明文学名著和青春文学是大学生的最爱,也有研究指出休闲和通俗读物是大学生阅读的主要选择;有研究发现大学生经典阅读热情不减,也有研究显示大学生对经典的疏离已经到了令人担忧的地步。

　　总体而言,学者们关于大学生阅读的研究结论基本一致,存在部分差异的主要原因应该是研究样本和样本规模不同。虽然研究对象都是大学生,但存在不同年代、不同区域、不同学校、不同学科等差异,而样本规模的大小也会影响研究结论。同时,由于大学生的阅读内容没有统一的分类标准和方法,不同的分类方法也会影响研究结论。

　　综上所述,学界尤其是高等教育学界应对大学生阅读给予更多的关注,不断充实和细化不同区域、不同学校、不同学科等的大学生阅读研究,以综合得到更为全面完整的研究结论。当然,现有研究中的不少观点、材料和结论对本书有重要的借鉴意义。

　　(二)国外大学生阅读的研究现状

　　以 JSTOR 数据库搜索到的外文文献资料为依据,国外学者在 20 世纪

20 年代就开始关注大学生阅读的研究,并在 20—70 年代保持了持续的研究,但从 80 年代开始对大学生阅读的研究关注度降低,研究成果也是零星出现。从研究内容看,国外大学生阅读的研究维度与国内基本一致,主要围绕大学生阅读调查、大学生阅读环境、心理学视角下的大学生阅读等方面展开。

1. 大学生阅读调查研究

国外学者也关注对大学生阅读状况的调查。鲍威尔(A. Scott Powell)在 1952—1953 年间受卡耐基基金会资助,在 11 个黑人大学图书馆中对 366 个学生的阅读兴趣及与阅读发展之间的关系进行了调研。[①] 胡尔(William Stanley Hoole)采用抽样调查的方式对伯明翰南方学院学生的阅读偏好和图书馆使用情况进行了研究。[②]

较之国内,国外学者特别关注对不同群体大学生阅读的调查研究。有针对不同肤色、不同种族的大学生开展的调查研究或比较研究,如博伊金(Leander L. Boykin)关于黑人大学生的阅读调查报告[③]和肖尔斯(Louis Shores)关于黑人大学生和白人大学生阅读兴趣的比较研究等[④];有针对特定高校大学生开展的调查研究,如胡尔关于伯明翰南方学院大学生的阅读研究等。[⑤] 这些研究集中探讨了不同群体大学生在阅读选择、阅读时间、阅读方法、阅读技巧等方面的异同。

2. 大学生阅读环境研究

国外学者也关注新媒体的出现和发展对大学生阅读带来的变化和影响。如莫克达瑞(Kouider Mokhtari)等人研究了电视和互联网高速发展的

---

① Powell A S. Reading interests of 366 college students[J]. The Journal of Negro Education, 1954,23: 183-185.

② Hoole W S. A cross-section survey of the reading habits and library usage of Birmingham-Southern College students[J]. Peabody Journal of Education, 1938,15: 216-220.

③ Boykin L. A summary of reading investigations among Negro college students, 1940 —1954[J]. Journal of Educational Research, 1958,51: 471-475.

④ Shores L. A comparison of the reading interests of Negro and white college students [J]. The Journal of Negro Education, 1933,2: 460-465.

⑤ Hoole W S. The reading of Birmingham-Southern College students[J]. Peabody Journal of Education, 1936,14:151-157.

时代，新媒体环境对大学生阅读习惯和行为的影响。①

　　3. 心理学视角下的大学生阅读研究

　　国外学者在 20 世纪 50 年代就开始关注大学生阅读中的眼动研究。如莱科克（Frank Laycock）研究了眼动在大学生阅读率变化中的显著特点等。② 国外学者还关注态度和情感等心理因素对大学生阅读的影响。③

　　此外，国外学者特别重视对提高大学生阅读技巧和能力的策略和途径的研究，即通过实验或实证研究等方法，测量不同的方式对提高大学生阅读技巧和能力的功用和效果。杜姆勒（Marvin J. Dumler）通过实验研究，证明加速器训练能够提高大学生的阅读效率。④ 金斯顿（Albert J. Kingston）等人通过实证研究，发现特别阅读训练对提升大学生阅读能力具有独特作用。⑤ 普雷斯顿等人则专门研究了优秀大学生的阅读习惯。该研究在宾夕法尼亚大学的女子学院中，依据学习成绩在 206 位大三学生中遴选出 42 位大学生，其中 22 位大学生自愿成为被试参与了这个项目。研究主要通过爱荷华默读测试、阅读速度测试、学习习惯测试、眼动测试等实验来发现和探讨优秀大学生的阅读习惯。⑥ 此外，也有学者研究了阅读技能与大学生成就之间的关系，如普雷斯顿等人通过对 2048 名大学生的调研，探讨了阅读技

　　① Mokhtari K, Reichard C A, Gardner A. The impact of internet and television use on the reading habits and practices of college students[J]. Journal of Adolescent and Adult Literacy, 2009,52: 609-619.

　　② Laycock F. Significant characteristics of college students with varying flexibility in reading rate: I. Eye-Movements in reading prose [J]. The Journal of Experimental Education, 1955,23: 311-319.

　　③ Maxwell M J. The role of attitudes and emotions in changing reading and study skills behavior of college students[J]. Journal of Reading, 1971(6): 359-364, 420-422.

　　④ Dumler M J. A study of factors related to gains in the reading rate of college students trained with the tachistoscope and accelerator[J]. Journal of Educational Research, 1958,52: 27-30.

　　⑤ Kingstona A J, Georgea C E. The effects of special reading training upon the development of college students' reading skills[J]. Journal of Educational Research, 1957, 50: 471-475.

　　⑥ Prestona R C, Tufta E N. The reading habits of superior college students[J]. The Journal of Experimental Education, 1948,16: 196-202.

能与学生学术成就的关系。①

二、大学生发展的相关理论和研究

（一）大学生发展的相关理论

大学生发展理论在欧美国家尤其是北美已有上百年的研究历史，它从社会学、心理学、生态学等角度解释学生在大学期间的成长和发展规律。美国心理学界从 20 世纪 60 年代开始兴起了大学生发展的理论研究并形成了大学生发展理论体系，探讨了美国大学生的发展内容、机制及其与环境的关系，集中解释了学生在大学四年生活中了解自我、他人和世界的发展过程。其中，最具代表性的流派包括个人-环境作用学派、认知学派和社会心理学派，相应地形成了个体与环境互动理论、认知结构理论、社会心理与认同发展理论、整合型理论等。②

1. 个体与环境互动理论

个体与环境互动理论强调学生个体与大学环境的相互作用，重点解释大学校园环境怎样影响学生发展，包括学生的认知、社会心理以及价值观等方面的发展。该理论模型虽然是美国学者对美国学生进行研究而得出的结论，但具有跨文化适用性。③ 代表人物有穆斯（R. H. Moos）、佩斯（C. R. Pace）、班宁（J. H. Banning）、阿斯廷（A. W. Astin）、帕斯卡雷拉（Pascarella）、亭托（Tinto）、帕萨（Pusser）和布朗芬布伦纳（Bronfenbrenner）等。

学生参与理论。阿斯廷是个体与环境互动理论最重要的代表人物，他于 20 世纪 70 年代末 80 年代初提出了学生涉入理论（student

———————————

① Preston R C，Botel M. The relation of reading skill and other factors to the academic achievement of 2048 college students[J]. Journal of Experimental Education，1952，20：363-371.

② Evans N J，Forney D S，Guido-DiBrito F. Student development in college：theory，research，and practice[M]. San Francisco：Jossey-Bass Publishers，1998；Evans N J，Forney D S，Guido-DiBrito F. Student development in college：theory，research，and practice[M]. 2nd ed.. San Francisco：Jossey-Bass Publishers，2010.

③ 仁. 学生发展理论在学生事务管理中的应用：美国学生发展理论简介[J]. 李康，译. 高等教育研究，2008(3)：19-27.

involvement)①,指出大学生在有意义的教育活动中投入的时间越长,付出的努力越多,收获就越大。同时,受到佩斯"努力质量"(quality of effort)模型的启发,"student involvement"理论不仅关注大学生投入的学习时间数量,也关注其投入的质量。在此基础上,库恩(George D. Kuh)将"student involvement"拓展为"student engagement",意为学生参与不仅指大学生的投入,也包括大学为促进学生的这种参与而提供的支持和服务。学生参与理论指出,学生参与的形式丰富多样,包括课堂内外的学习参与、课余活动参与和人际互动等;学生的发展也是全面的,包括道德情感发展、认知发展和能力发展等。较之发展结果,学生参与理论更关注学生发展的过程。

帕斯卡雷拉的大学生变化评定模型。该理论是帕斯卡雷拉在1985年提出的评估大学生发展的综合模型(the general model for assessing change),是高校如何促进学生发展的综合性的因果关系模型。该理论认为,大学生学习和认知能力的发展主要是五大要素直接或间接作用的结果,其中高校的组织结构特征和高校环境是影响大学生发展的间接要素,而学生家庭背景及进入高校前的个人特征和特质、师生互动和同伴互动、学生的努力程度则是影响大学生发展的直接要素。② 北京大学教育学院"大学生发展研究"课题组依据帕斯卡雷拉的五要素模型,结合中国大学实际,研究了中国高等教育情境下高等教育要素和个人特征要素之间的相互关系及其对学生学习和认知能力发展的影响。③

亭托和帕萨的院校行动模型。该理论强调高校组织特征、环境和行动对学生能力发展和学业成功的重要影响,即强调大学教育在学生发展中的决定性作用,可用以分析不同院校类型对学生发展的影响。该理论指出,学生成功包括五方面条件,即院校承诺、院校期望、支持服务、反馈和参与,院校可通过行动来改变这五方面条件从而帮助学生获得成功。其中:院校承诺和院校期望构成了该校的组织特征,对学生发展起直接影响;学生可通过参与来提高自身各方面的能力,而院校的支持服务和反馈将提高学生参与

① Astin A W. Student involvement: a developmental theory for higher education[J]. Journal of College Student Development,1999,40(5):518-529.
② Pascarella E T, Terenzini P T. How college affects students: a third decade of research [M]. San Francisco: Jossey-Bass Publishers,2005:56-57.
③ 李文利.高等教育之于学生发展:能力提升还是能力筛选?[J].北京大学教育评论,2010(1):5.

的数量和质量,从而帮助学生获得成功,对学生发展起间接影响。[①]

布朗芬布伦纳的人类发展生态学模型。该理论是学生发展理论中相对较新的理论,从生态学的视域来解释环境对大学生发展的影响。该理论指出,学生的发展过程发生在学生所处的一系列情境和关系中,这些情境和关系的相互作用形成了推动学生发展的力量。通过了解这一系列情境、关系及其相互作用就可以理解它们怎样促进或阻碍学生在认知、人格等方面的发展。[②]

2. 认知结构理论

认知结构理论关注学生的发展过程而不是发展内容,重点解释学生课堂内外的行为及其思维模式。代表人物有佩里(W. Perry)、柯尔伯格(L. Kohlberg)、贝伦基(Belenky)和吉利根(Gilligan)等。

佩里的学生智力和道德发展理论将学生的发展分为四个不断向前推进的阶段:"基本二分阶段"(basic duality)、"多元化阶段"(multiplicity)、"相对主义阶段"(relativism)和"信守阶段"(commitment)。在这四个阶段中,学生对权威(如老师)的认知是从完全顺从到质疑,对知识的认知是从绝对到相对。该理论认为,学生的发展是从只具备简单、具体世界观的阶段到具备复杂的、能处理不确定性和鉴别知识真伪的辨识能力的阶段。由于佩里的理论解释的是男性学生的发展,因此虽然该研究对学生事务领域产生了深远影响,但也受到了批评。而贝伦基等对女性学生认知和价值观发展的研究则是对佩里理论的有益补充。贝伦基等的"女性思维模式"(women's ways of knowing)模型指出,女性不是像男性那样去掌握或占有知识,而是与知识建立个人联系。[③]

3. 社会心理与认同发展理论

社会心理与认同发展理论关注学生的发展内容,重点解释学生在与他人交往和群体互动中认识和了解自己的过程。代表人物有埃里克森(E. H. Erikson)、奇克林(A. Chickering)等。

---

① Tinto V, Pusser B. Moving from theory to action: building a model of institutional action for student success [R]. Washington DC: National Post secondary Education Cooperative, Department of Education, 2006:1-35.

② 仁. 学生发展理论在学生事务管理中的应用:美国学生发展理论简介[J]. 李康,译. 高等教育研究,2008(3):19-27.

③ 仁. 学生发展理论在学生事务管理中的应用:美国学生发展理论简介[J]. 李康,译. 高等教育研究,2008(3):19-27.

埃里克森人生（人格）发展八阶段理论。美国精神分析理论家埃里克森提出了以人格发展为主线的心理社会发展理论。埃里克森将人生历程分为八个阶段，认为人在每个阶段都会面临"危机"，这些"危机"是由心理成熟与社会的文化环境和期望之间的冲突或矛盾而产生的。为了应对这些"危机"，埃里克森提出了"同一性"的概念。一般而言，"同一性"是个体对自我的确认和有关自我发展的一些问题如价值观、人生观、理想、职业等的思考和选择。而"同一性"的确立意味着个体对自我已充分了解，并能将过去、现在和将来有机连贯，以及根据社会需求和限定确立理想、价值观和人生观等，同时为未来的发展做好准备。①

奇克林的发展向量理论。埃里克森是社会心理与认同发展理论的奠基人，但将这一研究领域扩展到高等教育领域的是奇克林。奇克林于1969年在其《教育与同一性》（*Education and Identity*）一书中提出了七向量，即学生七方面的发展内容。1993年他与赖塞尔（Reisser）一起又对七向量进行了修订。七向量包括：（1）能力培养（developing competence），包括学生的智能、体能和人际交往能力；（2）情绪管理（managing emotion），包括学生对攻击和性两方面情感的控制及情感范围的拓展；（3）自治（moving through autonomy toward interdependence），即学生从独立性的养成到与他人的相互依存；（4）成熟的人际关系（developing mature interpersonal relationships），即学生能在信任、独立与个性的基础上与他人建立和发展关系；（5）同一性的确立（establishing identity），即学生发现并确立自我；（6）目标辨析（developing purpose），即学生对生活目标感知、计划和判断能力的提高；（7）整合的实现（developing integrity），即学生言行一致品格的养成。七向量反映的是大学生发展的不同领域和层次，美国学者对这些向量进行了广泛而深入的研究。埃里克森和奇克林的理论是运用美国的个体发展和人格发展模型得出的研究结论，可能不完全适用于中国大学生。②

4. 整合型理论

20世纪90年代以来，学生发展理论的最新趋势是出现了整合型理论。

---

① 埃里克森.同一性：青少年与危机[M].孙名之，译.杭州：浙江教育出版社，1998：79-126.

② 仁.学生发展理论在学生事务管理中的应用：美国学生发展理论简介[J].李康，译.高等教育研究，2008(3)：19-27；方巍.美国高校学生发展理论评述[J].外国教育研究，1996(4)：47-51.

该理论综合了学生个体在个人、人际、认知、情感、认同等多维度的发展内容和发展方式，分析了个体发展的不同阶段等。代表人物有马格达（B. Magolda）和瑞芙（Ryff）等。

马格达的自我主导理论（self-authorship）。马格达是美国研究整合型的学生发展理论最重要、最有影响力的一位。其提出的自我主导理论整合了认识论（epistemological）、个人（intrapersonal）、人际（interpersonal）等方面的内容，把个体发展分为三个阶段，即外部配方的追寻、十字路口的徘徊和自我主导阶段，并分析了个体在以上三个阶段中认知和情感发展的复杂过程。① 自我主导理论不仅适用于西方文化环境，也适用于东方文化环境，因为它强调的是学生在面临来自家庭和他人的要求和压力时能够自我主导和决定的重要性，因此可以把它视为是个人价值观与其所处的群体价值观和谐一致时的个人发展状态。②

瑞芙的心理幸福感理论。心理幸福感理论强调从自我实现和成长的角度诠释幸福，认为成年人的幸福可以从独立自主性、应对复杂环境的能力、自我成长性、积极人际关系、人生目标的确立和自我认可度六个方面进行构建。相关实证研究表明，大学生的心理幸福与成年人相比具有其自身特质。心理幸福感理论还设计量表进行测量，验证了该理论也适用于跨文化情境。③

（二）大学生发展的相关研究④

这里主要讨论国内大学生发展的相关研究。国内关于大学生发展问题的研究始于20世纪八九十年代，此后，学界围绕大学生发展状况、大学生发展的影响因素、大学生发展评价、大学生发展环境、女大学生发展等主题开展了一系列的研究。值得一提的是，上海市教委从1998年开始，连续10年委托复旦大学主持了题为"上海大学生发展"的双年度研究项目，并形成了相应的上海大学生发展报告。从2010年开始，北京大学教育学院发表了一

---

① 转引自：朱红.高校人才培养质量评估新范式：学生发展理论的视角[J].国家教育行政学院学报，2010(9):52.

② 仁.学生发展理论在学生事务管理中的应用：美国学生发展理论简介[J].李康，译.高等教育研究，2008(3):19-27.

③ Ryff C D, Keyes C L M. The structure of psychological well-being revisited[J]. Journal of Personality and Social Psychology, 1995,69:719-727.

④ 查颖.关于我国大学生发展问题的研究综述[J].江苏高教，2016(1):115-118.

系列关于大学生发展的最新研究成果。这些研究以我国本科人才培养质量为出发点,以美国的相关大学生发展理论为基础,研究了大学生发展的影响因素和高校人才培养质量评估的新方法等。北京市也从 2010 年开始依托北大教育学院每年推出《首都大学生发展状况白皮书》。但是,国内关于大学生发展的研究著作较少,主要集中在三个方面:一是关于大学生发展实践指导类著作,如胡礼祥的《大学生发展启示录》(浙江大学出版社,2003)、孔祥云等的《大学生发展指导研究》(山东大学出版社,2007)、张才君等的《当代大学生的人生发展》(陕西人民教育出版社,2007)、刘昕的《大学生发展导论》(中国石油大学出版社,2008)、欧阳光磊的《大学生发展导航》(华中师范大学出版社,2010)、王中等的《大学生发展导读》(科学出版社,2011);二是关于大学生全面发展理论与实践类著作,如张华玲的《大学生全面发展导论》(中央民族大学出版社,2006)、沈炜等的《大学生全面发展教育科学发展观视角》(华东理工大学出版社,2009)、郑旭的《产学研合作与大学生全面发展》(辽宁民族出版社,2011);三是关于大学生发展的理论研究著作,如李志勇的《大学生发展学》(河北科学技术出版社,2010)。显然,国内关于大学生发展的研究著作以实践指导类为主。

从总体上看,我国学界对大学生发展问题的研究起步较晚,研究关注度也不高,因此至今未形成本土化的大学生发展理论。概括来说,国内关于大学生发展研究主要体现在以下三个方面。

1. 大学生发展理论在中国高等教育情境下的运用研究

近年来有一些学者和研究团队开始运用西方大学生发展理论研究和解释中国大学生的发展,并对其中一些理论进行了中国高等教育情境下的适用性验证。这类研究目前在国内虽尚属起步阶段,却是构建中国大学生发展理论的一个良好开端。无论是研究方法还是研究结论,这类研究都对本书有重要的帮助和一定的借鉴价值。具体来说,此类研究主要围绕大学生发展状况的调查测量工具研发、大学生发展的影响因素和大学生发展评价等方面进行,是我国关于大学生发展研究的最新动向和趋势,代表人物主要有朱红、鲍威、李文利、陆根书等。

第一,关于大学生发展状况的调查测量工具研发。人才培养是高等教育永恒的使命和主题,随着内外部环境的深刻变化,我国高等教育面临着一系列新的挑战,因此必须不断改革创新以适应社会发展和个体发展的需要,其中大学生的生存方式和发展状况日益引起人们的关注,而准确掌握大学生发展的真实状况是对大学生发展进行研究的前提和基础。学者们通过社会学抽样和问卷调查等方法对在校大学生的个人和家庭特征、价值观发展、学业发展、能力发展、心理发展等进行了全面的调查和实证分析,以期对深化高等教育改革和促进大学生发展有所启发。其中最具代表性的是"上海大学生发展"的双年度研究项目(1998—2007)和"首都高校学生发展状况调查"的年度调查项目(2006年以来)。

"上海大学生发展"双年度研究项目(1998—2007)是由上海市教委委托复旦大学主持、复旦大学社会学系组织实施的。项目以大学生的价值观发展研究为核心,全面调查和分析了上海大学生的学习、人际交往、社团生活、网络经历、课余兼职等情况以及他们关于职业、宗教、政治、社会时事、价值、人生等观念状况,提供了10年来上海大学生的生存方式与价值观念的发展情况。①

"首都高校学生发展状况调查"年度调查项目基于西方大学生发展理论和院校影响力理论,并在参考了美国印第安纳大学的 NSSE 调查、加利福尼亚大学洛杉矶分校的 CSS 调查、日本东京大学的 CRUMP 调查和我国台湾地区的高等教育学生问卷调查的基础上,结合我国大学生的群体特征和高等教育发展状况设计了调查问卷。② 该项目始于 2006 年,由北京大学教育学院主持开展,对首都不同类型高校学生成长现状和学习生活方面的参与程度进行调查,旨在对我国高校人才培养机制、学生参与以及其与学生发展之间的相关性展开研究,及时发现高等教育发展中存在的问题,并对高等教育质量评估范式进行探索,以推动首都高等教育人才培养模式的改革和学生管理工作的完善。③

由此可见,"首都高校学生发展状况调查"年度调查项目是在借鉴国外相关学生调查测量工具经验的基础上,针对中国高校人才培养机制和学生参与经历的特质,开发的具有中国本土特色的学生参与和成就测量工具④,

---

① 于海.上海大学生发展研究(2002—2003)[J].复旦教育论坛,2003(2):1-5;于海.2004—2005年上海大学生发展报告[J].复旦教育论坛,2006(2):49-54;于海,钟晓华.2006—2007年上海大学生发展报告综述[J].复旦教育论坛,2008(1):19-25.

② 鲍威.未完成的转型:普及化阶段首都高等教育的人才培养与学生发展[J].北京大学教育评论,2010(1):27-44.

③ 鲍威.未完成的转型:高等教育影响力与学生发展[M].北京:教育科学出版社,2014:72.

④ 鲍威.未完成的转型:高等教育影响力与学生发展[M].北京:教育科学出版社,2014:73.

是大学生发展理论在中国高等教育情境下的运用和验证。该项目调查研究的数据也成为以实证为基础的高等教育研究的样本来源和重要平台,如杨钋等关于本专科学生能力发展的对比研究[①]、鲍威关于普及化阶段首都高等教育的人才培养与学生发展研究[②]都是基于"2008年首都高校学生发展状况调查"相关数据的分析。"首都高校学生发展状况调查"年度项目实施已有10余年,每年一次的大规模调查所采集和积累的数据已具有数据库建设意义,调查测量工具也不断得到完善。根据2011年首都高校(本专科)学生发展状况问卷中核心要素的信效度分析结果,该项目测量工具的准确性和适用性已进入成熟阶段[③],这为构建中国大学生发展理论提供了有效基石,也是本书调查测量工具的重要借鉴依据。同时,"上海大学生发展"研究项目虽是侧重于大学生价值观发展的研究,研究工具也不是以大学生发展理论为基础,但是该调查经过10多年追踪性研究,提供的上海大学生在心智、人格、价值观等各项指标上的发展轨迹以及问卷调查与访谈调查相结合的研究方法对本书亦有重要借鉴价值。

第二,关于大学生发展影响因素的探讨。这个主题的研究主要运用大学影响力理论与大学生发展理论,从大学生发展的教育环境出发,探讨人际互动、学生参与、大学组织、学习模式等对大学生发展的影响。本书讨论阅读与大学生发展的关系,检验阅读对大学生发展的影响,亦属于这个主题范围的研究。

朱红研究了个性化深度辅导对大学生发展的影响。研究以帕斯卡雷拉的大学生变化评定模型为理论框架,以2008年度"首都高校学生发展状况调查"数据为研究样本,分析了大学生和辅导员之间的深度交流模式。研究发现,学生的个人特征、学习生活状态、心理认知发展需求以及高校学生工作的环境特征等因素对深度交流的可能性影响显著,而深度交流也在一定程度上促进了学生的学习动力、生活目标和自信心的提升。但是数据也显

① 杨钋,许申.本专科学生能力发展的对比研究:基于"2008年首都高校学生发展状况调查"相关数据的分析[J].教育发展研究,2010(5):17-22.
② 鲍威.未完成的转型:普及化阶段首都高等教育的人才培养与学生发展[J].北京大学教育评论,2010(1):27-44.
③ 鲍威.未完成的转型:高等教育影响力与学生发展[M].北京:教育科学出版社,2014:74.

示了深度辅导工作在促进大学生个性化发展方面还有待完善。[①]

朱红还研究了学生参与度对大学生发展的影响。研究以阿斯廷等学者的学生参与理论为基石，以 2010 年度"首都高校学生发展状况调查"数据为研究样本，分析了学生参与度与大学生成长的关系。研究发现，影响学生成长最为关键的因素是学生在大学的学习生活参与程度，从而验证了阿斯廷等学者的学生参与理论在中国大学情境下的适切性。研究还发现，学生的校园互动会通过影响学生参与而促进学生的成长和发展，即学生参与对学生成长具有正向的中介作用。[②]

鲍威研究了学生学业成就的影响因素。研究以高等教育影响力理论和学生发展理论为分析框架，以 2008 年度"首都高校学生发展状况调查"数据为研究样本，分析了普及化阶段北京高等教育的发展特征和学生学业成就的影响因素。研究发现，高校人才培养模式的转型滞后于普及化阶段学生在家庭经济背景、学业资质、学习投入以及学习行为中出现的多元化和异质化趋势；学生的学业成就不仅取决于所在高校的组织特征和教学质量，同时也受到学生基本特征、学习参与状况和人际互动要素的直接影响。[③]

李文利研究了大学生能力发展和职业发展的影响因素。研究以 2006 年对北京 501 个工作单位中大学毕业生的抽样调查数据为样本，实证分析了大学生能力发展和职业发展的影响因素。研究发现：高等教育对大学生的认知能力发展和社会技能发展均具有重要的提升作用；工作经验、高等教育层次和个人能力对收入水平有显著影响；对工作的适应性和灵活性、团队合作的程度、参与决策的机会、工作稳定性以及个人能力影响了大学毕业生的职业发展。[④]

陆根书研究了大学生感知的数学课堂学习环境、学习方式与其认知与情感发展之间的关系。研究在借鉴"数学学习经验量表"（experience of studying mathematics inventory，ESMI）、比格（Biggs）的"学习过程问卷"

---

① 朱红.个性化深度辅导与首都大学生发展的实证分析[J].北京大学教育评论,2010(1):45-62.

② 朱红.高校学生参与度及其成长的影响机制：十年首都大学生发展数据分析[J].清华大学教育研究,2010(6):35-43.

③ 鲍威.未完成的转型：普及化阶段首都高等教育的人才培养与学生发展[J].北京大学教育评论,2010(1):27-44.

④ 李文利.高等教育之于学生发展：能力提升还是能力筛选？[J].北京大学教育评论,2010(1):2-16.

(revised version of the learning process questionnaire)和澳大利亚的大学生课程经验(CEQ)测量工具的基础上,形成了"大学数学课堂学习环境问卷"和"大学生数学学习情感发展量表"等,并以全国15所高校3000余名选修高等数学课程的一年级大学生为调查对象。研究发现,大学生感知的课堂学习环境与其采用的学习方式紧密相关,课堂学习环境和学习方式显著影响大学生的认知与情感发展。[①]

从总体上说,近年来关于大学生发展的影响因素研究主要集中在北京大学教育学院且以实证研究为主,是西方大学生发展理论在中国高等教育情境下的运用和验证,亦是构建中国大学生发展理论的一个良好开端。

国内运用大学生发展理论围绕"大学生发展影响因素"的研究内容比较丰富,分别验证了人际互动、学生参与、大学组织、学习模式等对大学生发展的影响,但"面"上影响因素关注较多,而"点"上影响因素关注较少,更鲜有研究从阅读这个微观视角检验阅读对大学生发展的影响。当然,目前关于大学生发展影响因素的研究成果对本书研究的开展有很大的帮助,特别是其中的一些实证发现是本书设计量化研究框架的重要依据之一。

第三,关于大学生发展评价的探讨。这类研究主要也是以西方大学生发展理论为指导或基础,认为本科人才培养质量评估的实质是对大学生发展的评价,由此探讨本科人才培养质量评估的理念和方法。

朱红以大学生发展理论为视角,探讨了我国高校人才培养质量评估新范式。研究从介绍美国全国性的本科教育质量评估项目——NSSE和WNSLAE入手,这两个评估项目代表着美国大学质量评估"关注教育过程"和"科学衡量教育产出"的新趋势,强调把对教育产出的关注和对教育过程的分析紧密结合起来。研究还提出,我国高校要突破人才培养质量评估的传统模式,应以构建本土化的大学生发展理论为基础,确定科学适切的培养目标,构建科学的测评模型和工具,并在量化研究方法上进行突破。[②]

李湘萍等以大学生发展理论为基础,探讨了"增值评价"在高等教育质量评估方面的适用性及前景。研究从理论基础和研究方法两个方面梳理和探讨了增值评价与高等教育质量保障问题。研究发现:大学生发展理论为增值评价提供了扎实的理论基础;作为增值评价的关键指标,学生的学习成

---

① 陆根书.课堂学习环境、学习方式与大学生发展[J].复旦教育论坛,2012(4):46-55.

② 朱红.高校人才培养质量评估新范式:学生发展理论的视角[J].国家教育行政学院学报,2010(9):50-54.

果如何界定将直接影响评价结果;作为增值评价数据获得的主要途径,自陈式量表与标准化测试各有千秋;增值评价结果受统计模型变化的影响较大,多水平分析模型在诸统计分析方法中具有一定优势。[①]

目前这类研究在国内也尚属起步阶段,以介绍国外本科人才培养质量评估的新趋势为主,并探讨借鉴这些新的理论和方法应用于我国高等教育质量评估的难点和突破点等。根据此类研究的建议不难发现,构建本土化大学生发展理论是我国高校突破人才培养质量评估传统模式的基础。因此,关于大学生发展的评价研究亦是对构建中国大学生发展理论的积极促进,而这些研究成果对本书也有重大的参考意义。

2. 大学生发展环境研究

环境是大学生发展的外部影响因素,环境的变化往往会对大学生的行为方式、生活方式等带来深刻的改变。学者们主要从大学生发展的教育环境和社会环境出发,研究环境的变化及其对大学生发展产生的影响,探讨大学生如何在环境转型中取优去劣以促进自身的发展。具体来说,关于大学生发展环境的研究主要集中在探讨时代主题和信息化对大学生发展的影响两个方面,代表人物主要有陈海春、崔丽娟等。

大学生的发展离不开特定的历史条件,所处阶段的时代主题往往也会成为大学生发展的主题。党的十五大召开之后,陈海春专门研究了十五大精神对大学生发展的影响。该研究结合时代主题提出大学生发展应以十五大精神为价值导向,剖析了十五大报告中的重大理论突破和政策举措对大学生发展的影响。研究认为,十五大精神带来了社会经济、政治和文化的巨大变革,而最直接最深刻的是经济体制和经济增长方式的转变,这为大学生发展提供了良好的外部环境。研究建议高校教育工作者要重视大学生素质的提升,并提出在促进大学生的发展中要兼顾先进性和广泛性,用不同的尺度和方法来丈量和促进各层次大学生的发展。[②]

信息化是当今世界最显著的特征,它广泛而深刻地影响着世界的方方面面。作为对新生事物最敏感、接受速度最快、接受度最高的大学生群体而言,信息化对他们发展的影响无疑是普遍又细致入微的,尤其是互联网和手机,俨然成为大学生的学习生活方式。陈海春等研究了信息化时代对大学

---

① 李湘萍,周作宇,梁显平.增值评价与高等教育质量保障研究:理论与方法述评[J].清华大学教育研究,2013(4):40-45.

② 陈海春.十五大精神与大学生发展[J].教育研究,1998(6):15-18.

生发展的影响,研究从分析信息化对教育的影响入手,分别剖析了信息化对学校、教师和大学生三方面带来的变化,分析了信息化对大学生的道德品质、价值取向和学习方式的影响。① 崔丽娟等研究了互联网对大学生社会性发展的影响,研究以互联网在改变世界、改变人们生活方式的同时也在深刻地影响着人们的心理及行为为前提,对 110 名上海市本科大学生的上网情况以及对他人的信任感、社会疏离感与主观幸福感三方面的社会性发展进行了测评,结果表明,对互联网的依赖度与大学生的社会疏离感显著正相关,而与大学生的主观幸福感显著负相关。② 周挥辉等从手机在大学生的学习生活中已成为一个必不可少的移动终端这一客观现象出发,研究了手机对大学生发展的影响,通过问卷调查和访谈发现手机对大学生的学习生活、人际关系和心理发展既有积极影响也有消极影响,并从高等教育、教学和学校管理等方面提出了一些对策。③

从大学生发展所处的信息化环境相关议题的研究结论看,信息化对大学生发展的影响是利弊共存的。大学时代是学生社会性发展的关键阶段,而信息化带来的变化具有全局性和方向性,包括对教育环境的影响,如何在这样瞬息万变的环境中有效促进大学生的发展等。高校教育工作者对此虽然有足够的认知,但在实操层面的巨大挑战仍是一个无可回避的事实。

3. 女大学生发展研究

对女大学生发展的关注可以说是国内关于大学生发展问题研究中起步最早的。这类研究主要是基于社会性别理论,针对女大学生发展中呈现出的性别差异进行探讨,代表人物主要有王勤、石彤、杨一平等。

王勤在 20 世纪 90 年代研究了女大学生发展的特殊性。研究从分析女大学生群体的突出特征——矛盾冲突入手,认为事业目标模糊、女性意识过强和心理素质欠佳是影响女大学生发展的三方面内在因素。④

石彤为改变中国德育教育无性别差异模式,以社会性别与妇女发展理论为基础,对女大学生发展性德育模式构建的理论和实践进行了探讨。研究在界定了女大学生发展性德育模式的基础上,从目标、原则、特点三方面

① 陈海春,罗敏.信息化时代与大学生发展[J].教育研究,2002(2):45-48.
② 崔丽娟,刘琳.互联网对大学生社会性发展的影响[J].心理科学,2003(1):64-66.
③ 周挥辉,党波涛,蒋永红.手机对当代大学生发展的影响及其对策研究[J].中国青年研究,2011(6):90-92.
④ 王勤.论女大学生发展的特殊性[J].青年研究,1995(9):7-10.

探讨了理论的构建,并设计了女大学生发展性德育模式的行动研究方案。①

　　杨一平研究了学习模式与理工科女大学生发展的关系。研究对华中理工大学 400 名理工科本科生的学习生活状况进行了问卷调查,结果发现理工科大学生在学习方式、学习动机与学习成就归因等方面呈现出较为明显的性别差异。研究还分析了理工科女生群体学习模式所蕴含的心理动力机制及其对自身发展的影响,即发展领域受到学习动机的限定,发展活力受到学习方式的制约,学习收益与发展成效同步下降。②

　　我国关于女大学生发展问题的研究虽起步较早,但近 20 年来对女大学生发展的研究依旧呈零星状态,并没有给予其持续系统的关注和研究,实证研究更是严重缺乏。而处在高等教育大众化阶段的今天,本科阶段的女生比例已近五成,女硕士和女博士比例也在不断上升,因而基于社会性别理论的关于女大学生发展的研究议题应该引起学界的重视。

　　根据上述分析可以得出,较之国内,国外关于大学生阅读和大学生发展的研究起步更早且特别注重运用实验研究和实证研究,国外的大学生发展理论也已趋向成熟。而我国关于大学生发展的研究历程也就 20 多年且前 15 年的研究成果基本为理论研究和调查研究的论文,一般性研究较多,量化研究较少。近几年以北京大学教育学院为主开展的一系列相关研究则基本是实证研究,这也是我国关于大学生发展研究的一个最新动向和趋势。同时我国关于大学生发展理论的研究大多还处于对国外学者研究成果的介绍以及引进国外特别是美国的各种大学生学习和发展的评估工具对我国大学生发展进行研究的阶段。从初步研究结论看,一些国外大学生发展理论模型得到了跨文化情境下的适用性验证,但由于研究时间和深度等主客观原因,国外大学生发展理论在中国高等教育情境下的适用性和解释力仍有待进一步的考证。

　　从国内外有关大学生阅读和大学生发展的研究内容上也不难看出,很少有学者对阅读与大学生发展这两个变量间的关系进行直接专门的研究。目前关于"大学生阅读"的研究都存在这样一个前提条件或者说是共性特征,即阅读对大学生的成长和发展具有积极意义,但是对于这个前提条件本身却缺乏相应研究和证实,而且对大学生阅读的研究关注度也不高。对于"大学生发展",国内外学者特别是国外学者进行了长期、大量的研究,其中

　　① 石彤.构建女大学生发展性德育模式[J].妇女研究论丛,2008(1):28-34.
　　② 杨一平.学习模式与理工科女大学生发展[J].妇女研究论丛,1999(1):19-22.

就"大学生发展的影响因素"也进行了内容丰富的研究,验证人际互动、学生参与、大学组织、学习模式等对大学生发展的影响,但鲜有研究从阅读这个微观视角检验其对大学生发展的影响。总之,无论是关于大学生阅读还是大学生发展,国内的研究关注度都不高且高水平研究成果也不多,研究方法也不够全面,缺乏理论研究与实证研究、量化研究与质性研究的结合,研究水平有待进一步提高。

根据国内外的研究现状,本书力图在以下几个方面有所突破:第一,对"阅读""大学生阅读""大学生发展"等核心概念的界定。"阅读"是个内涵十分丰富的概念,同时由于新媒体、新技术的发展,阅读的时代意义也已发生变化,因此对"阅读"内涵的界定和限定需要更为深入的研究论证。在此基础上,还要将抽象层面的"阅读"概念转化为可操作、可量化的"阅读参与水平",这需要依据大量事实来反映和提炼。而"大学生阅读"既具有阅读的共性又有其个性特征,因此要结合大学生的群体特征及其所处生命发展阶段的特殊性来界定其内涵。"发展"也是一个比较宽泛的概念,本书中的"大学生发展"概念的界定要与"阅读"紧密结合,发展维度的确定要与阅读相适切,这也需要大量理论和事实的研究论证。第二,与阅读相适切的大学生发展指标体系(量表)的选择和补充。从目前国内外研究现状来看,几乎没有人专门对阅读与大学生发展的相关性进行研究,因此也没有相应的认可度较高的量表可直接使用。本书拟在参考北京大学教育学院"首都高校学生发展状况调查"相关测量指标基础上,结合对阅读的研究加以补充,力求建立与阅读相适切的科学的大学生发展指标体系。第三,本书致力于阅读与大学生发展关系的研究,尝试对这个看似不言而喻的议题做出准确清晰的呈现。

第四节　研究思路与研究内容

一、研究思路

本书以阅读与大学生发展的关系为研究主题,以本科的文科大学生为研究对象,并以浙江省大学生为抽样样本来源,在对大学生的阅读状况进行调查的基础上分析大学生阅读的影响因素及其与大学生发展的关系,旨在为我国大学人才培养质量的提升和大学生发展理论的构建提供依据和参考。研究思路具体见图 0-1。

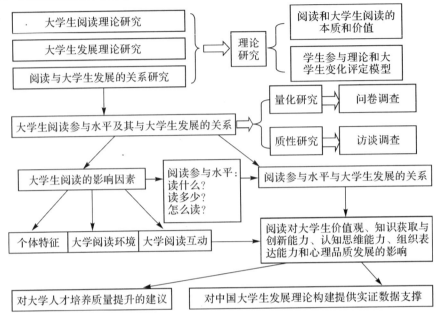

图 0-1　研究思路

二、研究内容

本书内容主要包括以下几个部分:

第一部分为绪论,主要包括本书的研究问题与研究意义、相关研究与理论、研究思路与主要内容及研究方法等,即对研究做一个总体交代,也是后面研究的铺垫。

第一章和第二章为理论研究部分,包括核心概念界定、理论分析和理论支撑的阐述。本书在大量文献检索及笔者在浙江省人文社会科学重点研究基地招标项目、教育部人文社会科学规划基金项目的研究的基础上,以学生参与理论和帕斯卡雷拉的大学生变化评定模型为理论基础,界定了大学生阅读和大学生发展的概念,并初步分析了阅读与大学生发展的关系。

第三章为以学生参与理论和帕斯卡雷拉的大学生变化评定模型为理论基础的实证研究设计部分,包括实证研究的研究目的、研究假设、问卷设计和检验确立、访谈设计、样本选择、数据分析方法等,运用问卷调查和访谈调查的方法,以量化研究和质性研究相结合的方式,检验并探索阅读与大学生发展的关系及大学生阅读的影响因素。

　　第四章为量化研究部分,借助统计分析软件对回收的1004份有效问卷进行数据分析,呈现了大学生的阅读参与及大学阅读支持的现状,分析了学生个体特征、大学阅读环境和阅读互动对大学生阅读参与水平的影响,检验了阅读参与水平与大学生价值观、知识获取与创新能力、认知思维能力、组织表达能力和心理品质等不同发展维度的相关性,验证研究假设。

　　第五章为质性研究部分,通过对22位大学生的深度访谈以及访谈资料的整理,呈现了"全能型"、"学业型"和"创业型"三类大学生的典型阅读案例,运用扎根理论的方法形成了阅读与大学生发展的关系结构,验证、解释和补充了量化研究中大学生阅读的影响因素以及阅读与大学生各发展维度的相关性,探讨了大学生的经典阅读情况,再次验证研究假设。

　　最后一部分为结语,主要包括本书的研究结论、研究建议、研究创新与不足、反思与展望,即对本书做一个总结,也是对后续研究的展望。

第五节　研究方法

　　本书采用了理论和实践紧密结合的综合性研究方法,具体包括文献研究、量化研究(问卷调查法、统计分析法)、质性研究(访谈调查法、个案研究法)等多种研究方法,整个研究注重理论、定性和定量的结合。

一、文献研究法

　　本书涉及高等教育学、心理学、阅读等领域,首先要对大学生发展规律、学生发展理论、阅读相关理论、大学生阅读等相关文献进行收集、整理和分析,为建构本书的研究框架奠定理论基础。此外,在本书的写作过程中,如大学生阅读和大学生发展的概念界定、阅读与大学生阅读的价值、阅读影响大学生发展的一般分析等都建立在大量文献梳理的基础上。

二、问卷调查法

　　本书以浙江省本科的文科大学生为研究样本,在浙江省遴选了1所"985工程"院校、3所浙江省重点建设高校(第一批)和1所一般本科院校3类共5所大学,每所大学抽取文科类(包括人文科学类和社会科学类)不同专业的学生样本220份左右共1100份左右的样本。问卷调查方法采取在研究者指导下的自填法。问卷内容涉及大学生的个体特征、阅读状况以及阅读对大学生发展的影响三大方面。主要测量指标为:(1)调查对象的基本情况,包括父母的职业和受教育水平、学生的性别、学科门类、年级、生源地、政治面貌、宗教信仰等。(2)大学生阅读状况以及对学校阅读环境、阅读互动的感受和满意度。(3)学生发展量表,即阅读对大学生的价值观、知识获取与创新能力、认知思维能力、组织表达能力和心理品质发展产生的变化。

三、统计分析法

本书需要对大学生阅读的现状、影响因素及阅读与大学生发展的关系等进行研究,这就要求对大量的调查数据进行处理与分析,以发现其中的特点和规律。本书主要使用 SPSS 21.0 软件包、Excel 2013 等统计软件,运用多元线性回归、多项 Logistics 回归模型和有序 Logistics 回归模型对数据进行处理与分析。

四、访谈调查法

为力求研究结论的完整和准确,本书在量化研究的同时采用访谈这种质性研究方法进行研究,以对量化研究结论进行补充和丰富。研究选择了24 位本科大学生进行访谈,其中 4 位是毕业 10 年左右就在其工作领域崭露头角的大学生,其余 20 位为在校大学生。在校大学生中 10 位是请校方指定的优秀大学生(包括综合优秀和单项优秀),另外 10 位则是随机抽取的大学生。访谈内容主要包括被访者在大学(本科期间)学习和生活中阅读情况的自述、被访者阅读的影响因素(如家庭环境、基础教育阶段的学校教育环境、大学阅读环境、大学师生和同伴之间的阅读互动等)、阅读与被访者的成长和发展关系的自我感受等内容。在具体访谈中采用半结构式访谈法,以开放式问题为主。

五、个案研究法

个案研究能够完整地呈现和探究某些典型案例,特别是相对于本书研究主题而言,阅读是非常个性化的过程。研究在 24 位访谈对象中根据实际情况选取若干位作为典型个案进行分析,以补充、丰富和进一步论证本书的观点。

第一章　阅读和大学生发展的概念界定

　　要澄清"阅读"与"大学生发展"这两个变量之间的关系,就有必要对"阅读""大学生阅读""发展""大学生发展"等关键概念及其价值等进行讨论和界定。

第一节　阅读与大学生阅读

一、阅读

　　阅读的含义似乎是不言自明的,从构词法的角度看,它包括了"阅"和"读"两个要素。"阅":看,观赏。"读":朗读,阅览(看书),上学或学习。"阅"和"读"两个词都有"看"的意思,又与"书"密切相关,因此,本书的"阅读"指看书或读(朗读)书,对应的英语单词为"study""read",与"peruse"等词相关。当然,仅仅将"阅"和"读"两个字的意思简单相加,是难以阐释本书所要讨论的阅读概念的。

　　目前学术界对阅读的界定主要有接受论、互动论、建构论、泛对象论等观点。[①] 如曹光灿认为,阅读的本质关系是由以文本为中介的作者传达与读

---

　　① 卢锋.阅读的价值、危机与出路:新教育实验营造"营造书香校园"的哲学思考[D].苏州:苏州大学,2013:11.

者接受构成的①；王余光、徐雁认为,阅读是一种从书面语言和其他书面符号中获得意义的社会行为、实践活动和心理过程,完整的书面交际过程包括三个基本要素,即作者、文本和读者②；建构论认为,阅读是读者与文本发生交流与对话的过程,目的在于解释并建构文本③；泛对象论认为,"阅读的对象可以超越书面文本,阅读具有多层次性"④,如:中国阅读学研究会常务副理事长、南京大学徐雁教授提出的"大阅读理念"认为,阅读包含读"有字书"和"无字书",一个人既要善于从书本中获取知识,也要善于"从无字句中读书",并将书本知识与自然山川、社会事物的知识融会贯通,从而丰富和提升自己的人生。⑤

当然,对阅读概念的解释,学界较多采纳的是《中国大百科全书 教育》的"阅读心理"条目:"阅读是一种从书面言语中获得意义的心理过程,也是一种基本的智力技能,它是由一系列的过程和行为构成的总和。"⑥具体来说,阅读是以视觉感知为主要形式的思维活动并同时伴有情感活动,是从信息符号中获取意义的一种复杂的智力活动。⑦

要澄清阅读概念必须从把握阅读的本质入手,因为本质是事物内在的根本属性。阅读作为人类所特有的一种复杂的心智活动,应从阅读的参与要素、发生机制、外显和内隐特征、存在本意等多方面探求、分析和把握阅读的本质。

(一)阅读的参与要素:主体和客体

阅读行为的发生过程中,主体是人,即读者;客体是信息,具体表现为书籍、报刊等文献资料等,即文本。当然,作为文本的客体只是信息记录的形式,它的背后是作者,因此,阅读是读者以文本为中介与作者的交流过程。

---

① 曹光灿.阅读本质论[J].西南师范大学学报(哲学社会科学版),1996(1):97.
② 王余光,徐雁.中国读书大辞典[M].南京:南京大学出版社,1993:337.
③ 卢锋.阅读的价值、危机与出路:新教育实验营造"营造书香校园"的哲学思考[D].苏州:苏州大学,2013:12.
④ 卢锋.阅读的价值、危机与出路:新教育实验营造"营造书香校园"的哲学思考[D].苏州:苏州大学,2013:12.
⑤ 阅读的力量:朱永新、杨光、张颐武、徐雁、徐升国、潘际銮、李家强[J].大学出版,2008(2):10.
⑥ 中国大百科全书 教育[M].北京:中国大百科全书出版社,1985:505.
⑦ 胡继武.现代阅读学[M].广州:中山大学出版社,1991:20-23.

1. 阅读主体是阅读行为的发起者和承担者,差异性是其最显著的特征

作为阅读行为发起者和承担者的阅读主体即读者,其最显著的特征是差异性,具体表现为:读者由于阅读目的、兴趣、需求等不同而选择不同的读物;不同的读者阅读相同的读物,认识和感受不同;同一读者在不同时期阅读同一读物,认识和感受也会发生变化。这种差异性的存在,实质是不同读者或同一读者在不同时期的知识结构和思维方式不同。不同的读者在自身知识结构和思维方式引导下选择不同的读物,对作者通过读物传递的知识、观念、思想、情感等或完全理解或部分理解或完全不理解,或完全接受或部分接受或完全不接受。即使是在完全理解和完全接受的情况下,读者依然会充分发挥主观能动性,不断对照自身进行反思和内省,对读物进行重构或创新,从而不断提高自身的阅读水平。

2. 阅读客体是阅读行为的对象性实体,即阅读对象

阅读对象有广义和狭义之分。广义的阅读对象即上文提及的"泛对象论"的观点,包括自然和人类社会的整个世界,阅读就是人类感知世界的过程。阿尔维托·曼古埃尔在其著作《阅读史》中写道:天文学家阅读一张不复存在的星星图;建筑师阅读准备盖房子的土地;动物学家阅读森林中动物的臭迹;渔夫将手插入海中阅读海流;农民阅读天空的天气。[①] 显然,这类"无字之书"是意蕴层面上的读物,带有明显的文学意义。进一步说,这种无所不包的泛化的阅读对象实质上是对阅读概念的模糊、解构和边缘化,并不利于对阅读的科学认识。

狭义的阅读对象是指通过文字符号传达信息并可供传播的载体,是一种精神产品,即本书所探讨的文本。语言符号性是文本的本质特征,语言符号是作者表达思想和情感的工具,也是阅读区别于人类其他认识活动的个性所在。文本的语言符号性使人类实现了对信息的保存和传递,也使人际交往超越了时空限制,因此阅读可以让每一位读者与任何时代、任何国度的伟人和智者"对话"。书籍是文本最典型的物质形态。

阅读行为的发生,即读者从文本获取信息并加工信息的过程,使得主客结构得以形成。当然,文本实际上是读者和作者的中介,双方借助文本实现思想和情感的交流。作者以文字符号表达思想和情感,读者也以文字符号来解读作者的思想和情感。文字符号虽有一定的社会规范性,却无法形成表达和识别的标准模式。也就是说,作者是将自己对世界的认知和感受形

---

① 曼古埃尔.阅读史[M].吴昌杰,译.北京:商务印书馆,2002:6-7.

成文字,是"一家之言",同时并不是都能实现"意到笔随"。而读者在阅读文本时,对文字符号的接收、理解、分析、反思、重构、创新等都是在自己的知识结构和思维方式基础上进行的,因此在大多数情况下,读者的识别与作者的表达并不是完全对等和契合的。从这个角度看,文本虽然是作者思想和情感的表达,但读者并不仅仅是对作者思想和情感的简单识别,还借助文本激活自身的思想和情感。

由此可以得出结论,阅读是读者通过文本与作者的对话和交流,是主体和客体的统一体,这是阅读在本体论意义上的界定,也是阅读的本质特征。

（二）阅读的发生机制:生理、思维和心理

阅读作为人类所特有的一种复杂的心智活动,其发生机制是生理、思维和心理相互联系、交织作用的过程。从生理上说,阅读是读者对文字符号感知、传递、反应、处理等的过程;从思维上说,阅读是读者形象思维、抽象思维、创造思维等综合作用的过程;从心理上说,阅读需要读者的动机、兴趣、意志等的支持。阅读发生的生理、心理和思维机制,与读者的阅读能力、阅读需求、阅读效果等密切相关。

1. 阅读是一种与人体的视觉机制、神经机制、大脑机制等密切相关的生理现象

阅读发生的路径是:人通过视觉感知从文本提取信息,信息由人的神经机制传递到大脑,最后由大脑完成对信息的加工、处理和储存。视觉感知是阅读发生的第一反应,人通过视觉器官即眼睛对文字符号进行感知,摄取到信息。文字符号在视网膜上形成物象时要先把光能转化为神经能,然后由神经系统中的视神经传导通道把阅读信息输送到大脑中枢。大脑对信息的最后处理是阅读的关键,否则阅读就无法完成或没有结果。因此从根本上说,阅读是以大脑为物质基础的。

脑科学研究表明,大脑皮层的不同部位具有不同的功能,与人类的高级信息加工过程和阅读活动密切相关。在阅读过程中,两个大脑半球和大脑半球的各叶都要发挥其功能,可以说阅读是大脑的机能。具体而言,阅读是由大脑皮层中的言语区来支配的,但言语区有多处分布,其中与阅读关系最密切的分别是言语视觉区、言语运动区和言语听觉区。言语视觉区主要是理解视觉感知到的文字符号的意义;言语运动区主要是支配人的说话活动;言语听觉区主要是主管人的听话活动。现代神经心理学把大脑划分为三大功能区:第一功能区指网状结构,主要功能是向大脑皮层输入刺激、冲动,使

大脑保持一定兴奋以保证阅读顺利进行;第二功能区指接收、加工和储存信息区,即接收、加工和储存阅读信息,在阅读中起关键作用;第三功能区指大脑前半部的运动区,可以支配眼睛和其他部位协调工作,使阅读成为可随时控制、调整的有秩序的活动。由此可见,大脑是阅读最重要的生理基础。①

需要指出的是,阅读发生的生理机制及其原理是相当复杂的,如上所述只是一个大概的描述。比如阅读中的眼动研究是心理语言学和阅读心理学研究的一个重要领域,该领域的研究以眼动为指标考察阅读过程并形成了一系列的眼动理论来解释阅读过程。早期较有代表性的眼动理论有聚光灯理论、视觉缓冲器加工理论、莫里森的眼动理论、直接假说和眼-脑假说等;近期较有代表性的眼动理论有奥瑞根的战略战术模型、赖希勒的 E-Z 读者模型等。②

2. 阅读也是一种思维活动过程,即思维加工过程

阅读学专家汀克的研究结论表明:在绝大多数情况下,阅读时用于眼睛移动的时间仅占 5%,其余 95% 的时间都用于思考。阅读能力的强弱和阅读效率的高低都由智力的核心要素——思维能力决定。阅读发生过程中,思维加工主要是运用形象思维、抽象思维、创造思维相互联系、相互交织、相辅相成而进行的活动,人们通过改变原有的思维结构并形成高一级的思维结构,从而不断与外部世界相适应。

形象思维是对表象进行的思维活动,在阅读中主要是再现形象,是一种感性思维,运用联想和想象发挥作用。联想是运用已有的知识经验来理解文本的知识内容或由此及彼想到其他事物。阅读中的联想使新旧知识得以联通,使思维举一反三、融会贯通,从而扩展了阅读思维的时间、空间和内容并能触发灵感思维。想象是根据文本的描述和提供的文字材料在头脑中再现其形象(再造想象),或仅仅凭文本的提示和暗示独立创造出新形象(创造性想象)。阅读中的想象不仅可以再现文本场景,还可以充实文本内容;不仅可以使思维超越时空,还可以使理解更深刻。③

抽象思维是运用分析、比较与综合、抽象与概括、归纳与演绎、具体化和系统化等方法来形成概念、做出判断和进行推理的活动,由此来认识事物的

---

① 王继坤.现代阅读学教程[M].青岛:青岛海洋大学出版社,1999:16-20.

② 闫国利,白学军,陈向阳.阅读过程的眼动理论综述[J].心理与行为研究,2003(2):156-160.

③ 王继坤.现代阅读学教程[M].青岛:青岛海洋大学出版社,1999:21-24.

本质和规律,把握文本的思想意义,它是一种理性思维。阅读中抽象思维能够帮助读者梳理文本要义,体悟深层内涵,从而提升阅读的高度和增加阅读的深度。①

创造思维是指认识论上第一次产生的、前所未有的、具有一定社会意义和价值的思维活动,是一种较之一般思维更高级的思维,具体包括发散思维、集中思维、直觉思维、逆向思维等。形象思维和抽象思维是阅读思维的基础,在阅读过程中被大量和经常地运用,而创造思维主要被运用于研究性阅读中。研究性阅读是进行科学研究、探求某一问题而进行的阅读,需要超越文本,提出新见解或提供新的研究结论,这种阅读需要创造思维。阅读中综合恰当地运用创造思维可以帮助读者获得创造性的阅读成果。②

需要指出的是,从心理学的角度看,阅读的思维活动即一系列的心理过程,而阅读思维是阅读认知过程中最复杂的心理因素。思维作为阅读的智力因素具有相对独立性,因此本书将思维从心理机制中突显出来单独加以阐述。

3. 阅读更是一种心理过程,心理机制全程贯穿在阅读的生理和思维过程中

认知心理学认为,阅读是一个典型的认知加工过程,阅读中发生的感知、记忆、思维、想象、动机、兴趣、情感、意志等均涉及人的心理活动。阅读过程可以理解为是一种信息的解密过程:作者把信息加密为文字符号,读者把文字符号解密为信息。根据曾祥芹、韩雪屏主编的《阅读学原理》一书中的观点,这个解密过程有四个阶段:选码和识码、解码和编码、赏码和评码、储码和用码。③ 具体来说,阅读的认知过程就是对信息的感知、注意、记忆、思考以及创造的过程,在这个过程中,非认知的心理因素发挥着调节和支配作用,间接地推动和促进知识的掌握和运用。非认知的心理因素主要包括动机、兴趣和意志等。

阅读动机是反映阅读需求、引起阅读行为并为了达到一定阅读目的的内在原因,主要有追求成就动机、社会需要动机和娱乐动机三种。阅读动机对阅读活动的选择性和倾向性、主动性和积极性、质量和效果起着关键性

---

① 王继坤.现代阅读学教程[M].青岛:青岛海洋大学出版社,1999:24-25.
② 王继坤.现代阅读学教程[M].青岛:青岛海洋大学出版社,1999:25-27.
③ 曾祥芹,韩雪屏.阅读学原理[M].郑州:大象出版社,1992:161-187.

作用。①

阅读兴趣是人们获取知识、研究问题、探索未来的一种认识倾向和心理特征,是情感和态度在阅读活动中的倾向,主要有直观兴趣、自觉兴趣和潜在兴趣三种类型。动机是阅读的内驱力,而兴趣是阅读的情绪倾向。阅读兴趣是阅读发生的"生长点"和提升阅读效果的"催化剂"。②

阅读意志是阅读过程中对阅读目的的自觉坚持以及克服困难进而实现阅读目的的心理过程。良好的阅读意志品质包括阅读的自觉性、坚毅性和自制力,其直接影响阅读行动和阅读效果。③

在阅读过程中,动机、兴趣、意志等非认知的心理因素全程影响着认知过程,以不同的作用和方式激发、维持、推动阅读,是实现阅读认知过程的必要心理条件。

综上所述,阅读行为的发生机制是生理、思维和心理相互联系、交织作用的过程。生理机制是思维活动和心理活动赖以发生的基础,而思维和心理作为阅读的智力因素和非智力因素,是阅读顺利进行不可或缺的参与要素,无论何者缺失,阅读行为都将无从发生或者即使发生了也不会产生好的效果。由此可见,阅读过程的实质是人的生理、思维和心理的糅合活动。

(三)阅读的外显和内隐特征:语言符号性和理性

阅读是读者从文本中提取信息、获得意义的过程,而文本的意义在于它是显示事物特点和关系的文字符号。文字是语言的有形符号,是直接的阅读对象,因此语言符号性是文本的本质特征,是阅读的外显特征。同时,阅读作为人类认识世界所特有的一种社会实践活动,其不仅仅是知识的传承和积累,更是在此基础上的知识创新,因此思考和质疑与阅读相伴相生,阅读从本质上说是一项理性的活动。由此可见,外显的语言符号性背后的内隐理性是阅读的显著特征。

1. 语言符号性是阅读的外显特征

在人类的阅读历史发展中,文本的载体形式经历了多次变化。以中国文献书籍为例,就经历了从甲骨到简册、从简册到纸本、从手抄到雕版、从雕版到机器印刷、从纸本到电子本的变化过程。文本的载体形式在变,但不变的是文本的语言符号性,无论是象形文字、拼音文字还是意音文字,都是以

---

① 胡继武.现代阅读学[M].广州:中山大学出版社,1991:54-58.
② 胡继武.现代阅读学[M].广州:中山大学出版社,1991:58-63.
③ 黄葵,俞君立.阅读学基础[M].武汉:武汉大学出版社,1996:123-129.

语言的符号记录和传播信息的。如著作等文献资料的电子文本,尽管不是纸质形式,但文本的语言符号性没有变,因此是本书探讨的"阅读"对象;而电影电视、画册影集或唱片磁带,是以具体形象或听觉直接感受的,因而不是本书探讨的"阅读"对象。由此可见,阅读是通过语言而非视听形象进行的活动。

在新媒介新技术日新月异的当今时代,阅读语言符号性的外显特征具有了特别重要的辨别意义。以广受关注的"读图"和"读屏"是不是阅读而引发的争议为例,本书认为,不管文本及其载体形式如何变化,判断是不是阅读的关键在于文本的呈现方式是不是语言符号。

进入 2000 年后,图文书兴起,除图文本不仅被漫画、卡通、大型画册、少儿类图书等外,之前一直为纯文字版的学术类书籍也越来越多地采用了图文本。对于图文书繁荣的原因分析,一般认为主要是现代社会生活的节奏太快,阅读更多地承担了休闲娱乐的功能,图文书适应了这种需求,将理性的阅读转变为轻松的视觉享受。同时,在视觉文化盛行的当今环境下,图书作为深度文化媒体面临生存危机,传统出版业也受到前所未有的冲击,而广受欢迎的图文书成为出版界在新形势下的一条出路。显然,图文书主要是通过视觉形象呈现的。图片直观、形象、通俗,只需调动右脑进行简单的粗加工;而文字凝练、抽象,需要调动整个大脑进行复杂处理。图文书有三种类型:第一类,以绘图或图片为主、文字为补充;第二类,图片、文字基本持平;第三类,以文字为主,只配以少量象征性图片。① 第一、第二类以视觉形象为主,是"读图"概念的主要指向对象,因此不属于本书探讨的"阅读";第三类以文字为主,具备语言符号性的外显特征,属于本书探讨的"阅读"。

网络技术、数字技术的高速发展使电子阅读异军突起,"读屏"极大地代替了"读纸"并改变着人类的阅读习惯。所谓电子阅读,是指借助电脑、手机、电子阅读器等电子设备呈现阅读材料的阅读,电子文本也被称为"超文本"。相对于传统纸质文本,电子文本的超大信息量、超快传播速度以及携带方便等优势非常明显,因此也极为迅速地被大多数人接受。那么,电子文本的阅读是不是真正的阅读?依据本书的观点,阅读具有语言符号性的外显特征,而纸质文本与电子文本只是文本载体形式的不同,是否属于本书所说的"阅读"关键在于文本是以语言符号形式呈现还是以视听形象呈现。如在电脑或手机等电子设备上阅读著作等以语言符号形式呈现的信息属于本

---

① 张维特.30 年中国人的阅读心灵史[M].南昌:江西教育出版社,2009:188-189.

书探讨的"阅读";而在电脑或手机等电子设备上阅读图片、视频等以视听形象呈现的信息不属于本书探讨的"阅读"。因此如果信息的呈现特征都是语言符号,那么选择纸质文本还是电子文本并没有本质区别,只是个人的偏好、习惯或情怀而已。

由此可见,语言符号性作为阅读的外显特征可以帮助我们在文本的多元化时代辨别阅读。但令人遗憾的是,我们不得不承认,以视听形象呈现的信息成为当下大多数人的选择,正如尼尔·波兹曼所指出的"我们的文化正处于从以文字为中心向以形象为中心转换的过程中……"①。

2. 理性是阅读的内隐特征

阅读虽然是一种个人选择和个人行为,但作为人类认知世界的途径,阅读影响着民族、国家和人类社会的命运,正如朱永新教授所提出的"一个民族的精神境界取决于这个民族的阅读水平"②。阅读何以有如此之力量?因为"知识的力量要通过阅读得以实现。阅读水平直接影响着理解和掌握科学技术能力的高低"③。阅读带领读者走向思想深奥、逻辑缜密、境界崇高,乃至灵魂伟大的人生。④ 由此可见,尽管有的阅读存在着休闲性、娱乐性的特点,但阅读在本质上是一项理性活动。在阅读的时候,读者看见的是一些冷静的抽象符号,没有美感,读者只能依靠自己的智力去思考。所以,从本质上说,阅读是一种严肃并且理性的活动,需要读者具有相当强的分类、推理和判断能力。几乎每一个对阅读之于思维习惯之影响进行探讨的学者都认同这样一个结论,即阅读能够促进理性思维的发展。⑤ 因此,本书认为,理性是阅读的内隐特征。

何谓理性?眭依凡教授认为"所谓理性是对认识主体而言的,对事物本质及其规律的一种全面的认识和对规律的把握和遵循,亦是人们对事物价值做出正确判断及其守持的具体反映"⑥。依据眭依凡教授对理性的界定,阅读的理性特征我们可以这样来解释:读者对阅读本质、规律、价值的全面认识和正确判断以及在阅读活动中对此的遵循和守持。本书所探讨的"阅

① 波兹曼.娱乐至死[M].章艳,译.北京:中信出版社,2015:10.
② 朱永新.我的阅读观[M].北京:中国人民大学出版社,2012:73.
③ 朱永新.我的阅读观[M].北京:中国人民大学出版社,2012:77.
④ 巴丹.阅读改变人生:中国当代文化名人读书启示录[M].北京:东方出版社,2010:1.
⑤ 波兹曼.娱乐至死[M].章艳,译.北京:中信出版社,2015:62.
⑥ 眭依凡.理性捍卫大学[M].北京:北京大学出版社,2013:48.

读"正是这层意义上的阅读,它在数字化时代的今天尤为重要。上文所述的以视听形象呈现的信息成为当下大多数人的选择,原因之一是他们对阅读没有完整准确的认知,甚至把阅读仅仅作为一种满足感官的存在,抛弃或放弃了阅读严肃且艰难的理性本质。王余光教授认为这已经是一个很严重的问题,随着电视、电脑等荧屏的普及和其功能的泛化,人们对严肃、有深度的书籍越来越淡漠和远离,这种现象让人担忧。①

具体来说,阅读的理性特征内隐在两个方面。一是在阅读的语言符号性特征上。语言符号性是阅读的外显特征和文本的本质特征,其呈现方式是一种理性呈现。正如尼尔·波兹曼所指出的,印刷文字或建立在其上的口头语言,具有一种可释义、有语义和逻辑命题的内容。任何一个句子都具有阐述事实、提出问题、表达请求或做出解释的作用,否则它就只是一个语法空壳而毫无意义。② 二是在读者方面。尽管读者的分化、阅读目的的分化以及由此带来的阅读方式和方法的分化具有无须质疑的客观性,但是从本质上说,阅读需要读者以"理性"而阅而非以"娱乐"而阅。如上文所述,阅读是一种思维加工和训练过程,是形象思维、抽象思维、创造思维相互联系、相互交织进行从而使人原有的思维结构产生变化并形成高一级的思维结构的过程。显然,阅读是一种理性活动,只有细读、深读、精读,才能真正汲取书籍的养分。由此可见,阅读的理性特征要求读者在阅读中勤于思考、敢于质疑。所谓"熟读精思""精读细思""学贵有疑""疑则有进",读者应自觉地寻找并发现阅读材料中的疑点或探索点并进行分析、比较、判断、推理等。只有遵循理性的阅读,坚持有思想、有深度、能触及生命内在真实和扩展个体生命体验的阅读,才能使生命丰满、人格完美,才能真正促进个体的成长和发展,从而推动民族和国家的进步。

然而,与以视听形象呈现的信息成为当下大多数人的选择一样,抛弃或放弃理性阅读而选择"娱乐阅读""浅阅读"的现象和程度也不容乐观。尽管对"读图"和"读屏"不能一概而论,"娱乐阅读"和"浅阅读"也不宜全盘否定,但是任何媒介都是双刃剑,对其发展趋势必须保持足够的清醒。"读图""读屏""娱乐阅读""浅阅读"在当下存在一定程度的泛滥化,而其深受年轻人的青睐也让人担忧。因为这种放弃理性的阅读让人很难进行较强的逻辑思考,甚至连语言表述也出现困难或养成不良的表达习惯和思维习惯;很难集

① 王余光,等.中国阅读文化史论[M].北京:北京图书馆出版社,2007:46.
② 波兹曼.娱乐至死[M].章艳,译.北京:中信出版社,2015:61.

中深入关注一个主题,总是快速地进行跳跃和转移,因为"快速、快感、快扔"是其主要特点。长此以往,将使人心智枯竭、心灵生锈,变成"空心"人。就如《娱乐至死》一书的封面设计:一家四口坐在电视机前,但四个人都没有脑袋。尼尔·波兹曼以此喻意电视掏空了人的大脑和智力,使人变成傻瓜。他批评人们心甘情愿成为娱乐的附庸,成为娱乐至死的物种。

总而言之,新媒介的不断涌现是历史发展的客观存在,随之出现的新兴阅读方式也是客观事实。但是,阅读作为人类认识世界所特有的一种社会实践活动,其外显语言符号性和内隐理性的本质特征应加以遵循和守持。

（四）阅读的存在本意:获取知识和传承文化

阅读是人们接受教育、获取知识、发展智力的主要途径,也是人类文明传承的关键环节。书籍是人类知识经验最重要的载体,是人类进步的阶梯。通过阅读书籍,人类几千年来所创造和积累的知识和经验得以传播、丰富和发展。同时,阅读也是人类精神文明的代代相传,每个民族、每个时代的精神精华都凝聚在书籍特别是经过历史筛选和检验的经典名著中。因此,阅读的本意是获取知识和传承文化。

1. 阅读是获取知识的主要途径

获得直接经验和获得间接经验是人类进行知识积累的两条基本途径,随着人类社会的发展,获得间接经验即阅读成为积累知识的主要途径,由此可见,阅读是学习的基础和根本。据专家测量,一个人才的知识建构,来自直接经验的不足 20%,而通过阅读获得的间接经验却在 80% 以上,获取和扩展人类知识是阅读价值的根本所在。[①] 在人类的历史长河中,古今历代所积累的知识经验、思想发现等都可以通过阅读来学习而无须重复前人漫长艰辛的探索过程,因此阅读的过程就是获取信息、占有知识的过程。当然,获取信息、占有知识的水平受到阅读能力高低的影响,特别是在科技高速发展、知识日新月异的今天,阅读和提高阅读能力已经成为现代人最重要的学习和发展方式。[②] 同时,阅读不仅仅是获取知识,还是在此基础上的思维训练和智力开发等,也就是说通过阅读获取和积累的知识既是为了解决问题,更是为了知识创新。

事实上,阅读是获取知识的最主要方式是众所周知并达成共识的,无须

---

① 曾祥芹,韩雪屏.阅读学原理[M].郑州:大象出版社,1992:299.

② 朱永新.我的阅读观[M].北京:中国人民大学出版社,2012:31.

过多论证,但必须指明的是,这确是阅读的存在本意。

　　2. 阅读是传承文化的关键环节

　　朱永新教授指出,一个人的精神发育史就是他的阅读史①,从这个层面看,阅读是个体体悟生命、感受文化、涵养精神的生活方式。与此同时,阅读也是由个体组成的整个社会文化生活的重要组成部分,是古今中外对社会成员进行文化教育的重要手段。因此阅读的过程成为文化交往和文化传承、创新的过程。

　　朱自清在《经典常谈》的"序"中说道:"经典训练的价值不在实用,而在文化。"②这句话揭示了经典阅读在文化传承中的重要作用。朱永新教授也认为,阅读经典可以改变人的气质,使读者受到文化的濡染。所以,阅读本民族的文化经典,于个人可以提升气质,于社会可以净化风气。③ 朱永新教授在此进一步提出了经典阅读对民族文化传承的意义。对此,王余光教授也认为,民族文化思想主要是通过阅读来传承的,因此阅读与民族文化问题息息相关。④ 就如一位中国科学家和一位美国科学家,区别不在于"科学",而在于"文化"。

　　德国的"彩虹出版计划"充分说明了阅读对民族文化传承的重要作用。"彩虹出版计划"是在第二次世界大战德国战败后,由一个小出版社波坎波尔的老板温格尔致力推出的。温格尔的老师——德国哲学家赫斯告诉他,民族精神是德国战败后唯一可以与其他国家进行抗争的资本。自此,温格尔改造了波坎波尔,设立了"彩虹出版计划",意在"虽然我们物质贫乏,但依靠民族精神,我们仍能够在世界立足"。温格尔工作了 50 年,把他认为世界上最好的 2500 本书出版了,这道"文化和知识彩虹"使德国人获得了源源不断的文化给养,而温格尔也因此得到了普遍的认可和尊重。"彩虹出版计划",说到底是阅读传递出的文化的力量。⑤

　　我们的传统文化是中华民族几千年来创造的文明成果的总和,也浓缩在经典名著中。但正如上文在阐述阅读的理性特征时所担忧的那样:满足

---

　　① 朱永新.我的阅读观[M].北京:中国人民大学出版社,2012:1.

　　② 转引自:高小方.读书法与研究法[M].南京:南京大学出版社,2013:5.

　　③ 朱永新.我的阅读观[M].北京:中国人民大学出版社,2012:31-32.

　　④ 王余光,等.中国阅读文化史论[M].北京:北京图书馆出版社,2007:47.

　　⑤ 邬书林.阅读的本质:大数据时代的知识汲取和文化继承[J].图书馆杂志,2014(4):5.

于感官刺激的"娱乐阅读"和以浏览为特征的"浅阅读"盛行,而经典阅读和深度阅读被远离。从某种意义上说,这种现象表明传统文化的传承和创新正面临危机。就如尼尔·波兹曼在《娱乐至死》一书中讲到的关于文化消亡的两种方式:一种是奥威尔在《一九八四》中的预言,文化的消亡是书被禁读,信息被剥夺,真理被隐瞒,文化成为受制文化;另一种是赫胥黎在《美丽新世界》中的预言,文化的消亡是没有人愿意读书,人们在海量信息中变得被动和自私,真理被淹没,文化成为庸俗文化。① 而当下的现实也如《娱乐至死》一书想告诉大家的,成为现实的不是奥威尔的预言,而是赫胥黎的预言。其实,传统文化的传承一直受到中国知识分子的关注。80多年前,在中国走向世界的进程中,中国民族文化如何抵御西方文化冲击的问题已经为中国知识分子所关注。在当时,中国文化何去何从已经是很重大的问题,但令人遗憾的是这个问题一直存在,而且如今矛盾更加尖锐。80多年来一直令知识分子非常担忧的问题就是越来越缺少的深度阅读和对中国传统经典的阅读。② 对此我们要有足够的警醒。

在多元文化共存的当今时代,阅读特别是经典阅读是提升文化品质、传承和创新文化的必需选择,这也是阅读存在的本意所在。

由此,本书所讨论的"阅读"主要是指读者以文本为中介与作者的对话和交流,通过生理、思维和心理相互联系、相互交织的糅合活动实现主客体的统一,其在外显的语言符号性背后内隐着理性特征,是人类所特有的以获取知识和传承文化为存在本意的社会实践活动。

二、大学生阅读及其特点

(一)大学生阅读

大学生阅读属于一个特定群体的阅读,具有阅读的共性,但由于大学生的群体特征及其所处的生命发展阶段具有特殊性,其又具有个性化特征。此外,在高等教育情境下大学生的阅读还呈现多元和复杂的特点,不同学科、不同专业大学生的阅读存在较大差异。因此,为了保证研究的信度和效度,本书的"大学生"聚焦在本科的文科大学生,特指人文及社会科学学科的本科生。

① 波兹曼.娱乐至死[M].章艳,译.北京:中信出版社,2015:前言.
② 王余光,等.中国阅读文化史论[M].北京:北京图书馆出版社,2007:48.

大学本科的文科主要是培养文、哲、史及社会科学的研究、教学人才和政治、经济、社会、文化等各部门的管理者和专门人才。本科阶段的文科大学生,无论是专业学习还是非专业学习,无论是科研训练还是能力锻炼,都离不开阅读。与中小学阶段相比,本科阶段大学生的阅读目的更为多元,阅读领域更为广阔,阅读选择更为自主,阅读时间更为宽裕,并身处良好的阅读环境和阅读氛围中。与此同时,本科阶段文科大学生的学习以自学为主,往往一门课程就需要涉猎十几部著作,但学习的伸缩性又较大,阅读量的多或少,短期反映不出效果,但长期势必影响大学生的成长和发展。换一个视角看,伸缩性较大的学习特点也给文科大学生的阅读带来了极大的机遇和潜力。

本书认为,阅读的界定应从阅读的参与要素、发生机制、外显和内隐特征、存在本意四个方面予以分析和把握,相应地,大学生阅读的界定也应从以上四方面进行探求。由此,大学生阅读可以概括为:大学生阅读是大学生以文本为中介与作者的对话和交流,通过生理、思维和心理相互联系、相互交织的糅合活动实现主客体的统一,其在外显的语言符号性背后内隐着理性特征,是大学生获取知识和传承文化的学习与生活方式。

(二)大学生阅读的特点

大学生作为一个特殊群体,拥有较高的知识水平和文化修养,而本科阶段的大学生,其思维水平、生理和心理状态都处于生命历程中的最优阶段,因此本科阶段是大学生一生中最重要的学习和成长阶段,也是阅读的优势和关键时期,而阅读可以帮助大学生获得知识发展、智慧提升和精神成长。同时,大学生读书求学所在的大学以传播、探索、捍卫知识和真理为目的,以引导社会价值观为使命,发挥着提高人类素质、推动社会进步的作用,同时承担着推动国家科技发展、推行先进文化以及培养人才等"对国家负责"的使命。[①] 由此可见,浸润在大学中的大学生理应是社会发展、民族进步、国家强盛的未来所倚和中坚力量。根据本科大学生的群体特征、基本任务及其所负使命,本书认为大学生阅读的特点集中表现在:重在知识发展和文化传承,以经典阅读为本,突显理性和创新。

1. 重在知识发展和文化传承

在阅读中,大学生获取知识和传承文化是唇齿相依、相辅相成的。知识

---

① 眭依凡.大学的使命与责任[M].北京:教育科学出版社,2007:20-41.

获取和文化传承是阅读的存在本意,而大学生作为知识水平和文化修养较高的一个特殊群体,作为社会发展、民族进步、国家强盛的未来所倚和中坚力量,其阅读是在此基础上对知识的创新和对文化的推行。本科阶段是大学生成长为某种专门人才的全面发展时期,因此无论是专业教育还是通识教育,大学生阅读都应包括专业阅读和通识阅读两部分。虽然从客观上看大学生的阅读具有很大自由度,但在大学生特别是文科大学生的专业学习中,大量的阅读是获得专业知识和提升专业素养不可或缺、至关重要的必经之路。当然,专业阅读固然重要,大学生仍需将阅读范围延伸到专业之外。正如余秋雨在《读书之要则》中所说:"生命的活力,在于它的弹性。大学时代的生命弹性,除了运动和娱乐,更重要的体现为对世界整体的自由接纳和自主反应,这当然是超越专业的。"何况就专业学习本身而言,随着时代的发展,各类专业的内在结构和外部边界都发生着很大的变化,如果没有足够的整体视野,专业也难以真正学好。[①]

再以哥伦比亚大学的"核心课程"为例,它要求学生阅读从最早的荷马史诗到亚里士多德,再到卢梭、尼采乃至现代的西蒙·波伏娃和伍尔夫等的书,这些书都最直接地涉及"什么是人"以及"人可以是什么"。这表明哥伦比亚大学对传统的极度推崇,不管这些 18 岁的学生以后做什么工作,他们都应该具有这一传统筑防,并使其成为他们教养的一部分。[②] 显然,"这些书"也是超越专业的,并且是经典著作。

在多元文化共存的当今时代,阅读特别是经典阅读是提升文化品质、传承和创新文化的必需选择。由此可见,知识发展和文化传承是大学生阅读的重点所在。

2. 以经典阅读为本

芝加哥大学前校长赫钦斯(R. W. Huchins)从 1929 年开始在芝加哥大学推行名著教育计划,并在 1952 年编著了包含 443 部经典著作的"西方名著丛书",被誉为"人类心灵的一大成就"。赫钦斯认为,大学课程之间应当有一种基于基本观念的共同基础,而大学生应该学习那些具有永恒精神的伟大著作,它们是人类的最高遗产。[③] 芝加哥大学教授艾伦·布卢姆在其著

---

① 转引自:巴丹.阅读改变人生:中国当代文化名人读书启示录[M]. 北京:东方出版社,2010:118.

② 张维特.30 年中国人的阅读心灵史[M].南昌:江西教育出版社,2009:133.

③ 张维特.30 年中国人的阅读心灵史[M].南昌:江西教育出版社,2009:134.

作《美国精神的封闭》中写道,人们在阅读柏拉图和莎士比亚的著作时,会比其他任何时候更加充实和真实,因为阅读经典时人与本质的存在浑然一体。①

经典是古今中外各个民族、各个时代精华的凝聚,意大利著名文学家卡尔维诺是这样解释经典的:经典就是你经常听人家说"我正在重读"而不是"我正在读"的书;经典就是对那些读过并喜欢它们的人来说,构成一种宝贵经验的书;经典就是产生某种特殊影响的书,它们或以难忘的方式或以无意识烙印在读者的想象力中或隐藏在深层记忆中;经典就是从未对读者穷尽其义的书;经典就是那些带着先前解释的气息走向读者,背后拖着它们经历的文化或多种文化的痕迹的书。②

本科阶段大学生阅读虽可广泛涉猎,但要真正成长为某种专门人才,表现出这个专业的意识和能力,必须熟读本专业领域内最典范、最权威、最具有标志性和开创性的经典名著。而大学生要获得全面的成长和发展,在汲取专业知识的同时还需获得丰厚的精神营养,需阅读超越专业却是最有价值、最有意义的经典名著,也就是赫钦斯所指的那些"伟大著作"。于文科大学生而言,文史哲类或社会科学类经典著作应该是必读的,同时可根据自己的兴趣选择一些科学知识经典著作和艺术类经典著作。阅读经典,可以说是大学生思想走向深刻和深邃的必由路径,因为阅读经典的过程是理论思维走向成熟、人文素养得到提升、优秀文化得以传承的过程。③ 由此可见,经典阅读既不是满足于感官刺激的"娱乐阅读",也不是以浏览为特征的"浅阅读",而是耗时费力的深度阅读,需要耐心和毅力,彰显着理性特征。

此外,大学是社会的创新之源,大学生是国家的未来所倚,本科阶段的学习就是在获取和积累知识的基础上向知识创新迈进的过程。要顺利实现这个过程,就要求大学生学会独立思考,而独立思考的前提是阅读,特别是经典阅读。因此,不管是专业阅读还是通识阅读,大学生的群体特征、学习任务及其所承担的使命都决定了经典阅读应是大学生阅读之根本。

3. 突显理性和创新

阅读从本质上说是一项理性的活动,其理性内隐在阅读文本的语言符号和读者中,即:阅读文本是一种理性呈现而非视听形象呈现;读者以"理

---

① 布卢姆.美国精神的封闭[M].战旭英,译.南京:译林出版社,2007:329.
② 卡尔维诺.为什么读经典[M].黄灿然,李桂蜜,译.南京:译林出版社,2012:1-10.
③ 党怀兴.倡导阅读经典 提高大学生的人文素养[J].中国大学教学,2010(3):10.

性"而阅,而非以"娱乐"而阅。如前文所述,理性阅读是严肃且艰难的阅读,讲究的是缜密的逻辑、深奥的思想和读者相当强的分类、推理和判断能力,是有深度、能触及生命内在真实和扩展个体生命体验的阅读。大学是研究高深学问的场所,本科学习阶段是大学生一生中的阅读黄金期,是大学生成长为某种专门人才的全面发展时期,知识发展和文化传承是大学生阅读的重点所在,经典阅读是大学生的阅读根本,这些都将大学生阅读明确指向了理性阅读。因此,与新媒介一起成长的一代大学生要正确对待"娱乐阅读""浅阅读""读图""读屏",自觉摒弃视阅读仅仅为一种感官满足的观念和行为,守持并引领理性阅读。只有这样,阅读才能帮助大学生获得知识发展、智慧提升和精神成长,进而推动民族和国家的进步。

与理性阅读紧密相连的是阅读中的思考和质疑。黑格尔说过,所谓常识,往往不过是时代的偏见。要超越这个时代的偏见,唯一的办法就是阅读,阅读人类历史上最伟大的经典著作。可以说,"没读过几百本经典,不足以谈独立思考"的说法并不是夸大其词的判断,不然,就像柏拉图的那个比喻:我们直接面对的是认识对象的影子或者是影子的影子。对大学生而言,阅读经典可以清晰地了解一个学科的来龙去脉,是学习和理解一门学科或领域、夯实专业根基的最佳途径。而阅读中的思考可以帮助大学生体悟作品中最有价值的内容,发现作品的缺陷并提出质疑,从而超越作品,而创新就是在这个节点发生的。

阅读的本质也是一种思维活动,而阅读中的创新特别需要创造思维的开发、培养和锻炼。日本学者把青年时期创造思维的发展分为三个阶段:(1)启蒙期(3~8岁);(2)培养期(9~21岁);(3)结实期(22~28岁)。[①]虽然,在各阶段人们都要处理好接受型(继承)阅读和创造型(创造)阅读的关系,但培养期是开发和锻炼创造思维的关键时期,而本科阶段大学生正处在培养期。大学阶段的学习从本质上说是一种创造型学习,接受型阅读为大学生特别是高年级大学生积累了比较丰富的知识和经验,同时大学生的逻辑思维、求异思维、发散思维以及独立思考能力等都得到了较大的发展,并开始了系统的科学研究训练,而创新精神和创造能力的培养也是我国高等教育人才培养的根本目标所在。因此,大学生阅读从本质上说是创造型阅读,理性和创新是其突显的特征。

综上所述,本书中的"大学生阅读"主要是指通过文本互动使大学生获

---

① 黄葵,俞君立.阅读学基础[M].武汉:武汉大学出版社,1996:185.

得知识发展、智慧提升和精神成长的活动,其重在知识发展和文化传承,以经典阅读为本,突显理性和创新。由此可见,本书讨论的"大学生阅读"聚焦在大学生的阅读内容、阅读数量和阅读方式三个方面。

"大学生阅读参与水平"是本书的"大学生阅读"在测量层面的概念,具体从阅读内容、阅读数量和阅读方式三个方面进行考察和讨论,主要反映了大学生读什么、读多少和怎么读三个问题,即大学生阅读参与的数量和质量。显然,本书的"大学生阅读参与水平"指向大学生阅读的事实和行为层面,而非思想和意识层面。其中,阅读内容呈现的是大学生阅读的"质",阅读方式偏向大学生阅读的"质",而阅读数量呈现的是大学生阅读的"量",本书力求将"质"和"量"相结合来考察大学生的阅读参与水平。大学生的阅读内容和阅读方式将在下文"大学生阅读的类型"中进行具体讨论,而阅读数量主要从大学生每天和每周的阅读时间、每年的阅读书籍量以及阅读计划、阅读习惯等方面进行考量。

三、大学生阅读的类型

阅读内容和阅读方式是大学生阅读的"质"的呈现,不同的阅读内容和阅读方式关涉大学生的阅读参与水平。

(一)大学生阅读内容分类

费尔巴哈曾说"人就是他所吃的东西",这句话的意思就是说根据一个人的阅读内容可以判断这个人的精神世界,一个在阅读中与哲人名家"交谈"的人,与一个只读明星趣闻和言情凶杀故事的人,显然是完全不同的。[①]因此不同的阅读内容对大学生发展的影响也应该是不一样的。

阅读内容(包括纸质文本和电子文本)的分类,按学科属性包括马列毛邓、哲学和宗教、社科总论、政治和法律、军事、经济、文化科学教育体育、语言和文字、文学、艺术、历史和地理、自然科学总论、数理科学和化学、天文学和地球科学、生物科学、医药和卫生、农业科学、工业技术、交通运输、航空和航天、环境科学和安全科学、综合性图书,共 22 类[②]。

综合已有研究对大学生阅读的调查结论,大学生的阅读内容主要集中在专业类书籍、文学作品以及休闲娱乐类书籍等方面。本书认为大学生阅

---

① 周国平.好读书与读好书[J].政策,2012(1):91.
② 国家图书馆《中国图书馆分类法》编辑委员会.中国图书馆分类法[M].5 版.北京:国家图书馆出版社,2010.

读应以经典阅读为本,虽然在专业类书籍和文学作品中都包含着本领域的经典著作,但为了厘清大学生经典阅读的事实情况以及经典阅读对大学生发展的实际影响,本书特将经典著作从不同学科领域中抽离并单独归类。同时,就大学生个体而言,尽管很少有大学生只读一类书籍,但大多数大学生的阅读会以某一类书籍为主或均衡阅读各类书籍。因此本书将大学生的阅读内容划分为专业类书籍主导型、文学作品主导型、经典著作主导型、休闲娱乐类书籍主导型以及各类书籍平衡型五大类。

专业类书籍是大学生围绕所学专业就专业基础、专业拓展、专业研究三个层面进行的阅读选择,主要包括教材和教辅类书籍(如课程教材、英语水平考试和计算机等级考试的辅导书、各类工具书等)、励志与成功类书籍①(如心灵读物、人际交往、成功学、礼仪口才与面试、公务员考试等书籍)、专业论著、学术期刊等,是大学生为完成学业和就业、提升能力、学习研究专业或与专业相关领域中的某些专门问题、了解学科动态、开展课题研究以及论文写作等进行的阅读活动。

文学作品是大学生为提高人文素养进行的阅读选择,主要包括小说(传记)、诗歌、散文、戏剧等。

经典著作是大学生为学习某一时代、某一学科或某一流派最具影响的权威著作从而提升个人综合素养和促进精神成长而进行的阅读选择,主要包括人文科学类经典著作、社会科学类经典著作、自然科学类经典著作、艺术类经典著作四大类。

休闲娱乐类书籍是大学生为了解新闻时政、获取时尚前沿资讯以及满足个人喜好等,以休闲、娱乐为主要目的进行的阅读选择,主要包括报纸、时尚类杂志、武侠与言情类书籍、科幻与侦探推理类书籍、美食健康与生活类书籍等。

(二)大学生阅读方式分类

阅读方式受到社会经济文化水平的制约,一定社会的经济文化水平会产生与之相适应的阅读方式,而阅读方式又与阅读文本的载体形式密切相

---

① 励志与成功类书籍是大学生较为普遍的阅读选择,是大学生在学习生活中遇到困惑、困难而产生迷茫、焦虑、沮丧等情绪时获得帮助、汲取能量、树立信心的重要源泉,也是大学生为提升能力和顺利就业做准备的有效途径,是大学生在专业学习和完成学业过程中的辅助类、拓展类读物,对不同专业的学生都具有指导意义。因此,本书将励志与成功类书籍作为专业拓展类书籍归类在专业类书籍中。

关。在人类的阅读历史发展中,阅读文本的载体形式经历了多次变化,每一次变化都会极大改变人类的阅读方式,而不同的阅读方式对大学生的阅读效果也会产生不同的影响。

综合已有研究对大学生阅读的调查结论,大学生的阅读方式主要有纸质方式和电子方式(包括电脑阅读、手机阅读和电子阅读器阅读)两种。如同阅读内容的选择,虽然很少有大学生只采用一种阅读方式,但大多数大学生的阅读会以某一种阅读方式为主或均衡采用各种阅读方式。因此本书将大学生的阅读方式划分为纸质阅读主导型、电子阅读主导型以及纸质阅读和电子阅读平衡型三大类。

纸质阅读伴随着文本的实体存在,如阿尔维托·曼古埃尔在其著作《阅读史》中写的那样:阅读时,人的"五觉"都开始工作:眼睛辨视着书页上的文字,鼻子闻着纸张、黏胶、墨水等气味,耳朵听着朗读的内容,手触摸着或柔软或粗糙的纸张,甚至有时读者会用舌头舔着手指。[①] 电子阅读以虚拟方式存在,即借助于电脑、手机、电子阅读器等电子设备呈现阅读材料的阅读,电子文本也被称为"超文本"。网络和数字技术的飞速发展使"超文本"以其信息海量、形式丰富、快速便捷、成本低廉等特点受到空前青睐,确实对纸质阅读产生了强烈的冲击。但纸质阅读以其文本可靠性、阅读惯性、阅读目的、阅读情怀等因素仍然保持着基础性地位,并与电子阅读相伴共存。

前文在界定"阅读"时论述到,纸质文本与电子文本只是文本载体形式不同,如果信息的呈现特征都是语言符号,那么选择纸质文本还是电子文本并没有本质区别,如捧在手中阅读纸质版名著《爱弥儿》与在电脑上阅读电子版名著《爱弥儿》并没有实质差异。但在现实中我们不难发现,电子文本大量呈现的是文本、色彩、音乐、画面等相互辉映的视听形象,而这恰恰是人们特别是年轻人选择电子阅读作为主流阅读方式的重要原因。而随之导致的令人遗憾的结果是阅读发生了负迁移,如阅读内容从经典著作转向娱乐书籍,深阅读转向浅阅读,阅读训练的理性思维转向碎片化思维等。因此大学生在电子阅读中如果不能坚持以语言符号性呈现的信息为主,而是迷途于"快餐化""动漫化""图解化"等,最终结果只能是获得视觉上的快感和形态上的浮躁。

从本意上说,纸质阅读和电子阅读并不互相排斥。黄晓斌等的研究结

---

① 曼古埃尔.阅读史[M].吴昌杰,译.北京:商务印书馆,2002:302-303.

果表明,两者对大学生阅读行为的影响也不是此消彼长的关系[1],而是相互并存、各有优势。大学生是年轻人群中的重要组成部分,是与新媒介一起成长、不断受到信息强度和信息密度冲击的一代人,必然受到"超文本"强大吸引力的影响,但如上文所述,大学生阅读从本质上说应重在知识发展和文化传承,以经典阅读为本,突显理性和创新。因此无论选择纸质阅读还是电子阅读抑或两者兼而有之,都应以经典阅读为重,以深阅读为主。

纸质阅读依赖读者自主独立的体验和理性思考,更适合静心精读和研读,从而有利于增加大学生阅读的深度;电子阅读的快速便捷和海量信息既可帮助大学生拓展涉猎面,也有助于大学生提高搜索学习和研究资料的效率,有利于拓展大学生阅读的广度。休闲阅读和浏览式的浅阅读,只要运用得当,也可放松身心,利用零碎时间获得有用信息,主要发挥的是调节和填补的作用。大学生应根据具体的阅读目的和阅读内容选择合适的阅读方式,在经历了严肃艰难的深阅读和娱乐快捷的浅阅读后,能坚守并引领从容优雅的阅读方式,既能代表时代的发展,又能获得知识发展、智慧提升和精神成长。

由此可见,大学生阅读方式的选择主要依据是阅读内容和阅读目的,而阅读内容反映的是大学生阅读的"质",据此选择的阅读方式自然也是倾向于"质"的体现。当然,只要选择恰当,阅读方式本身并没有优劣之分,阅读方式是大学生阅读偏向"质"的呈现。

第二节 大学生发展

"大学生发展"是一个较为宽泛的概念,目前我国学界对它的含义界定并未达成共识。从总体上看,学者们因为关注主题或研究侧重点不同对"大学生发展"的要素或维度的确定比较分散,但概括起来主要包括两个层次,即认知能力(智商)的发展和非认知能力(情商和乐商)的发展。[2]

思想政治教育领域主要关注大学生价值观、道德力、人际交往等的发展。在"上海大学生发展"的双年度研究项目中,于海将心智发展、价值塑

---

[1] 黄晓斌,林晓燕,刘子明.数字媒体对大学生阅读行为影响的调查分析[J].图书情报工作,2008(2):53-56,119.

[2] 查颖.关于我国大学生发展问题的研究综述[J].江苏高教,2016(1):115.

造、人格养成等视为大学生发展的基础问题①；周挥辉等在研究手机对当代大学生发展的影响时，主要考察了手机对大学生学习生活、人际关系和心理发展的影响②。高等教育领域主要关注高校对大学生发展的影响力等。李文利在研究高等教育对学生发展的影响中重点探讨了大学生的能力发展和职业发展，并将能力发展分解为认知能力发展和社会技能发展（共 27 个二级测量指标），而将工作收入和年均升迁次数视为职业发展的测量变量③；鲍威在研究普及化阶段北京高等教育的发展特征和学生学业成就的影响因素时，重点考察了大学生的学业成就和认知能力（包括合作交流能力、核心能力和知识素质）的发展④；杨钋等着重比较研究了普通本科院校本科学生和高职高专院校专科学生的能力发展水平，具体包括科学思维和领导沟通能力、知识和一般技能、公民素质、职业和心理素质⑤。

要澄清大学生发展的内涵必须从人的发展理论入手，并结合高等教育人才培养质量观来进行探讨。

一、人的发展

"人的发展"可以从两个层面去理解：一个层面是指人类种族的发展，与物种发展相联系，一般被历史学和人类学采用；另一个层面是指个体的发展，即个体生命从起始到终结的过程，一般被生物学、心理学和教育学领域采用，基本意义是"行为的个体发生，也就是指在一个较大的前后背景中所发生的社会和心理过程，但是这一过程基本上在个体这一水平上来加以评价，而且这一过程在人生的某一段时间里会变化和发展"⑥。当然，这种变化并不是随着时间的推进自然而然发生的，而是生理、心理和社会实践三种活动及其相互作用共时交融而产生的，其中社会实践是推动个体发展的决定

① 于海.上海大学生发展研究(2002—2003)[J].复旦教育论坛,2003(2):1-5.
② 周挥辉,党波涛,蒋永红.手机对当代大学生发展的影响及其对策研究[J].中国青年研究,2011(6):90-92.
③ 李文利.高等教育之于学生发展：能力提升还是能力筛选？[J].北京大学教育评论,2010(1):2-16.
④ 鲍威.未完成的转型：普及化阶段首都高等教育的人才培养与学生发展[J].北京大学教育评论,2010(1):27-44.
⑤ 杨钋,许申.本专科学生能力发展的对比研究：基于"2008 年首都高校学生发展状况调查"相关数据的分析[J].教育发展研究,2010(5):17-22.
⑥ 吴庆麟.国际教育百科全书:第四卷[M].贵阳:贵州教育出版社,1990:540.

性因素。

学术界对"人的发展"的研究主要是从哲学、社会学、心理学和教育学四个学科展开的。哲学侧重于从人的本质和特性出发研究"人的发展";社会学侧重于从人的社会化过程来探究"人的发展";心理学侧重于通过对人的局部心理特征或心理过程的分析来揭示人的心理发展;教育学则从整体和系统上把握"人的发展",认为人的发展是内外两方面多因素共同作用的过程,其中教育对人的发展起主导作用。如布卢姆认为"教育的基本功能是使个人获得发展"[①];眭依凡教授认为"教育的本质就是以人为本的全面关心人、全面培养人、全面发展人的社会活动","教育的使命就是改善、提高和发展受教育者的素质"[②]。由此可见,从教育学的角度研究"人的发展"是整合哲学、社会学和心理学等学科的相关研究对人的发展的全面认识,本书亦是在教育学的框架内讨论"大学生发展"的相关问题。

马克思主义关于人的发展理论,即人的全面而自由发展理论有三个层次的规定:最基本的层次是人的体力和智力的发展,其次是人的才能和志趣的发展,最后是人的社会关系的发展。而人的自由发展主要表现在两个方面:首先是人的需要的自由实现,包括衣、食、住、行等物质生活需要和科学、文化、艺术等精神生活需要,以及体现物质和精神相统一的生存、发展等综合需要的实现;其次是人的能力的自由发展,包括认识能力和实践能力的发展,它涉及社会经济、政治、文化等各个领域。但人的自由发展也受到以经济关系为基础的社会关系体系的制约。

眭依凡教授认为"人的全面发展,包括人的生理和心理、知识和智力、能力和品德及自我调适和自我发展等多方面内在素质的完善和发展"[③]。

综合以上相关理论,本书的"人的发展"特指通过阅读对人的多方面素质的改善、促进和提升作用。

二、大学生发展

大学生发展一般是指大学生在校期间通过自身努力和大学的影响,其综合素质所发生的变化,具体包括价值观发展、学业发展、心理认知和社会

---

① 布卢姆,等.教育评价[M].邱渊,王钢,夏孝川,等译.上海:华东师范大学出版社,1987:2.

② 眭依凡.以素质教育撬动大学人才培养体系创新[J].中国高等教育,2010(7):1.

③ 眭依凡.以素质教育撬动大学人才培养体系创新[J].中国高等教育,2010(7):1.

性发展等。与"大学生发展"相近的概念有大学生成长、成功等。

界定大学生发展的内涵,首先要澄清高等教育人才培养质量观,因为这是大学生发展的重要基准。陈玉琨教授认为高等教育有三种常见的质量观:内适质量、外适质量和个适质量。内适质量源自大学内部,是一种相对主义的质量观;外适质量是指高校所培养的学生满足国家、社会以及用人部门需要的程度,是一种目标参照的绝对评价;个适质量则强调教育质量应是学生个体的认知、情感、兴趣、意志、品质等个性发展程度的反映,是学生发展导向的质量观。① 陈玉琨教授讨论的这三种质量观也可以认为是"院校本位"、"社会本位"和"人本位"在高等教育质量观问题上的体现。

"院校本位"强调高校对大学生发展的影响力,与大学本科人才培养目标紧密相连;"社会本位"以社会为主体,以社会化目标(无论是意识形态的还是世俗取向的)来塑造大学生②;"人本位"以大学生自身为主体,以个性化、多元化的目标来促进每一位大学生的发展。联合国教科文组织提出 21世纪教育的四大支柱是要"学会认知,学会做事,学会生存,学会共同生活"。大学生发展的核心范畴应是认知、行动、人格和价值,因此当下对"大学生发展"的考量更多的是"人本位"。

本书主要讨论本科大学生在校期间阅读对其发展的影响,关注阅读对大学生个性化、多元化的发展影响,也关注大学阅读文化对学生发展的影响力,因此本书的"大学生发展"以"人本位"为基础,同时结合"院校本位"的高等教育质量观,强调阅读对大学生多方面素质的改善、促进和提升作用。

三、大学生发展的维度

讨论阅读与大学生发展的关系,就要对大学生发展进行评价和测量,因此需要将大学生发展分解为若干维度并构建评价指标体系。大学生的发展维度与高校人才培养目标密切相关,从某种程度上说即是人才培养目标的具体呈现。眭依凡教授认为"培养目标是人才培养的规格和标准,是大学培养什么样的人的一种价值主张和具体要求"③,而后他又进一步指出"高校的人才培养质量首先取决于人才培养目标设计的质量,明确人才培养目标是

---

① 陈玉琨.关于高等教育若干问题的哲学思考[J].上海高教研究,1997(7):1-7.

② 于海.上海大学生发展研究(2002—2003)[J].复旦教育论坛,2003(2):1-5.

③ 眭依凡.培养创新型人才的呼唤:重构大学人才培养体系[J].中国高等教育,2008(19):14-18.

确保高校人才培养应有质量的基本前提"①。

就本书而言,人才培养目标是指本科教育目标,而本科教育目标的设计应从高等教育的发展阶段和大学的使命与责任出发,将大学生发展与社会发展、国家发展结合起来,齐步共进。以德里克·博克对美国大学本科教育目标论述的嬗变为例,在精英教育阶段美国大学本科教育的目标是培养学生全面的兴趣和能力,把本科生培养成为"受到广泛教育的'完人'"(broadly educated "whole man"),博克提出了以培养学生能力为核心的五项目标:(1)信息和知识的获取;(2)思维能力和习惯的培养,包括表达能力、分析问题能力、外语说读能力和知识把握能力;(3)心理品质的提升;(4)艺术鉴赏能力的养成;(5)价值观和判断能力的培养。② 博克认为当美国高等教育进入大众化和普及化阶段时,大学的使命应更多地与社会责任相结合,本科教育的目标应培养学生多方面的素养。博克在其所著的《回归大学之道:对美国大学本科教育的反思与展望》一书中指出:"大学本应让学生在成长的关键时期,养成一些极为重要的素质。因此,大学的培养目标应该是多方面的。"他具体提出了八项目标:(1)表达能力;(2)批判性思维能力;(3)道德推理能力;(4)公民意识;(5)适应多元文化的素养;(6)全球化素养;(7)广泛的兴趣和知识;(8)为职业生涯做准备。③ 由此可见,随着高等教育阶段的变化和大学使命的调整,博克关于本科教育目标的观点经历了从强调培养学生多方面的能力、促进学生的全面发展到强调培养学生多方面的素养、兼顾自由教育和社会需要的变化。

眭依凡教授认为对国家负责是大学必须牢记的使命,其在《大学的使命与责任》一书中指出,大学的责任在于提供促进国家发展的科技、人才和文化支撑,大学对人类社会负责的前提是对国家和民族负责。同时,他强调"科学信仰使学生崇真,文化修养使学生求美,道德操守使学生向善,责任担当使学生务实"④。崇真、求美、向善、务实是对大学人才培养目标的高度概括,亦是引领大学生发展的方向所在。

我国正处于高等教育大众化和普及化阶段,这是当下中国大学和大学

① 眭依凡.素质教育:高校人才培养体系的重构[J].中国高等教育,2010(9):10-13.

② Bok D. On the purposes of undergraduate education[J]. Daedalus,1974,103:160.

③ 博克.回归大学之道:对美国大学本科教育的反思与展望[M].2版.侯定凯,梁爽,陈琼琼,译.上海:华东师范大学出版社,2012:45,57-207.

④ 眭依凡.大学的使命与责任[M].北京:教育科学出版社,2007:2,34-35.

生发展的客观历史时期。因此本书讨论的大学生发展维度以"人本位"为基础,关注大学生个性化、多元化的发展,同时结合了"院校本位"并从大学的使命与责任出发关注大学对学生发展的影响力,关注本科教育目标对大学生发展的指向性,以期大学生既能实现全面而自由的发展,又能让自身发展与社会发展、国家发展协调共进。由此,本书讨论的大学生发展维度特指五个方面:(1)价值观;(2)知识获取与创新能力;(3)认知思维能力;(4)组织表达能力;(5)心理品质。

本书的"大学生发展"评价指标体系基于以上五方面的发展维度,具体测量指标主要采纳了北京大学教育学院"2013年首都高校学生发展状况调查"第五部分——学生发展之一的19项测量指标,并在此基础上就"心理品质"维度增加了6项测量指标,共25项测量指标。北京大学教育学院从2006年开始的"首都高校学生发展状况调查"年度调查项目对首都不同类型高校学生成长现状和学习生活方面的参与程度进行调查,项目由闵维方教授和文东茅教授主持,重点了解学生在大学期间的学习参与和社会情感参与程度、对大学环境的感受和满意度以及在大学期间的学业成果、自我认知和社会认知等的发展。"首都高校学生发展状况调查"年度调查项目开展已有10余年,调查研究不断深入,调查设计不断完善,其中关于"大学生发展"部分的测量指标与本书讨论的大学生发展维度中的四个方面高度一致,因此为本书所采纳。同时,心理学研究发现,长期大量的阅读尤其是积极的阅读会对人类的心理健康产生重要影响①,因此本书增加了大学生发展维度的第五个方面——"心理品质",并在结合大学生阅读价值的基础上自行设计了"心理品质"的6项测量指标。

具体而言,本书的"大学生发展"评价指标体系包括五方面维度共25项测量指标。价值观包括全球化意识和国际化视角、多元文化意识、诚信和社会规范意识、社会责任感、政治关心程度、社会关心程度共6个测量指标;知识获取与创新能力包括专业知识和理论、知识面和视野、专业操作能力、专业发展前沿共4个测量指标;认知思维能力包括信息处理能力、发现与解决问题能力、批判性思维、统计分析能力共4个测量指标;组织表达能力包括口头表达能力、写作能力、与人相处和社会交往能力、外语听说和沟通能力、组织领导能力共5个测量指标;心理品质包括持续的求知欲、终身学习的愿

① 李筱梅,张永清,于虹.阅读好书,对人心理健康机制的影响[J].科技创新导报,2013(18):247.

望、尊重事实和追求真理的品质、开放包容能力、敢于冒险能力、充实和快乐的体验共 6 个测量指标。

综上所述,本书的"大学生发展"强调的是阅读对大学生多方面素质的改善、促进和提升作用,特指大学生在价值观、知识获取与创新能力、认知思维能力、组织表达能力和心理品质等方面的发展,探究阅读与大学生发展之间的相关性。

第三节　阅读对大学生发展的影响

读书是中华民族的优良传统,几千年来中华民族都是尊重书籍和知识的民族。从"人生在世,惟读书、耕田二事是极要紧者"①的耕读文化传统到"一个人的精神发育史就是他的阅读史,一个民族的精神境界取决于这个民族的阅读水平,一个没有阅读的学校永远不可能有真正的教育,一个书香充盈的城市必然是一个美丽的城市"②的时代呼唤,阅读以其独特的价值一直为我们所重视。本科阶段是大学生向"社会人"转变的过渡阶段,根据美国新精神分析学家埃里克森人生(人格)发展阶段理论,要成功地实现这个转变需要大学生对"我是谁"这个问题做出内隐和外显的回答,进而根据社会限定和需求思考并确立自己的理想、职业、价值观、人生观等。而阅读是帮助大学生顺利确立自己的理想、职业、价值观、人生观等的有效方法和途径。

上文对"阅读"和"大学生阅读"的界定,解决了关于阅读的第一个根本问题——"阅读是什么",下面将要讨论的是关于阅读的第二个根本问题——"为什么阅读"。

一、阅读对人的发展的价值

习近平总书记曾谈道:"我经常能做到的是读书,读书已成了我的一种生活方式。读书可以让人保持思想活力,让人得到智慧启发,让人滋养浩然之气。"③巴丹在《阅读改变人生:中国当代文化名人读书启示录》一书的序中

---

① 何江涛.耕读传家[M].北京:北京图书馆出版社,2008:14.
② 朱永新.我的阅读观[M].北京:中国人民大学出版社,2012:代序.
③ 国家主席习近平接受俄罗斯电视台专访(全文)[EB/OL].(2014-02-09)[2016-08-01].http://www.gov.cn/ldhd/2014-02/09/content_2581898.htm.

这样写着:"阅读是为了活着。福楼拜如是说。"①阅读虽然不能改变人生的长度,但可以改变人生的宽度;不能改变人生的物相,但可以改变人生的气象;不能改变人生的起点,但可以改变人生的终点。② 此书汇集了 33 位当代中国文化名人的阅读经历和体会,其中社会学家费孝通认为"读书是人生的大事,强国梦从读书开始",作家蒋子龙认为"书是可以随身携带的大学",物理学家何祚庥认为"书本知识是重要的,但必须批判地去读",经济学家茅于轼认为"人是否明事理和读书多少有关",作家周梅森认为"读书提升生命的质量"。③ 从国家领导人到学者名家的这些阅读体悟清晰地揭示了阅读对个体的知识获取、智力开发和情操陶冶的促进作用。阅读通过传播知识发展、提升了个体的知识容量、思维水平和道德品质等,从而促进个体的成长和发展,这是阅读内在价值的体现。阅读对个体成长的巨大作用也是古今中外学者名家的共识,从不胜枚举、脍炙人口的读书至理名言中就可见一斑。

(一)阅读帮助个体获取知识

培根说过"知识就是力量",但是知识的力量要通过阅读才能实现,因此阅读的第一步即是帮助个体获取知识。书籍是作者对自然和社会的认识、思考、研究和探索的成果,是人类文明的档案和宝库。而阅读就是个体以书籍为中介与古今中外学者名家的对话和交流,是吸收"别人辛苦得来的经验"④,是学习的最主要方式,正如北宋大文学家欧阳修所说"立身以立学为先,立学以读书为本"。

阅读是个体学习的主要途径,通过阅读可以在短时间内了解和掌握人类长期积累的认识和实践成果。中国阅读学研究会会长曾祥芹认为,阅读可知自然万物,可知社会人情,可知思维奥秘。⑤ 也就是说,阅读是个体获取知识最重要的途径,不论是自然科学知识、社会科学知识还是思维科学知识,都可以通过阅读获得和丰富。如恩格斯认为自己从被视为是 18 世纪法

---

① 巴丹.阅读改变人生:中国当代文化名人读书启示录[M]. 北京:东方出版社,2010:1.

② 巴丹.阅读改变人生:中国当代文化名人读书启示录[M]. 北京:东方出版社,2010:1.

③ 巴丹.阅读改变人生:中国当代文化名人读书启示录[M]. 北京:东方出版社,2010:1-196.

④ 崔华芳.天才少年的读书方法[M].哈尔滨:北方文艺出版社,2007:99.

⑤ 曾祥芹.阅读学新论[M]. 北京:语文出版社,1999:237-238.

国社会百科全书的巴尔扎克小说中学到的知识超过了从职业历史学家和经济学家等那里学到的知识的总和。① 王立群教授也指出,书籍给了我们认识社会、观察世界的角度和高度,使我们视野开阔、思想深刻,书籍也是我们改造世界的利器,让我们改变人生。② 可见,阅读是人类获取知识、认知世界的重要途径和基本方法。

阅读可以促进个体获取和丰富知识、开阔眼界、提高才干,但阅读促进个体知识获取的水平却因人而异,这与个体的阅读能力相关。如前文所述,阅读的发生机制是个体生理、思维和心理相互联系、交织作用的过程,需要个体对文字符号进行感知、传递、反应、处理等,需要个体充分发挥形象思维、抽象思维、创造思维等,还需要个体动机、兴趣、意志等的积极支持,阅读是一种复杂的心智活动,同时还是一项需要思考和质疑的理性活动。因此个体要不断提高自身的阅读能力以提升知识获取的水平和质量。

(二)阅读促进个体开发智力

"读史使人明智,读诗使人灵秀,数学使人周密,哲理使人深刻,伦理使人庄重,逻辑修辞使人善辩。"培根这段脍炙人口的阐述表明阅读不仅是个体获取知识的重要手段,还是开发智力的有力工具。智力是人类认识客观事物并运用知识解决实际问题的能力,主要有观察力、注意力、记忆力、想象力和思维能力等,其中思维能力是核心。

苏霍姆林斯基在《给教师的建议》一书中也讲到,学生的智力发展取决于良好的阅读能力。③ 一个人在成长过程中随着年龄的增长,其阅读也从初级到高级逐级提升,进而个体的语言文字能力、分析与解决问题能力、表达能力等都会不断提高,这就是阅读对个体智力发展的影响。

知识是开发智力的基础,如果一个人没有知识或知识甚少,智力发展就失去了对象和源泉,智力也就无从发展;反之,如果一个人积累了丰富的知识,其智力发展就可以达到较高的水平。而阅读是个体获取和丰富知识的主要途径,书籍中蕴藏着人类的经验和智慧,大量的阅读意味着接触更广的领域、思考更深的问题,使大脑更活跃,从而激发个体的智能,提升个体认识和改造世界的能力。

---

① 转引自:王丽莎.文学阅读:提升理工科大学生综合素质的重要途径[J].长春工业大学学报(高教研究版),2010(4):23.

② 王立群.全民阅读与文化传承[J].中国出版,2008(5):15.

③ 苏霍姆林斯基.给教师的建议[M].杜殿坤,编译.北京:教育科学出版社,1984:10.

阅读也是一种思维活动过程。如前文所述,阅读过程会改变人原有的思维结构并形成高一级的思维结构,从而不断与外部世界相适应,而思维能力是智力的核心,也就是说,阅读通过训练思维促进了人的智力开发。阅读越多,即思维锻炼越多,智力开发也越有效。曾祥芹认为,阅读能培养观察力,触发想象力,提高概括力,孕育创造力,训练记忆力。[①] 个体进行阅读时伴随着思考、分析、理解、判断、抽象、概括、想象和评价等,阅读的过程也就是个体智能的训练和提升过程。大文豪托尔斯泰所说的"理想的书籍是智慧的钥匙"也应是缘于此。

(三)阅读滋养个体陶冶情操

埃及哲学家西塞罗说,"没有书籍的屋子,就像没有灵魂的躯体";英国哲学家培根说,"读书在于造就完全的人格";德国哲学家叔本华在《读书与书籍》中写道,"没有别的事情能比读古人的名著给我更多精神上的快乐,……即使只读半小时,也会觉得轻松、愉快、清净、超逸"[②]。这些先哲们关于阅读的亲历感受正是阅读充盈心灵、丰厚精神、提升审美、感悟幸福等对个体情操陶冶的体现,是阅读之情感教育作用的呈现。

阅读是一项高级的精神活动,帮助个体"精神成人",正如德国诗人歌德所说:"读一本好书,就是和许多高尚的人谈话。"在阅读中,个体可以不受任何时空限制与无数高贵睿智的心灵交互,在潜移默化中感悟生命、优化气质、美化人性、升华灵魂;在阅读中,个体可以尽情地领略书籍特别是在作者精雕细作基础上又经岁月检验的经典名著中的文字美、结构美、人物美、情境美等,提升个体对美的鉴赏和领悟能力;在阅读中,个体可以了解到人与自然、人与人、人与世界的错综复杂而又和谐美好的关系,提升个体对生命、国家以及人类的尊重、责任和关爱,承继中华民族以"家国天下"为己任的精神基因;在阅读中,个体可以了解到世界上各种各样的人物、命运、生活,了解各种不同的人生,使经常徘徊在真善美与假恶丑之间的人性得到洗礼,使个体得到书籍的"点化"而豁然开朗并获得快乐、幸福和价值感。就如作家唐浩明所说,读书的最可贵之处就在于精神世界的丰富充实,这使人在物质贫乏、处境不顺时仍然感到富有快乐;而在物质充裕、功成名就时又让人看

---

① 曾祥芹.阅读学新论[M].北京:语文出版社,1999:239-241.

② 叔本华.读书与书籍[EB/OL].(2011-03-18)[2016-08-01].http://www.360doc.com/content/11/0318/16/5934953_102301657.shtml

淡名利,避免堕落。①

曾祥芹认为,阅读能陶冶理想情操,能承继优良传统,能培养道德品质。② 坚持不懈地阅读,可以让个体汲取积极正面的信息和知识,使个体在潜移默化中不断接受正面力量的暗示和熏陶,使思维和心理随之变化,道德情操得以提升。北京大学教授王余光认为:"在读书的时候,哲人的思想涤荡着我们的灵魂,在知识和智慧的指引下,我们更容易识别美与丑、善与恶,我们的生命也因此一次又一次向前展拓。"诚然,读书使人摒弃喧哗与浮躁,拥有充盈、宽阔、坚韧而宁静的内心世界。③ 在这个层面上,阅读已接近其最高层次:以享受的姿态阅读。显然,这里的享受不是感官刺激的享受,而是发乎心灵深处、体验精神自由的享受。正如英国作家毛姆所说,阅读应当是一种享受,那些书不能指导和帮助我们获得学位、驾驶船舶、维修机车以及谋生,然而只要我们能真正享受它们,这些书会让我们的生活更加丰富多彩。④

综上所述,阅读使个体获取知识、开发智力和陶冶情操,最终实现精神成长和自我完善,促进个体的全面发展。

二、阅读影响大学生发展的机理分析

阅读可以促进个体获取知识、开发智力和陶冶情操,与之相适应,阅读也可以帮助大学生获得知识发展、智慧提升和精神成长。

阅读对大学生知识发展的价值主要表现为大学生获取知识并在知识积累的基础上进行知识创新,具体包括专业学科基本知识理论的掌握和应用、专业学科发展前沿的了解以及知识面和视野的拓展等。阅读对大学生智慧提升的价值主要表现为大学生认知思维能力和组织表达能力的提升,具体包括发现与解决问题能力、抽象思维、批判性思维、沟通表达能力、写作能力、与人相处和社会交往能力、组织领导能力等的提高。阅读对大学生精神成长的价值主要表现为大学生价值观和心理品质的发展,具体包括对不同文化的理解和尊重、诚信和规范、社会责任感、对社会和政治的关心、性格塑

---

① 巴丹.阅读改变人生:中国当代文化名人读书启示录[M]. 北京:东方出版社,2010:125.

② 曾祥芹.阅读学新论[M]. 北京:语文出版社,1999:241-243.

③ 王余光,等.中国阅读文化史论[M]. 北京:北京图书馆出版社,2007:26.

④ 毛姆.书与你[M].刘宸含,译. 南京:译林出版社,2016:3-4.

造、持续的求知欲、开放包容能力、充实和快乐的体验等。

下文将从本科阶段大学生的学习生活特点和大学教育目标实现的手段和途径两个方面分析阅读对大学生发展的影响。

(一)阅读是大学生学习生活中最基础和最重要的活动

本科阶段大学生的中心任务是成长为某种专门人才并促进自身多方面素质的发展,实现以上目标需要通过理论和实践两种途径的学习,而这两种途径的学习都离不开阅读,特别是前者必须依赖阅读达成。大学生的身心特征、智力水平、学习特点、学业要求等均表明阅读是大学生学习生活中最基础和最重要的活动。

1.大学生的身心特征和智力水平决定了本科阶段是阅读的优势和关键时期

本科阶段大学生的生理、心理、知识、经验等因素均已趋向成熟,他们精力充沛、求知欲强,智力水平已达到相当高度。这些特点集中表现在大学生的思维能力上,即大学生的思维从经验型思维逐步转向理论抽象型思维,并具有相当的广度、深度、独立性和批判性,创造性思维也得到了发展。如前文所述,阅读在本质上是人的生理、思维和心理的糅合活动,而本科阶段大学生的生理、思维和心理正处在个体生命发展过程中的最优阶段,因此本科阶段也是阅读的优势和关键时期。而且,本科阶段理应是大学生的知识快速增长期,也是大学生创造性思维发展的关键时期,而要真正实现以上目标必须勤于阅读。阅读为大学生一生的知识结构奠定基础,为大学生的学术科研做好理论知识的准备和积累。

2. 大学生的学习特点和学业要求决定了阅读是大学生的基本任务

本科阶段大学生的学习以自学为主、教师讲授为辅,是从被动接受向主动选择的转变过程。我国的大学教育基本上属于专业教育,大学生的学习主要是一种专业学习,大学生的阅读首先也是专业阅读。当然,专业阅读不仅仅是对教材和教辅书籍的阅读,而是大量的专业经典原著和论著的阅读。大学生的专业学习具体由一系列的课程组成,课程学习不仅内容多,而且教师课堂讲授的速度也比较快。任何一门课程如果没有相应的大量阅读就不可能真正实现课程目标,进而也不可能真正实现专业培养目标。因此大学生要真正成长为某种专门人才,表现出这个专业的意识和能力,必须熟读本专业领域的各种经典名著和理论论著等。

从理论上说,大学生的专业阅读兴趣应该是客观存在的,但实际上大学生的专业阅读与其阅读兴趣并不一定是完全吻合的。有些大学生在博览群书后发现自己的兴趣或优势与所学专业不适应,其阅读方向便另有所专,改弦易辙的情况也是一种客观事实。当然,大学学习也不仅仅局限于专业学习,相应地,大学生的阅读也不局限于专业阅读,而是基于专业又超越专业,以获得全面的成长和发展。由此可见,大学生特别是文科大学生的阅读,应该是专业阅读基础上的延伸和拓展,即专业阅读与通识阅读并存,以提升专业素养和人文素养。

再者,"大学是一个提供了最大的读书空间与最多的读书时间的场所",而在大学生专业素养培育、创造能力激发以及人文精神形成的过程中,阅读也具有不可替代的作用。[①] 因此大学生阅读不仅是为了发展知识,更是为了提升智慧和促进精神成长。

由此可见,本科阶段是个体生命发展过程中的阅读黄金期,阅读是大学生在校期间最基础和最重要的活动,也是大学生学习和课余生活中的中心任务,是大学生加强知识储备、积累学术阅历、促进心理成熟、提升适应能力等的必然所倚。本科阶段如果阅读贫乏,大学生的发展就会受到影响。[②] 同时,阅读不仅仅是大学生的兴趣使然,也是大学生必须完成的任务,如果因为对阅读没有兴趣就放弃阅读,其实也就放弃了作为大学生的基本要求。

(二)阅读是大学实现教育目标的重要手段和有效途径

教育部部长陈宝生指出,"教育的常识就是读书"[③],阅读是教育的基础,不论是家庭教育、学校教育还是自我教育,不论是基础教育还是高等教育,阅读在其中都起着举足轻重的作用。

1. 阅读是教育的基础

从我国耕读传家、书香门第的传统中就可看出阅读是家庭教育的主要手段,从孟母三迁、欧母画荻等慈母教子读书的故事到历史上那些有名的书香门第,如司马谈、司马迁父子,李格非、李清照父女,梁启超、梁思成、梁思永一家等[④],都是中国家庭教育的典范。

---

① 朱永新.我的阅读观[M].北京:中国人民大学出版社,2012:245.

② 查颖.文科大学生阅读问卷调查分析:对浙江省 1004 名大学生的调查[J].中国高教研究,2016(11):67.

③ 教育部部长陈宝生:高等教育要做到四个"回归"[EB/OL].(2016-10-19)[2016-12-15].http://edu.people.com.cn/GB/n1/2016/1019/c1053-28791643.html.

④ 余小茅.书香中国畅想曲[J].教育研究,2012(1):134.

虽然,以农立国的时代已成为历史,耕读文化也已消亡,但作为现代家庭主要功能之一的儿童社会化的过程仍依赖阅读。阅读为儿童社会化提供基本的智力支持和实现手段,儿童通过学习语言、识字等来实现阅读的第一步,而这个第一步主要是在家庭中完成的,也就是说,家庭承担的儿童社会化责任的实质是培养儿童的阅读能力。① 其实,世界上许多国家和民族都有在家庭教育中重视阅读的传统,犹太民族就是一个典范。据说,犹太民族的母亲在孩子稍微懂事时,就会在《圣经》上滴蜂蜜,然后让孩子去吻,使孩子从小就知道书本是甜的。② 虽然这只是个风俗,但也从一个角度说明了饱受苦难的犹太民族为什么能拥有如此多的世界级伟人:从马克思、爱因斯坦到弗洛伊德,从毕加索、胡塞尔到基辛格,从摩根、洛克菲勒到普利策等。这个民族因为崇尚阅读而被称为"书的民族"(People of the book)。

学校教育是一个社会最重要的教育载体,虽然学校教育是在教师的引导下进行的,但核心仍然是阅读。正如苏霍姆林斯基所指出的,必须教会少年阅读!少年时期是一个人学会从逻辑上把握句子完整性的关键期,有些学生在学习上投入的时间并不多,但学业成绩却不差,原因并非这些学生是天才,而常常是因为他们有较好的阅读能力。③ 乌克兰国家教育科学院普斯托维特教授也认为,在任何年龄阶段,爱阅读的孩子无论在智力发展、道德水平,还是在社会适应能力和承受能力等方面,都明显优于不爱阅读的孩子。④

朱永新教授曾深刻指出,一所没有阅读的学校不可能有真正的教育,让学生养成阅读的习惯、兴趣和能力是学校教育中最关键的一步,如果学校教育把这个问题解决了,也就完成了主要的教育任务。⑤ 在朱永新教授看来,阅读即是最好的教育。一般来说,小学教育阶段的读、写、算的教育,奠定了阅读的基石,同时小学教育阶段也是阅读习惯养成的最重要时期;在中学教育阶段,中学生积累了一定的知识容量并初步形成了一定的知识结构,其记忆能力、观察能力、抽象思维能力等都得到明显增长并处于高速发展期,是

① 何江涛.耕读传家[M].北京:北京图书馆出版社,2008:194.
② 何江涛.耕读传家[M].北京:北京图书馆出版社,2008:7.
③ 苏霍姆林斯基.给教师的建议[M].杜殿坤,编译.北京:教育科学出版社,1984:203.
④ 彭世怀.对课外阅读与中学语文教学的理性思考[EB/OL].(2016-05-15)[2016-11-10].http://www.zaidian.com/show/0521018615.html.
⑤ 朱永新.我的阅读观[M].北京:中国人民大学出版社,2012:137-139.

阅读习惯的巩固期和阅读兴趣、阅读方法培养的最佳期;在大学教育阶段,大学生身心发展已趋成熟,教育以自主、自学为主,是海量阅读的黄金期,也是阅读习惯的形成期和阅读选择教育的关键期。

自我教育主要是个体走上社会和工作岗位后,因知识更新以不断适应工作和社会需要或为了自身的不断进步等因素而进行的教育,最根本的途径即自学自读。

中外成功人士的成长历程反复告诉我们:善于学习、勤于阅读,是通向成功之门的钥匙。美国的一位职业作家哈里特·鲁宾(Harriet Rubin)曾在《纽约时报·财经版》(2007年7月21日)发表了《CEO的书房:揭开成功的奥秘》("C. E. O. Libraries Reveal Keys to Success")一文,历数了美国一些跨国企业的CEO对阅读和书籍的爱恋和痴迷,旨在解读这些在商界叱咤风云的成功人士的成才之路。文中介绍的CEO包括发现并投资Google、YouTube、Yahoo等公司并帮助其成功上市、拥有15亿美元个人财富的硅谷著名风险投资家迈克尔·莫里茨,奥美集团(著名广告公关公司)董事长兼首席执行官雪莉·拉扎勒,信用卡的创始者兼Visa的创办人德·毫克,哈曼工业(一家拥有30亿美金规模的专供豪华轿车、剧院和机场的音响生产企业)的创建者希德尼·哈曼等,这些CEO的一个共同特点是爱书嗜读并建有私人图书馆。

文章还介绍了这些商业巨人的阅读内容和阅读方式。CEO们阅读的内容并不是我们所想象的单纯商业管理类书籍,而是追求多样化并偏爱传统与经典著作,也关注冷门书籍并凸显个性。如迈克尔·莫里茨先生谈道,"我尽量使我的阅读内容多样化,并且保证我能看到更多的小说,而不是纪实类作品。我很少读商业类图书……";雪莉·拉扎勒作为一家全球企业的领导者,她阅读涵盖不同文化、不同国家、不同问题的书籍,她的阅读在缘于兴趣的同时希望能够发现和思考解决问题的不同角度;德·毫克青睐那些伟大的西方哲学家和小说家的书籍,并在其间找到了Visa所匹配的词"乱序"——混合了秩序和混乱的复杂系统;希德尼·哈曼则将阅读视为生命中最有趣的消遣方式,并称自己几乎在读过的所有东西中受益,无论是科学类作品、政治学著作、诗歌还是小说,更重要的是,其毕生都具有浓厚阅读兴趣的哲学上的认识论使其在任何情境下都能评判性地进行思考。CEO们在阅读内容上还有一个共同点即嗜诗如命,包括苹果公司的CEO史蒂文·乔布斯,其一直十分钟爱18世纪神秘主义诗人威廉·布莱克的书籍。此外,CEO们还喜欢收藏当下比较冷门的资料。

在阅读方式上,这些商业巨人都酷爱传统的纸质书籍,这从他们均拥有且挚爱他们的堪称豪华的私人藏书室中就可见一斑,哪怕如迈克尔·莫里茨先生,他的事业无疑表明他是一个与新兴媒体最合拍的人,但他全心关注的是占据他旧金山湾区住所的数以万计的纸质书刊。①

从这些全球跨国企业 CEO 的阅读习惯及特色中我们不难发现其人、其志、其成功的原因。成功企业家均热爱阅读,而且其阅读并不是聚焦如何竞争或管理等商业类书籍,而是追求广泛多样且聚焦如何思考等传统经典著作。这对大学生的自我教育也具有深刻的启发和借鉴意义。

家庭教育、学校教育、自我教育连贯而成终身教育,而阅读是贯穿始终的主线。阅读虽然是一种个体行为,关涉个体的成长和发展,但也关涉民族素质和国家前途,"一个民族的整体文化素养是通过无数个体个性化的阅读、思考和智慧逐步积累而成的,学会阅读、思考、批判,是一个民族文化自信心与创造力的重要源泉"②。因此,世界上不少国家都从战略高度上来推动阅读。英国教育部部长布朗奇(David Blunkett)指出,在我们所做的事情中最能解放心灵的莫过于学习阅读,阅读是各种学习的基石,当人们翻开书本时就是开启了一扇通往世界的窗。1998 年 9 月到 1999 年 8 月是英国的阅读年,布朗奇以此为推手,旨在"打造一个举国皆是读书人的国度"(build a nation of readers)。在美国,几乎每位总统都大力倡导阅读,如克林顿的"美国阅读挑战"运动、布什的"阅读优先"方案等。俄罗斯曾把 2007 年确定为俄罗斯的阅读年并开展全国范围内的阅读活动,以拯救俄罗斯的"读书荒"现象。③

由此可见,民族素质的提升要依赖教育,而阅读是教育的基础和主角,所以说文化素质高的民族一定是酷爱阅读的民族。大学生是社会发展、民族进步、国家强盛的未来所倚和中坚力量,本科阶段是大学生一生中最重要的学习和成长阶段,因此大学生理应在全社会引领阅读。

2. 阅读是大学实现人才培养目标的重要手段

阅读是教育的基础,也是大学实现人才培养目标的重要手段和有效途径。从宏观角度看,大学的人才培养目标即是促进大学生的成长和发展。

---

① 邱冠华. 爱书人的世界[M]. 北京:北京图书馆出版社,2008:15-21.

② 梅新林,葛永海. 经典"代读"的文化缺失与公共知识空间的重建[J]. 中国社会科学,2008(2):163.

③ 李东来. 书香社会[M]. 北京:北京图书馆出版社,2008:182-183.

具体而言,是促进大学生知识发展、智慧提升和精神成长,而阅读在其中的每个环节无一不发挥着重要作用。

自主性是大学教育最突出的特点。大学生在人才培养目标的统领下和教师的引导下自主选课和学习,也自由参加各种课外学术科技活动和校园文化活动等。如上文所述,大学课程目标的真正实现有赖于大学生课外自觉而大量的阅读,对文科大学生而言这尤为重要。但也正是因为大学教育的自主性,学生读什么、读多少以及怎么读等并不受强制约束,而且短期内也看不出差异,但长此以往则势必影响大学生的成长和发展。从这层意义上说,大学课程目标乃至人才培养目标的实现,主要是通过课程设置、教师引导、文化培育等途径来推动大学生阅读,以促进大学生的知识发展、智慧提升和精神成长。

阅读课程的设置是推动大学生阅读的主渠道。大学的课程设置及其形成的课程体系决定了大学生的知识结构,知识的积累也会促进大学生能力和情感的发展,即帮助大学生由“知”转“智”和精神成长。但大学生只有进行自觉而大量的“课程阅读”才能实现课程目标,因此大学要通过课程体系的设计来推动大学生的阅读,即开设“阅读课程”。如通过设置本学科或本专业的“经典导读”或“名著选读”等课程来培养和提升大学生的经典阅读兴趣和专业素养;通过设置对不同学科专业背景的大学生具有普遍意义的阅读指导课程来引导和促进大学生的阅读选择和阅读能力等。显然,“阅读课程”的设置是大学生进行大量的“课程阅读”的前提,而且课程能最大限度保证每一位大学生受益。

教师的阅读引导对大学生阅读的促进无疑是至关重要的,也是大学生进行“课程阅读”和专业阅读的另一个重要因素。但教师的阅读引导不能止步于授课课程的“阅读推荐书目”,而是在此基础上的阅读指导和阅读分享。对大学生特别是低年级大学生而言,自主阅读专业论著尤其是专业经典原著存在客观上的难度,如果没有教师的阅读指导是很难坚持读下去的,而教师如果进行阅读分享则更能激发学生阅读专业论著和专业经典原著的兴趣。久而久之,教师的阅读引导在潜移默化中影响了大学生的阅读兴趣、阅读选择和阅读能力等,同时也必然会促进大学生的“课程阅读”和专业阅读等。

大学阅读环境的营造主要是利用文化的力量来促进大学生的阅读。阅读的意义不仅在于知识获取和专业训练,更在于促进大学生的智慧提升和精神成长。作为身心发展都比较成熟的群体,大学生能够在所处的文化环境中独立思考和感悟真理,而学校文化也是烙在他们心中的永远无法抹去的精神印痕。正如眭依凡教授曾指出的:"大学教育质量的好坏很大程度上取决于大学创设的文化环境……大学生不仅在课堂和实验室接受教育,更多的是在大学创设的文化环境中接受潜移默化的文化影响……"①大学文化全面滋润着大学生,而大学生的阅读自然也深受学校阅读文化的影响。阅读文化的培育需要借助一些具体的载体,如学术报告、演讲辩论、读书节和读书会等校园阅读活动和阅读组织。这些文化载体不仅要有阅读的"形"更要有阅读的"神",以真正促进大学生的成长和发展。

从上文分析可见,大学阅读课程和教师阅读引导直接影响大学生阅读,而阅读文化是大学生阅读的间接影响因素。以上三者融合交叉共同促进大学生的阅读,进而促进大学教育目标的实现。

总之,无论是本科阶段大学生的学习生活特点,还是大学教育目标实现的手段和途径,无一不显示阅读对大学生发展有着或直接或间接的影响。

第四节　本章小结

本章主要是核心概念的界定和分析,是为开展实证研究进行的理论准备。

从阅读的本质入手,本书的"阅读"是指读者以文本为中介与作者的对话和交流,通过生理、思维和心理相互联系、相互交织的糅合活动实现主客体的统一,其在外显的语言符号性背后内隐着理性特征,是人类所特有的以获取知识和传承文化为存在本意的社会实践活动。

"大学生"特指本科的文科大学生,即人文和社会科学学科的本科生。依据本书对"阅读"的界定并结合大学生的个性特征,"大学生阅读"主要是指通过文本互动使大学生获得知识发展、智慧提升和精神成长的活动,其重在知识发展和文化传承,以经典阅读为本,突显理性和创新。由此可见,本书讨论的"大学生阅读"聚焦在大学生的阅读内容、阅读数量和阅读方式三个方面。

为进一步讨论和测量阅读与大学生发展的相关性,本书对大学生的阅读内容和阅读方式进行了分类。将大学生的阅读内容划分为专业类书籍主

---

① 眭依凡.素质教育:高校人才培养体系的重构[J].中国高等教育,2010(9):13.

导型、文学作品主导型、经典著作主导型、休闲娱乐类书籍主导型以及各类书籍平衡型五大类;将大学生的阅读方式划分为纸质阅读主导型、电子阅读(包括电脑阅读、手机阅读和电子阅读器阅读)主导型以及纸质阅读和电子阅读平衡型三大类。

本书的"大学生发展"强调的是阅读对大学生多方面素质的改善、促进和提升作用,特指大学生在价值观、知识获取与创新能力、认知思维能力、组织表达能力和心理品质等方面的发展,探究阅读与大学生发展之间的关系。

本章还对阅读与大学生发展的关系进行了理论分析。分析认为,阅读对人的发展的价值主要表现在阅读使个体获取知识、开发智力和陶冶情操等方面,最终实现精神成长和自我完善,促进个体的全面发展。与之相适应,阅读对大学生发展的价值也体现在以上三个方面,即帮助大学生获得知识发展、智慧提升和精神成长。

进一步讨论认为,大学生的身心特征和智力水平决定了本科阶段是阅读的优势和关键时期,而大学生的学习特点和学业要求又决定了阅读是大学生的基本任务,因此阅读是大学生学习生活中最基础和最重要的活动。同时,阅读是教育的基础,在家庭教育、学校教育和自我教育中,阅读是贯穿始终的主线,自然也是大学实现教育目标的重要手段和有效途径。大学主要通过课程设置、教师引导、文化培育等途径推动大学生阅读,进而或直接或间接地影响大学生的成长和发展。

第二章 阅读与大学生发展相关性的 理论和模型

为了使阅读与大学生发展的相关性研究建立在扎实的理论基石指导上,有必要对用大学生发展理论解释中国大学生发展的研究发现以及个人-环境作用学派中的学生参与理论和帕斯卡雷拉的大学生变化评定模型的基本观点和分析框架进行简要的阐述。

本书的实证研究以学生参与理论和帕斯卡雷拉的大学生变化评定模型为基本理论框架。学生参与理论和帕斯卡雷拉的大学生变化评定模型是西方大学生发展理论代表流派之个人-环境作用学派中的两大理论,这两大理论模型虽然是美国学者对美国大学生进行研究而得出的结论,但具有跨文化的适用性。[①]

第一节 学生参与理论

学生参与理论的主要观点是,大学生在有意义的教育活动中投入时间越长、质量越高,同时大学为促进学生的这种参与而提供的支持和服务越多越优,学生的收获就越大。学生参与理论指出,学生参与的形式丰富多样,包括课堂学习参与、课外学习参与、跨专业学习参与、课余活动参与和人际

---

① 仁.学生发展理论在学生事务管理中的应用:美国学生发展理论简介[J].李康,译.高等教育研究,2008(3):19-27.

互动等;学生的发展也很全面,包括道德情感发展、认知发展和能力人格发展等。较之于发展结果,学生参与理论更关注学生发展的过程。学生参与理论自创立以来,引发了大量的后续研究。

一、学生参与理论的产生与发展

20 世纪 30 年代有学者开始对学生参与的相关概念进行初步研究,西方心理学家拉尔夫·泰勒(Ralph W. Tyler)是研究学生参与的先驱,他首先提出了"学习任务所投入时间"(time-on-task on learning)概念,强调时间对学生完成学习任务的积极影响,认为学生投入学习任务中的时间越多,学到的知识就越多。[①] 他的这一假设奠定了学生参与概念与理论的基础。

20 世纪 70 年代,佩斯开发了"大学生就读体验调查问卷"(college student experiences questionnaire),提出"努力质量"(quality of effort)概念,指出学生在有效的教育活动中将所学到的知识应用于具体实践中的时间越多、努力质量越高,则从学习或其他大学体验中的收获越多。佩斯认为,应测量学生投入符合教育目标、具有教育意义活动中的时间和质量,并由学生自己判断获得的成就。佩斯的"努力质量"概念为加州大学洛杉矶分校高校学生调查(CSEQ)的调查框架设计奠定了理论基础。[②]

1984 年,阿斯廷提出了学生涉入理论(student involvement)[③],用以解释学生在大学就读期间发生变化的动态过程。学生涉入理论充实并推广了佩斯的"努力质量"概念,不仅关注大学生投入的学习时间数量,也关注其投入的质量,认为学生发展与学生参与的质和量直接相关。"student involvement"理论在关注环境作用的同时,也关注学生个体的能动作用,强调学生只有积极参与大学的各项教育活动才能得到全面的发展。学生涉入理论立足于早期阿斯廷提出的投入—环境—产出(input-environment-outcome,I-E-O)模型。在院校影响力理论研究中,阿斯廷从社会心理学的视角建构了 I-E-O 概念框架。阿斯廷建构 I-E-O 概念框架的根本目的在于,

---

① 赵晓阳.基于学生参与理论的高校学生发展及其影响因素研究[D].天津:天津大学,2013:18-20.

② 鲍威.未完成的转型:高等教育影响力与学生发展[M].北京:教育科学出版社,2014:37-38.

③ Astin A W. Student involvement:a developmental theory for higher education[J]. Journal of College Student Development,1999,40(5):518-529.

通过分析学生在各种环境条件下所出现的变化或成长,评价各类高等教育环境经历的作用。阿斯廷的这一概念框架是最早且最有影响力的院校影响力理论模型,为此后院校影响力研究奠定了概念性基石和方向指导。阿斯廷结合自己提出的 I-E-O 概念框架和佩斯的"努力质量"概念,进一步提出了学生涉入理论,既强调环境的影响,又强调学生个体的投入。[①]

亭托的学生融入(integration)理论是学生个体与高等院校的互动理论,亭托认为学生成功主要归功于人际融入和学术融入。1986 年,奇克林在参与"如何提高本科教育质量"大讨论后,提出了"本科教育成功实践(good practice)七项原则",他在建构学生学习概念时也使用了融入概念。

在此基础上,乔治·库恩将"student involvement"拓展为"student engagement",意为学生参与不仅指大学生的投入,也包括大学为促进学生的这种参与而提供的支持和服务。乔治·库恩的学生参与理论是佩斯教授"努力质量"概念和阿斯廷教授学生涉入理论的升华和发展,现在已经成为"全美大学生参与度调查"的理论基础。

除了上述几大主要学生参与理论,国外学者不断深入挖掘学生参与的概念与内涵。近年来有学者提出一种由学习、行为、认知、心理四个子类型组成的参与概念,这种分类集合了芬恩、康奈尔及麦克帕特兰德等人的研究理论。受国外学生参与研究的影响,我国学界也不断出现从不同角度对大学生参与的概念与内涵等进行研究的成果,如前文所述的北京大学朱红关于"中国首都大学生的参与度及其成长的影响机制"的研究。[②]

二、学生参与理论的主要观点和研究发现

学生参与理论主要包括了佩斯的"努力质量"概念、阿斯廷的学生涉入理论、亭托和奇克林的融入理论、乔治·库恩的学生参与理论四大理论观点。

佩斯的"努力质量"概念。泰勒的学习理论是佩斯"努力质量"概念的基础。泰勒的学习理论强调在教学过程中学生不是被动接受知识的容器,而是积极主动的参与者。泰勒在分析学生的学习特征后指出,学生投入学习

---

① 鲍威.未完成的转型:高等教育影响力与学生发展[M].北京:教育科学出版社,2014:26-27.

② 朱红.高校学生参与度及其成长的影响机制:十年首都大学生发展数据分析[J].清华大学教育研究,2010(6):35-43.

的时间越多,学到的知识也越多。佩斯在其"努力质量"概念的阐述中,进一步提出仅仅关注学生投入学习的时间长度是不充分的,还应关注学生投入学习的专注程度,即学生投入学习的质和量必须并重。佩斯认为"努力质量"是学生成就最重要的影响因素,因此还设计了"大学生就读体验测量问卷"并进行了长达30年的实证研究。研究结论显示,就学生获得的成就而言,其家庭社会经济背景或院校所拥有的声誉和资源不是最重要的,关键在于学生能否充分利用院校设施和机会。①

亭托和奇克林的学生融入理论。亭托将学生融入概念发展为社会性融入和学术性融入,即学生对同伴互动、师生互动的认知以及通过与同伴、教师在课堂内外的互动而形成的在学术体系中的经验认知。奇克林在构建学生学习概念时也使用了融入概念,但奇克林的融入概念在内涵界定上与亭托不同,他指出学生参与各种学术或社会性活动的程度是融入的重要影响因素,即学生积极参与的结果是融入。

阿斯廷的I-E-O概念框架和学生涉入理论。在I-E-O模型中,高等教育机构被理解为投入要素、环境要素和学生成就要素三大要素的集合。阿斯廷强调院校环境的关键作用,他认为院校环境应通过提供丰富充足的学术和社会活动等机会来促进学生的参与,进而间接促进学生的发展。在这个过程中学生处于主体地位,即学生只有充分利用这些机会并积极参与其中,才能真正促进自身的成长和发展。阿斯廷在I-E-O概念框架和佩斯的"努力质量"概念基础上提出了学生涉入理论,进一步指出学生在有意义的活动中投入时间越长,付出努力越多,收获就越大。阿斯廷对"学生涉入"的概念界定为"高度参与的学生将大量精力用于学习,他(她)们花费大量的时间在校园,特别是积极参与学生组织活动,以及与教师或与其他学生之间频繁互动"。学生涉入理论有五大基本假设:(1)参与是针对特定对象的心理和生理的双重投入;(2)参与是一种动态的持续性过程,即不同学生对不同对象的投入是不等的;(3)学生参与有定量和定性的双重特性;(4)学生发展与其参与的数量和质量直接相关;(5)评价教育政策或实践的成效,关键在于其能否促进学生的参与。由此可见,阿斯廷认为,学生充分利用大学提供的各种资源并积极参与其中,大学为学生提供又好又多的参与机会并有效促进学生的参与,是学生获得发展的重要影响因素。大量的实证研究发现,学生

① 鲍威.未完成的转型:高等教育影响力与学生发展[M].北京:教育科学出版社,2014:37-38.

的学业参与(如学习时间、课堂提问、作业完成率等)和课外活动参与与学生成就之间存在显著的相关性,而且学生学业参与对学生成就的影响高于其他形式的参与。[①]

乔治·库恩的学生参与理论。乔治·库恩认为学生参与呈现出两大主要特征:其一是学生在学业和其他教育活动中投入的时间和精力;其二是高等院校通过各种途径(如资源配置、课程组织、学习机会提供等)吸引学生参与活动,以实现学生学业满意度、学习和毕业等院校经历和期望成果。由此可见,对学生参与的测量包括两个方面:一是学生的参与行为,如学习习惯、学习时间、同伴互动、师生互动等;二是高校为学生提供的参与机会,如教育资源、校园环境、学术项目(包含课程资源、教学方法)等。相关高校学生调查(如 CSEQ,NSSE,CCSSE)发现,学生参与与高校为学生提供的参与机会密切相关,学生满意度会影响学生的努力程度,而学生满意度的最好指标是"学生感到院校环境能够支持他们学习和社会需求"的程度。调查还发现,学生参与对学习成绩、毕业率等均有积极影响。[②]

三、学生参与理论的意义

随着学生参与理论的发展及相关实证研究的不断深入,大学教育对学生发展的影响路径日益凸显。学生参与作为重要研究指标,不仅为理解、解释甚至预测大学生发展提供了重要的说明变量,同时也提高了对大学教育产出的解释力度。此外,随着近年来学生参与理论的发展,学生参与从学生的个体责任拓展为院校与学生个体的"双重责任",从而使学生参与成为高校人才培养质量的重要评价指标,也成为高等教育问责的指标之一。这个指标用来反映院校教学服务、社团活动平台、资源配置以及各项学生支持服务是否有效地促进了学生的积极参与,同时也为提升和完善高校管理和学生事务工作提供了借鉴和启示。[③]

纵观学生参与理论的发展,可以发现关于高校学生参与的概念表述主

---

① 鲍威.未完成的转型:高等教育影响力与学生发展[M].北京:教育科学出版社,2014:26-27,38-39.

② 鲍威.未完成的转型:高等教育影响力与学生发展[M].北京:教育科学出版社,2014:40-41.

③ 鲍威.未完成的转型:高等教育影响力与学生发展[M].北京:教育科学出版社,2014:42.

要涉及融入(integration)、涉入(involvement)、参与(engagement)三个概念,而且这三个概念的内涵存在着明显的重叠。相对而言,亭托的学生融入理论较为独立,而阿斯廷的"涉入"和乔治·库恩的"参与"并不存在本质差异。

第二节　帕斯卡雷拉的大学生变化评定模型

院校影响力理论用以解释高等教育是否能够或者如何促进大学生的发展。帕斯卡雷拉的大学生变化评定模型是其在 1985 年提出的评估大学生发展的综合模型,是高校如何促进学生发展的综合性的因果关系模型。

一、帕斯卡雷拉大学生变化评定模型的产生

帕斯卡雷拉认为,院校影响力研究不能仅限于揭示发生了什么,更应探究其背后的运作机制以及不同要素间的影响路径,因此他提出将因果模型作为重要方法引入院校影响力的研究中。1985 年,帕斯卡雷拉在结合费尔德曼、佩斯、瓦尔伯格等的相关研究的基础上,提出了关于学生发展的综合性因果模型。该模型最初用于解释大学生的学业和认知能力发展,后来发展为解释学生在认知以外其他方面能力的发展。[①]

二、帕斯卡雷拉大学生变化评定模型的主要观点

该理论认为,大学生学习和认知能力的发展主要是五大要素直接或间接作用的结果,这五大要素分别是:(1)学生家庭背景及其进入高校前的个人特征和特质;(2)高校的组织结构特征(如在校学生数、师生比、学术选拔性、住校生比例等);(3)高校环境;(4)师生互动和同伴互动;(5)学生的努力程度。其中学生家庭背景及其进入高校前的个人特征和特质、师生互动和同伴互动、学生的努力程度是影响大学生发展的直接要素,而高校的组织结构特征和高校环境则是影响大学生发展的间接要素。[②] 也就是说,高校对学生发展的影响是间接作用的,高校环境通过影响师生互动和同伴互动、学生

---

① Pascarella E T, Terenzini P T. How college affects students: a third decade of research [M]. San Francisco: Jossey-Bass Publishers, 2005: 18-58.

② Pascarella E T, Terenzini P T. How college affects students: a third decade of research [M]. San Francisco: Jossey-Bass Publishers, 2005: 56-57.

的努力程度两条路径实现对学生发展的间接促进;高校机构特征则是通过高校环境、师生互动和同伴互动、学生的努力程度三大要素间接促进学生发展的(见图 2-1)。

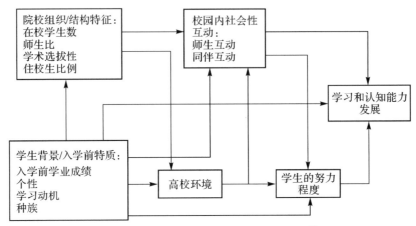

图 2-1 帕斯卡雷拉大学生变化评定模型①

北京大学教育学院"大学生发展研究"课题组依据帕斯卡雷拉的五要素模型,结合中国大学实际,研究了中国高等教育情境下高等教育要素和个人特征要素之间的相互关系及其对学生学习和认知能力发展的影响。②

较之于其他院校影响力模型,帕斯卡雷拉理论模型强调,在评价高等教育质量时,通过高校内部环境中的师生互动和同伴互动来了解高校对学生的学习、认知能力以及社会心理发展带来的影响,比检视高校的组织结构特征(如院校规模)的影响更为有效。③ 随着理论研究的拓展与深入,在众多院校影响力理论中,帕斯卡雷拉理论模型比阿斯廷的 I-E-O 概念框架更为复杂,呈现出影响因素间的多重关系。

三、帕斯卡雷拉大学生变化评定模型的意义

帕斯卡雷拉理论模型在关注高校环境的影响因素时,不再仅限于学生

---

① 转引自:鲍威.未完成的转型:高等教育影响力与学生发展[M].北京:教育科学出版社,2014:28.

② 李文利.高等教育之于学生发展:能力提升还是能力筛选?[J].北京大学教育评论,2010(1):5.

③ 鲍威.未完成的转型:高等教育影响力与学生发展[M].北京:教育科学出版社,2014:28.

的个体特征,而是将高校的组织结构特征一并纳入研究视域。然而在早期研究中,帕斯卡雷拉并没有对高校环境的概念内涵做出清晰的界定,但是后来他对大学生变化评定模型做了进一步的细化与调试。近年来他强调在高校环境中要进一步关注高校的教学实践,特别是成功的教学实践对学生学业成就的影响。[①]

帕斯卡雷拉的大学生变化评定模型对大学生在本科期间成长变化的影响因素、因素之间的关系及相互作用机制等问题进行了具体而详尽的分析,而且将学生在大学期间的发展维度,从单一的学习认知维度拓展到情感、态度、价值观等多个维度。帕斯卡雷拉理论模型对于本科院校招生和人才培养工作具有较强的指导意义。

第三节　学生参与理论和帕氏模型对本书的适用性

学生参与理论虽然已将学生参与从学生的个体责任拓展为院校与学生个体的"双重责任",但仍强调学生在这个过程中处于主体地位,即大学生在校期间的发展更多地取决于自身的努力程度。帕斯卡雷拉的大学生变化评定模型则强调大学生在校期间的发展除了自身努力这个关键因素外也受到高校环境、组织特征、师生互动等因素的影响,即大学对大学生发展的影响力。这两个理论有一个共同要素,即"学生参与度"。在帕斯卡雷拉的大学生变化评定模型中的"学生的努力程度"即指"学生参与程度"。它具有两方面的特征:一是学生在有效教育活动中付出努力的数量和质量;二是大学在资源配置、课程组织、管理等方面为鼓励和促进学生的参与而付出的努力。学生参与包括课堂内外的学习参与、跨专业学习参与和校园活动参与等。

关于学生参与度对大学生发展影响的研究主题受到国外学者的积极关注,他们就此开展了大量的实证研究,尽管这些研究的具体结论并不完全一致,但都认同一个基本结论,即大学生只有全面地参与大学的学习和生活,才能获得最大限度的发展。就国内而言,学界也开始关注学生参与度的影响机制研究。一些研究结果表明:大学生的课堂学习参与和某些课外活动参与正向影响其课程成绩、知识获得和认知发展的自我评价;大学生与辅导

---

①　鲍威.未完成的转型:高等教育影响力与学生发展[M].北京:教育科学出版社,2014:28-29.

员的交往互动对学生的自信心、学习动力和生活目标的提升有积极影响;大学生全面的学习生活参与(包括课堂学习、课外学习、跨专业学习和课余活动等)会促进其知识积累、认知思维、组织表达和道德价值等维度的发展。总的来说,国内关于学生参与度的研究主要集中在课堂学习参与方面,而对全面的学习生活参与及影响因素的研究则比较缺乏,有待于进一步丰富和完善。①

根据学生参与理论,学生在"有意义的教育活动中"投入时间越长、投入质量越高,大学为促进学生的这种投入而提供的支持和服务越多越好,大学生的成长和发展则越好。如第一章所述,阅读是大学生学习生活中最基础和最重要的活动,也是大学实现教育目标的重要手段和有效途径,更是大学生知识发展、智慧提升和精神成长的重要推力,因此阅读名正言顺是大学生"有意义的教育活动"。同时,阅读普遍存在于大学生的课内外学习、专业和跨专业学习、课外学术科技活动和校园文化活动中等,虽然阅读是大学生学习生活中的一个"点",但却是贯穿大学生全面地参与大学学习生活的"点"。由此,本书推论:大学生的"阅读参与"影响大学生的发展。此外,学生参与理论强调"学生参与"的数量和质量,而大学生的"阅读参与"也有"量"和"质"的指向。如第一章关于大学生阅读参与水平的概念界定中所指出的,阅读数量反映的是大学生阅读参与的"量",阅读内容和阅读方式反映的是大学生阅读参与的"质"。因此本书分别将阅读内容和阅读方式、阅读数量作为大学生阅读参与的"质"与"量"的考察指标。

帕斯卡雷拉的大学生变化评定模型指出,学生的个体特征、师生互动和同伴互动、学生的参与程度是影响大学生发展的直接要素,而高校环境是间接影响要素。由此,本书进一步推论:师(包括专业教师和辅导员)生阅读互动和同伴阅读互动、大学阅读环境也会影响大学生的发展。关于学生的个人特征对大学生发展的影响本书也将再次检验。同时,朱红在"高校学生参与度及其成长的影响机制"研究中将学生参与度作为中介变量检验了校园互动、学生参与度、学生发展之间的直接和间接影响,研究结论显示:大学生的校园互动会通过影响学生参与度而影响学生发展。② 受此启发,本书将检

---

① 朱红.高校学生参与度及其成长的影响机制:十年首都大学生发展数据分析[J].清华大学教育研究,2010(6):35-43.

② 朱红.高校学生参与度及其成长的影响机制:十年首都大学生发展数据分析[J].清华大学教育研究,2010(6):35-43.

验学生的个体特征、师生阅读互动和同伴阅读互动、大学阅读环境对学生阅读参与水平的影响。

本书以学生参与理论和帕斯卡雷拉的大学生变化评定模型为理论基础,既从大学生的视角出发检验阅读参与水平对大学生发展的影响,也从大学的视角出发检验大学鼓励和支持学生的阅读参与进而促进大学生发展的影响力。一言概之,本书的理论假设是:学生的阅读参与和大学的阅读支持共同影响大学生的发展。虽然本书是在阅读这个微观视角下开展的,而且仅以浙江省的本科大学生为例且聚焦文科大学生,但这为考察中国大学生的发展提供了一个新的视角,研究结论也将对中国大学生发展理论的构建提供些许支持。

此外,"学生参与度"还是高等教育质量过程性评估模式的核心概念,这种以对教育过程的有效测量和监控为主要特征的评估模式正是全球高等教育质量评估的新趋势。在过程性评估模式中,学生参与度被认为是影响高等教育成果(即大学生发展)的重要因素,通过对大学生在有效教育活动中的参与程度及其特征的调查来分析和评估大学的教育质量,能够有效帮助大学从内部进行人才培养机制的改革。美国全国大学生参与度调查(national survey of student engagement,NSSE)和清华大学教育研究院从2008 年开始的"中国大学生学情(NSSE 汉化版)年度调查"都属于此类调查。

当然,就国内而言,对大学生参与度的调查尚处于起步阶段。本书开展的对大学生阅读参与的调查,虽不是对大学生参与度的全面调查,但"阅读参与"是贯穿大学生全面学习生活参与的"点",对这个特殊的"点"的调查是对大学生参与度调查的一种补充,而研究结论也将从阅读这个微观视角为大学从内部进行人才培养的管理改革等提供实证数据的支持。

第四节　本章小结

本章主要是本书研究问题的理论框架分析。

学生参与理论和帕斯卡雷拉的大学生变化评定模型是本书实证研究的理论基础。学生参与理论强调大学生在校期间的发展更多地取决于自身的努力程度;帕斯卡雷拉的大学生变化评定模型则强调大学生在校期间的发展除了受到自身努力这个关键因素影响外,也受到高校环境、组织特征、师生互动等因素的影响,即大学对大学生发展的影响力。这两个理论有一个共同要素,即"学生参与度"。"学生参与度"具有两方面的特征:一是学生在有效教育活动中付出努力的数量和质量;二是大学在资源配置、课程组织、管理等方面为鼓励和促进学生的参与而付出的努力。

阅读显然是"有意义的教育活动",是贯穿大学生全面地参与大学学习生活的"点"。根据学生参与理论,本书推论:大学生的"阅读参与"影响大学生的发展。因此"大学生阅读参与水平"是本书的"大学生阅读"在测量层面的概念,主要反映大学生读什么、读多少和怎么读三个问题,即大学生的阅读内容、阅读数量和阅读方式。阅读数量反映的是大学生阅读参与的"量",阅读内容和阅读方式反映的是大学生阅读参与的"质",因此本书也是从"量"和"质"两个方面来考察大学生的"阅读参与"水平。

帕斯卡雷拉的大学生变化评定模型指出,学生的个人特征、师生互动和同伴互动、学生的参与程度是影响大学生发展的直接要素,而高校环境是间接影响要素。由此,本书进一步推论:师生阅读互动和同伴阅读互动、大学阅读环境也会影响大学生的发展。

本书以学生参与理论和帕斯卡雷拉的大学生变化评定模型为理论基石,通过阅读这个微观视角,既从大学生的角度出发检验阅读参与水平对大学生发展的影响,也从大学的角度出发检验大学鼓励和支持学生的阅读参与进而促进大学生发展的影响力。一言概之,本书的理论假设是:学生的阅读参与和大学的阅读支持共同影响大学生的发展。

本章是本书理论支撑的阐述,也是为开展实证研究进行的理论准备。本书将在下面章节运用量化研究方法和质性研究方法,具体探讨阅读与大学生发展的关系。

第三章　阅读与大学生发展的调研设计

本书遵循实证研究范式进行问卷和访谈设计,并采用相应的数据分析方法分别对阅读与大学生发展的关系进行量化研究和质性研究。

第一节　研究目的与研究假设

一、研究目的

实证研究以学生参与理论和帕斯卡雷拉的大学生变化评定模型为理论基础,检验和探索阅读与大学生发展的关系。

量化研究以 1105 名本科的文科大学生为调查对象,通过问卷调查,获得大学生阅读参与的实际情况(阅读内容、阅读数量和阅读方式等)和阅读对大学生发展变化的自我报告等,检验个体特征、大学阅读环境和阅读互动等对大学生阅读的影响,并清晰呈现阅读参与水平是否影响和怎样影响大学生的发展。

质性研究以 24 位文科大学生(包括 20 位在校生和 4 位已工作人士)为调查对象,通过深度访谈感受他们的阅读体验,了解他们的阅读故事。如他们在大学本科期间的阅读参与情况(包括阅读内容、阅读数量和阅读方式等),他们与父母或祖父母的阅读故事,他们就读的小学、初中和高中学校的阅读活动,他们对就读大学的阅读氛围的感受,他们在大学与老师和同学之间的阅读故事,他们对不同书籍的阅读感悟等,尝试从另一个视角探索阅读与大学生发展的关系以及大学生阅读的影响因素,以验证、补充和丰富量化研究部分的结论。

二、研究假设

学生参与理论和帕斯卡雷拉的大学生变化评定模型指出:大学生各方面的发展不仅会受到个体内在因素的影响,即个体特征和努力程度的限制,也会受到各种外在因素如学校资源、校园环境、社交互动的制约。诸多实证研究也表明个体的内在因素和外在因素都会影响学生的发展。因此,本书提出假设:学生的阅读参与和大学的阅读支持共同影响大学生发展,即大学生的个体特征、阅读参与水平、大学阅读环境、大学阅读互动都会影响学生的发展。

学生参与理论和帕斯卡雷拉的大学生变化评定模型既强调学生在有效教育活动中付出努力的数量和质量,也强调大学在资源配置、课程组织、管理等方面为鼓励和促进学生的参与而付出的努力。由此,本书也从两方面进行考量:一是学生的阅读参与水平有质和量的区别,本书将学生的阅读数量视为阅读参与水平"量"的指标,将学生的阅读内容与阅读方式视为阅读参与水平"质"的指标,分别进行测量和分析;二是大学为推动和促进学生的阅读参与而在阅读环境和阅读互动等方面付出的努力。

本书第一章在阅读影响大学生发展的机理分析中指出,阅读是教育的基础,在家庭教育、学校教育和自我教育中,阅读是贯穿始终的主线。而学生的教育经历存在差异,这种差异集中反映了学生个体特征的不同,如基础教育学校类型、家庭背景等,同时这种差异也会反映在学生的阅读参与水平上。因此,本书假设:个体特征影响学生的阅读参与水平。

学生的阅读参与水平即大学生在阅读活动中付出努力的数量和质量。帕斯卡雷拉的大学生变化评定模型指出,高校环境通过影响师生互动和同伴互动、学生的努力程度两条路径实现对学生发展的间接促进,也就是说,高校环境直接影响校园互动和学生的努力程度。由此,本书假设:大学阅读环境影响学生的阅读参与水平。

朱红在"高校学生参与度及其成长的影响机制"研究中将学生参与度作为中介变量检验了校园互动、学生参与度、学生发展之间的直接和间接影响,研究结论显示:大学生的校园互动会通过影响学生参与度而影响学生发展。① 由此,本书进一步假设:大学阅读互动影响学生的阅读参与水平。

据此,本书提出以下假设:

假设1:个体特征、大学阅读环境和大学阅读互动影响大学生的阅读参与水平。

学生参与理论和帕斯卡雷拉的大学生变化评定模型都认为,大学生只有全面地参与大学的学习和生活,才能获得在不同维度最大限度的发展。在阅读视角下,大学生的这种参与表现为在大学的学习和生活中全面地进行阅读。

学生参与理论进一步指出,学生在"有意义的教育活动"中投入时间越长、投入质量越高,大学生的成长和发展则越好。本书第一章关于阅读影响大学生发展的机理分析认为,阅读是大学生学习生活中最基础和最重要的活动,也是大学实现教育目标的重要手段和有效途径,显而易见,阅读是大学生"有意义的教育活动"。而且,阅读普遍存在于大学生的课内外学习、专业和跨专业学习、课外学术科技活动和校园文化活动中,虽然阅读是大学生学习生活中的一个"点",但却是贯穿大学生全面地参与大学学习生活的"点"。

与学生参与的双重特性一样,学生阅读参与水平也从"质"和"量"两个角度进行测量。本书将阅读内容与阅读方式视为"质"的指标,阅读数量视为"量"的指标,从三方面分别检验其与大学生发展的相关性。

因此,本书提出以下假设:

假设2:大学生的阅读参与水平影响大学生的发展。

帕斯卡雷拉的大学生变化评定模型指出,高校环境是影响大学生发展的间接要素,而学生家庭背景及其进入高校前的个人特征和特质、师生互动和同伴互动则是影响大学生发展的直接要素。② 帕氏理论模型还强调,在评价高等教育质量时,通过高校内部环境中的师生互动和同伴互动来了解高校对学生学习、认知能力和社会心理发展带来的影响,比检视高校的组织结

① 朱红.高校学生参与度及其成长的影响机制:十年首都大学生发展数据分析[J].清华大学教育研究,2010(6):35-43.

② Pascarella E T, Terenzini P T. How college affects students: a third decade of research [M]. San Francisco: Jossey-Bass Publishers, 2005:56-57.

构特征(如院校规模)的影响更加有效。[①] 在阅读视角下,高校环境即高校的阅读环境,师生互动和同伴互动即师生和同伴在阅读活动中的互动,简称阅读互动。据此,在假设 1 的基础上本书认为,个体特征、大学阅读环境和大学阅读互动影响大学生的发展。

学生个体特征主要包括人口学特征(性别、专业类型、年级)、家庭社会经济背景(城乡差异、宗教信仰、父母职业、父母文化程度、家庭年收入)、入学前学业资质(高中学校类型)、身份特征(学生干部、学生党员)和对阅读重要性的认知程度;大学阅读环境主要包括对校园阅读活动(阅读推广活动、读书会)和图书馆软硬件的满意度;大学阅读互动主要包括专业教师与学生的阅读互动、辅导员与学生的阅读互动和大学生同伴阅读互动。

据此,本书提出以下假设:

假设 3:个体特征、大学阅读环境和大学阅读互动不仅影响大学生的阅读参与水平,也会影响大学生的发展。

学生的阅读参与水平对其发展的影响分为不同的维度,具体包括价值观、知识获取与创新能力、认知思维能力、组织表达能力和心理品质五个发展维度。本书第一章关于阅读的价值讨论认为,阅读使个体获取知识、开发智力和陶冶情操,最终使学生实现精神成长和自我完善,促进大学生个体的全面发展,因此阅读也帮助大学生获得知识发展、智慧提升和精神成长。具体表现为,阅读促进大学生的知识获取与创新能力(知识发展)、认知思维能力和组织表达能力(智慧提升)、价值观和心理品质(精神成长)的发展。而国内关于学生参与度影响机制的相关研究结果表明:大学生的课堂学习参与和某些课外活动参与正向影响其课程成绩、知识获得和认知发展的自我评价;大学生与辅导员的交往互动对学生的自信心、学习动力和生活目标的提升有积极影响;大学生全面的学习生活参与会促进其知识积累、认知思维、组织表达和道德价值等维度的发展。[②] 由此可见,学生在大学学习和生活中的不同参与对其发展的影响体现在不同维度上。

在此基础上,本书提出以下假设:

---

① 鲍威.未完成的转型:高等教育影响力与学生发展[M].北京:教育科学出版社,2014:28.

② 朱红.高校学生参与度及其成长的影响机制:十年首都大学生发展数据分析[J].清华大学教育研究,2010(6):35-43.

假设4:阅读参与水平对学生的五个发展维度产生影响,但对这五个发展维度的影响力不同。

研究假设关系见图3-1。

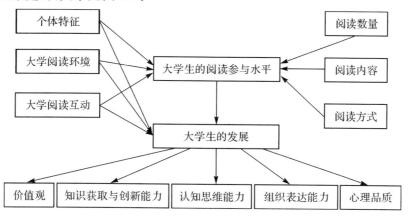

图 3-1　研究假设关系

为验证上述研究假设,需要通过实证研究明确以下3个问题:

(1)大学生的阅读数量、阅读内容和阅读方式的事实情况是怎样的?影响大学生阅读参与水平的因素是什么?

(2)大学生对大学阅读环境和大学阅读互动的感受和评价是怎样的?大学阅读环境和阅读互动是否影响以及如何影响大学生的阅读参与水平和大学生的发展?

(3)大学生关于阅读对自身发展影响的评价是怎样的?阅读参与水平是否影响以及如何影响大学生不同维度的发展?

下文通过问卷调查和访谈调查,以量化研究和质性研究相结合的方法对以上问题做出回答。

第二节　阅读与大学生发展的问卷调查

编制阅读与大学生发展调查问卷是本书的主要内容之一,通过对问卷的统计和分析,一方面呈现大学生阅读参与的真实现状,另一方面探析阅读与大学生发展的相关性以及阅读参与水平的影响因素。

一、问卷设计、检验和确立

(一)调查问卷的编制

调查问卷的编制步骤基本如下:

(1)访谈调查,对象为在校大学生和大学毕业工作 10 年左右的各行业人士(包括高校教师、公务员和创业者等);

(2)根据研究假设和访谈结果编制阅读与大学生发展调查问卷第一稿;

(3)就调查问卷第一稿向高等教育学专家和博士、测量学专业人士等请教,并听取和吸纳他们对调查问卷的修改意见,形成阅读与大学生发展调查问卷第二稿;

(4)进行预调查,利用调查问卷第二稿进行试测,一方面对部分试测大学生进行测后访谈,听取他们的测试感受和建议,另一方面通过数据分析对问卷进行信度和效度检验;

(5)确立正式调查问卷,根据试测大学生的意见和试测数据的分析结果对问卷进行调整,形成阅读与大学生发展调查问卷第三稿。至此,调查问卷结构基本稳定,测试题也基本确定。

(二)调查问卷的形式

本调查问卷既要呈现和描述大学生的阅读事实,又要检验阅读参与水平对大学生发展的影响。同时,本书的"大学生发展"指的是阅读对大学生多方面素质的改善、促进和提升作用,大学生的发展变化主要是大学生个体的主观感受,因此问卷调查采用学生自陈问卷形式。

学生参与理论的代表人物佩斯指出,应测量学生投入到符合教育目标、具有教育意义活动中的时间和质量,并由学生自己判断获得的成就。同时,佩斯认为自我报告的问卷一般应满足三个效度方面的要求:(1)问卷填写者了解所调查的信息;(2)问题表述准确清晰;(3)问卷填写者认为调查内容值得认真、深入思考。[①] 本调查问卷的第一部分(A 卷)、第二部分(B 卷和 C卷)主要是作者自主设计;第三部分(D 卷)——学生发展量表,因为通过理论分析发现阅读对大学生发展的影响维度与北京大学教育学院"首都高校学生发展状况调查"中"学生发展"的测量指标比较吻合,所以该部分主要采

---

① 　Pace C R. The credibility of student self-reports[R]. Los Angeles: University of California, The Center for the Study of Evaluation, National Inst. of Education,1985:2-64.

纳了北京大学教育学院"2013年首都高校学生发展状况调查"第五部分——学生发展之一的19项测量指标,并在此基础上增加了"心理品质"一个维度共6项测量指标。

此外,问卷的第一部分(A卷)——"基本情况"是关于个体特征的事实调查。第二部分——"大学期间阅读情况"中的B卷是关于大学生阅读的事实调查;C卷是关于大学生对大学阅读环境和阅读互动的感受和满意度,使用李克氏4点计分方法,从1到4分别表示从不、很少、有时、经常。问卷第三部分(D卷)——"阅读对发展的影响"则使用7点计分方法,从1到7表示从"没有影响"到"很大提高"的变化趋势,以更准确测试阅读参与水平对大学生发展的影响程度以及项目间和个体间的区分度。

(三)调查问卷的内容

第一部分(A卷)——"基本情况"主要包括学生的性别、学科门类、年级、生源地、政治面貌、宗教信仰、父母的职业和受教育水平、家庭收入等17个项目。

第二部分(B卷和C卷)——"大学期间阅读情况"主要包括调查对象的阅读事实及对大学阅读环境和阅读互动的感受和满意度。B卷的测量指标包括调查对象的阅读认知、阅读数量、阅读内容、阅读方式等19个项目,其中包括1个开放式题项;C卷的测量指标包括大学校园阅读活动(阅读推广活动、读书会)、图书馆软硬件、专业教师与学生的阅读互动、辅导员与学生的阅读互动、同伴阅读互动等25个项目,其中包括1个事实调查项目和2个开放式题项。

第三部分(D卷)——"阅读对发展的影响"主要是调查对象对大学期间的阅读对其发展变化的自我评价,测量指标包括价值观(6个题项)、知识获取与创新能力(4个题项)、认知思维能力(4个题项)、组织表达能力(5个题项)和心理品质(6个题项)共25个项目。

(四)调查问卷的检验和确立

问卷第二稿的预调查在2015年6月进行,以ZJ师范大学汉语言文学、历史、思想政治教育、法学、国际经济贸易等专业的本科生为样本。共发放"阅读与大学生发展调查问卷"95份,回收95份,回收率100%,其中有效问卷94份,有效率98.9%。为了保证问卷具有较高的可靠性和有效性,利用SPSS 21.0对问卷进行了信效度检验。

1. 信度和效度检验

信度是指问卷的可靠程度,主要表现为检验结果的一致性和稳定性。[①] 信度分析中常用克龙巴赫 α 系数的大小来衡量调查问卷的信度,DeVellis 认为:量表的信度系数在 0.8~0.9 之间,表示信度非常好;在 0.7~0.8 之间,表示信度相当好;在 0.65~0.7 之间,这是最小可接受值;小于 0.65 的话则不建议使用该量表。

效度是指测量工具或手段能够准确测出所需测量的事物的程度。[②] 本书主要采用结构效度分析,即利用因子分析测量整个问卷的结构效度。

本书的调查问卷除了第一部分大学生基本情况(人口学特征、家庭背景等)信息(A 卷)和第二部分中大学生阅读的事实调查(B 卷)以外,量化分析主要使用了两个问卷:C 卷是阅读影响因素问卷,包含 22 个项目[③];D 卷是阅读与大学生发展问卷,包含 25 个项目。其中 C 卷又分为大学阅读环境和大学阅读互动两个分卷。D 卷不是由研究者自行设计,而是主要采纳了北京大学教育学院"2013 年首都高校学生发展状况调查"的第五部分。北京大学教育学院课题组开发的学生参与和成就调查测量工具已历时 10 年,课题组在每年度的正式问卷形成之前都对问卷调查结果进行信效度分析并及时调整和完善问卷,测量工具的准确性和适用性已进入成熟阶段。[④] 因此本书主要对由本文作者自行设计的大学生阅读影响因素问卷(C 卷)进行信度和效度检验。

(1)信度检验

将 94 份问卷的数据用 SPSS 21.0 进行信度分析。信度结果如表3-1所示。

[①] 吴明隆.问卷统计分析实务:SPSS 操作与应用[M].重庆:重庆大学出版社,2010:237-238.

[②] 吴明隆.问卷统计分析实务:SPSS 操作与应用[M].重庆:重庆大学出版社,2010:194-195.

[③] 问卷 C 中还包含 1 项事实调查题和 2 项开放题,单独分析,故为 22 个项目。

[④] 鲍威.未完成的转型:高等教育影响力与学生发展[M].北京:教育科学出版社,2014:73-74.

表 3-1 问卷的信度系数

问卷类别	克龙巴赫 α 系数值	项数
C 卷	0.860	22
阅读环境	0.798	11
阅读互动	0.802	11

表 3-1 显示:阅读环境共 11 个题项,克龙巴赫 α 系数值为 0.798,信度指标比较理想,能够有效地进行相关分析;阅读互动也是 11 个题项,克龙巴赫 α 系数值为 0.802,信度指标非常理想,能够有效地进行相关分析;大学生阅读影响因素总问卷(C 卷)的克龙巴赫 α 系数值为 0.860,信度指标非常理想,能够有效地进行相关分析。

(2)效度检验

效度分析使用因子分析模型,首先对问卷数据进行因子模型适应性分析(表 3-2)。变量之间的相关性是进行因子分析的先决条件,相关性用 Bartlett's 球形度检验,需达到显著。根据 Kaiser 的观点,KMO 系数愈接近 1,愈适合进行因子分析;KMO 值至少为 0.6,0.6 以下不适合做因子分析。[①]

本书在大学生阅读影响因素总问卷(C 卷)的设计过程中将问卷分为 5 个维度,共 22 个题项,现将 22 个题项的调研数据纳入因子分析程序进行检验。

表 3-2 问卷的 KMO 和 Bartlett's 检验

取样足够度的 Kaiser-Meyer-Olkin	度量	0.762
Bartlett's 球形度检验	近似卡方 χ^2	1016.866
	自由度 df	231
	显著性 sig.	0.000

由表 3-2 的数据可知,问卷的 KMO 值为 0.762,说明变量间的相关性比较强,适合做因子分析;Bartlett's 球形度检验的卡方值为 1016.866,sig＝0.000,拒绝零假设,也说明数据适合做因子分析,同时说明问卷内部变量间结构良好,具有较好的效度。

问卷解释的总方差见表 3-3。

---

① 吴明隆.问卷统计分析实务:SPSS 操作与应用[M].重庆:重庆大学出版社,2010:217.

表 3-3 问卷解释的总方差

成分	初始特征值			提取平方和载入			旋转平方和载入		
	合计	方差百分比/%	累积百分比/%	合计	方差百分比/%	累积百分比/%	合计	方差百分比/%	累积百分比/%
1	5.773	26.242	26.242	5.773	26.242	26.242	3.565	16.205	16.205
2	3.579	16.266	42.508	3.579	16.266	42.508	3.439	15.632	31.837
3	2.069	9.405	51.913	2.069	9.405	51.913	2.689	12.224	44.061
4	1.593	7.240	59.153	1.593	7.240	59.153	2.474	11.247	55.308
5	1.293	5.878	65.030	1.293	5.878	65.030	2.139	9.723	65.030
6	0.943	4.288	69.318						
7	0.892	4.055	73.373						
8	0.796	3.620	76.993						
9	0.689	3.133	80.126						
10	0.633	2.878	83.004						
11	0.577	2.624	85.628						
12	0.519	2.361	87.990						
13	0.461	2.097	90.086						
14	0.378	1.719	91.805						
15	0.367	1.669	93.475						
16	0.312	1.420	94.895						
17	0.267	1.212	96.106						
18	0.252	1.143	97.250						
19	0.229	1.042	98.292						
20	0.205	0.930	99.222						
21	0.121	0.552	99.774						
22	0.050	0.226	100.000						

提取方法:主成分分析。

根据表 3-3 可以得知,具备信度的 22 个题项一共获得了 5 个主成分,这 5 个主因子共解释总方差的 65.030%。由此可以认为,提取的 5 个公因子在充分提取和解释原变量的信息方面比较理想。

旋转后的因子载荷见表 3-4。

表 3-4　旋转成分矩阵

	成分				
	1	2	3	4	5
C3	0.837				
C5	0.715				
C7	0.611				
C15	0.601				
C2	0.578				
C6	0.568				
C4	0.548				
C1	0.497				
C18		0.930			
C17		0.916			
C16		0.841			
C19		0.743			
C9			0.817		
C10			0.790		
C8			0.782		
C11			0.535		
C22				0.855	
C20				0.826	
C21				0.784	
C13					0.777
C14					0.710
C12					0.451

根据表 3-4 可知,项目 1、2、3、4、5、6、7、15 为第一主成分,命名为"大学校园阅读活动";项目 16、17、18、19 为第二主成分,命名为"辅导员与学生的

阅读互动";项目 8、9、10、11 为第三主成分,命名为"图书馆软硬件";项目 20、21、22 为第四主成分,命名为"同伴阅读互动";项目 12、13、14 为第五主成分,命名为"专业教师与学生的阅读互动"。因子分析结果与研究设计基本一致,问卷具有较好的结构效度。

2. 问卷的确立

根据预调查数据分析结果和与部分试测大学生的测后访谈情况,对问卷题目进行了相应的调整。经过修订,"阅读与大学生发展调查问卷"正式确立(见附录一)。问卷包含四个分问卷:A 卷是基本信息问卷,共 17 项单选题;B 卷是大学生阅读事实调查问卷,包含 17 项单选题、1 项多选题和 1 项开放式题,共 19 个项目;C 卷是大学生阅读影响因素问卷,包含 22 项单选题、1 项事实调查题和 2 项开放式题,共 25 个项目;D 卷是阅读对大学生发展影响问卷,共 25 项单选题。

二、样本选择和抽样设计①

问卷调查采取整群分层抽样方法,在浙江省遴选了 1 所"985 工程"院校、3 所浙江省重点建设高校(第一批)②和 1 所一般本科院校 3 类共 5 所大学。调查地域包括浙北、浙东和浙中,具体为综合性大学——浙江大学,理工科院校——浙江工业大学,师范类院校——浙江师范大学,地方综合性大学——宁波大学,财经类院校——浙江工商大学。每所大学分别抽取文科类(包括人文科学类和社会科学类)不同专业的学生样本 200 份左右,共1105 份样本,专业构成涉及文、史、哲、经、管、法、教等。

问卷调查在 5 所大学的大二、大三、大四学生中进行,抽样比例为25.0%、37.5%、37.5%,即每所大学 200 份样本的分布是大二学生 50 份、大

---

① 查颖. 文科大学生阅读问卷调查分析:对浙江省 1004 名大学生的调查[J]. 中国高教研究,2016(11):65.

② 浙江省在 2014 年提出,为到 2020 年基本建成高等教育强省,本着"育强、扶特"的精神,以体制机制创新、优势特色学科发展、高素质教师队伍建设、教育教学改革、自主创新能力和国际合作与交流水平的提升等为建设内容,通过加强财政投入、统筹规划、绩效考核等方式,重点建设一批高水平大学,以加快提升全省高等教育综合实力和发展水平。2015 年,浙江省教育厅组织专家遴选产生了第一批省重点建设高校,中国美术学院、浙江工业大学、浙江师范大学、宁波大学、杭州电子科技大学共 5 所高校被列为第一批省重点建设高校。(浙政发〔2014〕40 号文件,2014 年 10 月 26 日;浙政办发〔2015〕34 号文件,2015 年 3 月 27日)

三学生 75 份、大四学生 75 份。在调查时,首先采集了 5 所抽样高校大二、大三、大四的文科类学生数,然后根据人文科学类和社会科学类学生在各年级文科学生总数中的比例分配各年级的样本数,同时兼顾了男女生的比例,以保证问卷抽样能代表该校本科文科生的阅读状况。

问卷调查在具体实施过程中,因大四学生实习等,样本分布比例与调查设计略有不同,并且有 2 所大学的少量大一学生也参与了问卷调查。由于在本科的文科生中女生比例较高,实际参与问卷调查的大学生中女生居多,但本次调查男女生的样本比例与 5 所高校文科的男女生总数比例一致(27.7%和 72.3%),保证了样本在性别上的代表性。

为保证调查质量,问卷调查采取分场次集中答卷和在研究者现场指导下的自填法。实际共发放问卷 1105 份,其中有效问卷为 1004 份,有效率为 90.9%。

三、统计模型的建立

本书建立了两个统计模型以分析大学生阅读参与水平的影响因素(模型 A)以及阅读对大学生发展的影响(模型 B)。

(一)阅读参与水平变量界定和数据分析方法

问卷中大学生的阅读参与水平从阅读数量、阅读内容和阅读方式三方面进行测量,分别代表大学生在阅读参与中付出努力的数量和质量。

1.阅读数量

阅读数量反映的是大学生在阅读参与中付出努力的数量。主要调查大学生的阅读时间和阅读频率等,总分越高代表学生的阅读量越大。对于这一变量,采用多元线性回归的方法来分析影响大学生阅读数量的因素。

2.阅读内容

阅读内容反映的是大学生在阅读参与中付出努力的质量。本书根据实际情况将大学生的阅读内容划分为五大类型,因此将调查结果编码为无序分类变量:专业类书籍主导型=1;文学作品主导型=2;经典著作主导型=3;休闲娱乐类书籍主导型=4;各类书籍平衡型=5。由于该类数据不适合使用一般的线性回归模型进行分析,因此采用多项 Logistics 回归模型来分析阅读内容的影响因素。

3.阅读方式

阅读方式反映的也是大学生在阅读参与中付出努力的质量。本书将大学生的阅读方式划分为三大类型,因此调查结果也是编码为无序分类变量:纸质阅读主导型=1;电子阅读主导型=2;纸质阅读和电子阅读平衡型=3。也采用多项 Logistics 回归模型对阅读方式的影响因素进行分析。

(二)大学生发展变量界定和数据分析方法

本书使用有序 Logistics 回归模型(模型 B)分析阅读参与水平的差异对于样本学生在价值观、知识获取与创新能力、认知思维能力、组织表达能力和心理品质等五个方面发展的影响。该模型中包含了五个子模型,因变量分别是价值观的发展、知识获取与创新能力的发展、认知思维能力的发展、组织表达能力的发展和心理品质的发展(作用很小=1,作用较小=2,作用较大=3,作用很大=4)。

(三)个体特征变量界定

帕斯卡雷拉的大学生变化评定模型和奥斯廷的 I-E-O 模型都指出,大学生各方面的发展不仅会受到个体内在因素的影响,也会受到各种外在因素,诸如学校资源、校园环境、社交互动的制约。实证研究也表明个体的内在因素和外在因素都会影响学生的发展。但是由于某些个体先赋性特征变量之间具有较高的相关性,如城乡差异、父母职业、父母受教育程度、家庭年收入等,这些因素往往会造成多重共线性的问题,因此本书在构建模型的过程中剔除了那些和主要变量相关性过高的其他变量(相关系数大于 0.2 或者小于−0.2),最后选取了性别、专业类型、城乡差异、高中学校类型、学生身份、政治面貌、宗教信仰和对阅读重要性的认知等八方面作为学生的内在自变量。

(四)大学阅读环境和阅读互动变量界定和数据分析方法

本书将大学阅读环境和阅读互动视为既是影响学生阅读参与水平的外在因素,也是影响大学生发展的因素。

大学阅读环境主要以大学开展的校园阅读活动(包括阅读推广活动和读书会)的数量和质量、学生对大学图书馆在各种软硬件方面提供支持和服务的满意程度三项指标来测量。这三项指标均为连续变量,分数越高,代表相应的指标越好。

学生在大学学习与生活中的各种校园阅读互动也作为影响学生阅读参与水平和大学生发展的预测变量,具体以专业教师与学生之间的阅读互动、辅导员与学生之间的阅读互动和大学生同伴之间的阅读互动三项指标来测量。这三项指标也均为连续变量,分数越高,表明阅读互动越好。

经过上述分析,阅读参与水平的影响因素模型(模型 A)假设大学生的阅读参与水平是学生专业类型、城乡差异、对阅读重要性的认知等个体特征因素与大学校园阅读活动(阅读推广活动和读书会)、图书馆软硬件等阅读环境因素以及师(专业教师和辅导员)生、同伴之间的阅读互动三方面因素的方程。

阅读对大学生发展的影响(模型 B)则假设以下自变量影响大学生的发展——个体特征的全部变量、大学阅读环境和大学阅读互动的全部变量、大学生阅读参与的全部变量(阅读数量、阅读内容、阅读方式)。

具体变量信息见表 3-5。

表 3-5 Logistic 回归模型中的变量定义

因变量			
模型 A:阅读数量	连续变量		
阅读内容	分类变量	专业类书籍主导型=1;文学作品主导型=2;经典著作主导型=3;休闲娱乐类书籍主导型=4;各类书籍平衡型=5	
阅读方式	分类变量	纸质阅读主导型=1;电子阅读主导型=2;纸质阅读和电子阅读平衡型=3	
模型 B:是否促进了学生发展	作用很小=1;作用较小=2;作用较大=3;作用很大=4		

自变量		
个体特征	性别:男性=0;女性=1	
	专业类型:社会科学=0;人文科学=1	
	城乡差异:农村、镇、县=0;城市=1	
	高中学校类型:重点或示范高中=0;普通高中、中等职业学校=1	
	学生身份:非学生干部=0;学生干部=1	
	政治面貌:非党员=0;党员(含预备党员)=1	
	宗教信仰:无宗教信仰=0;有宗教信仰=1	
	对阅读重要性的认知:连续变量,分数越高代表认为阅读越重要	
大学阅读环境	阅读推广活动:连续变量,数值越高表明学校阅读推广做得越多越好	
	读书会:连续变量,数值越高表明学校读书会举办得越多越好	
	图书馆软硬件满意度:连续变量(图书馆的阅读环境、阅读方式、书籍种类和阅读服务四方面满足程度的总和),数值越高表明学生的满意度越高	
大学阅读互动	专业教师与学生的阅读互动:连续变量,分数越高,互动越多	
	辅导员与学生的阅读互动:连续变量,分数越高,互动越多	
	同伴阅读互动:连续变量,分数越高,互动越多	

模型的显著性和拟合优度（goodness of fit）主要采用 -2 Log Likelihood，Pearson χ^2，Model χ^2，Nagelkerke R^2 来表示。

第三节　阅读与大学生发展的访谈调查

访谈调查也是本书的主要内容之一，通过访谈并对访谈资料进行分析，进一步探究阅读与大学生发展的关系以及大学生阅读的影响因素。

一、访谈对象选择

2015 年 5 月至 12 月期间，笔者对 24 位大学生进行了深度访谈。24 位访谈对象中 4 位为已工作人士，其他 20 位为在校生。访谈对象本科期间就读的大学即为量化研究遴选的 5 所大学之一。4 位已工作的访谈对象中 3 位为政府或企事业单位的中层管理者，另 1 位为自主创业者。此外，在 5 所样本大学的大力支持下，按照笔者的设计，20 位在校大学生由每所样本大学遴选 4 位，其中优秀大学生（或综合优秀或单项优秀）2 位，随机 2 位，男女生比例各半。

在实际访谈中发现，有 2 位大学生为理科生，其中一位为该校学生最高综合优秀奖——"工商之星"获得者，另一位为随机遴选者。因本书的研究对象为文科大学生，故对 2 位理科大学生的访谈资料不进行分析。其他 22 位文科大学生来自不同专业、不同年级，阅读内容各不相同，阅读数量各有差异，阅读方式各有偏好。具体内容见表 3-6。

表 3-6　访谈对象基本信息汇总

序号	编码	性别	年级	专业	主要阅读内容	书籍年阅读量	主要阅读方式
1	YHB	男	1994 级	思想政治教育	文史哲类经典著作	10 本	纸质
2	CSY	女	2012 级	汉语言文学	文学作品	20 本	纸质
3	HKC	男	2013 级	英语	文学作品	20 本	纸质
4	DZF	男	1995 级	思想政治教育	文史哲类经典著作	40 本	纸质
5	QQ	女	2012 级	小学教育	教材和教辅类书籍 艺术类经典著作	7～8 本	纸质和电子平衡
6	LJ	男	2012 级	财务管理	教材和教辅类书籍 专业论著	3～4 本	纸质

续表

序号	编码	性别	年级	专业	主要 阅读内容	书籍 年阅读量	主要 阅读方式
7	SZW	男	2012 级	法学	专业论著 文学作品	80 本	纸质
8	LGY	男	2013 级	企业管理	专业论著	4 本	纸质和电子 平衡
9	YJH	女	2013 级	财务管理	教材和教辅类书籍 休闲娱乐类书籍	2～3 本	纸质
10	ZYJ	女	2012 级	法学	教材和教辅类书籍 休闲娱乐类书籍	10 本	纸质
11	ZRY	女	2012 级	金融学	专业论著 休闲娱乐类书籍	10 本	纸质
12	QXL	男	2013 级	法学	社会科学类经典著作 自然科学类经典著作 报纸	20～<30 本	纸质
13	WK	男	2012 级	行政管理	科普类书籍 休闲娱乐类书籍	2 本	电子(手机)
14	ZB	女	2014 级	哲学	文史哲类经典著作 休闲娱乐类书籍	23～24 本	电子
16	ZYF	女	2012 级	金融学	专业论著 休闲娱乐类书籍	8～9 本	纸质
17	YJ	女	2013 级	新闻传播	专业论著 报纸	4～6 本	纸质
19	QBZ	男	2012 级	法学	专业论著 文史哲类经典著作	35 本	纸质
20	TZW	女	2014 级	小学教育	励志与成功类书籍 休闲娱乐类书籍	7～8 本	电子(手机)
21	WZ	男	2014 级	汉语言文学	励志与成功类书籍 文学作品	5～6 本	纸质
22	DML	女	2012 级	金融学	励志与成功类书籍 学术期刊	6～7 本	纸质
23	LXY	女	2002 级	英语	文学作品(传记) 时尚类杂志	2～3 本(书籍) 100 本(杂志)	纸质
24	SB	男	2001 级	汉语言文学	励志与成功类书籍 文史哲类经典著作	10～15 本	纸质

注:序号为 15 和 18 的访谈对象为理科大学生,访谈资料不参与分析。

二、访谈内容设计

面向在校大学生的访谈内容设计，采用非标准化的访谈提纲。访谈内容设计包括被访者在大学本科期间学习和生活中阅读情况（如阅读数量、阅读内容、阅读方式等）的自述、被访者对阅读影响因素（如家庭环境、基础教育阶段的学校教育环境、大学阅读环境、大学师生和同伴之间的阅读互动等）的感受、被访者对阅读与自身成长和发展关系的理解、被访者对经典阅读的理解等。

面向已工作人士的访谈内容设计，也是采用非标准化的访谈提纲。访谈内容与在校大学生基本一致，增加了被访者对阅读与其事业发展关系的理解等。

三、数据分析方法

本部分采用质性研究方法，即以研究者本人作为研究工具，在自然情景下，采用访谈、观察等多种资料收集方法，对研究对象进行深入的整体性探究，通过与研究对象互动，对其行为和意义建构获得解释性理解的一种方法。[①] 本书在访谈中采用半结构访谈法，有访谈提纲，主要采取开放式提问方法，以使访谈对象有足够自由的发挥空间。

在理论构建上，质性研究方法采用的是自下而上的过程，即扎根理论。具体来说是从原始资料出发，通过归纳分析、寻找概念和主题来逐步产生解释性理论。这与量化研究不同，量化研究采用的是自上而下的路线，即在现有的、被相关学科领域认可的概念或理论基础上形成研究假设，通过演绎分析对原始资料进行论证，进而验证事先设定的研究假设并形成普遍性理论。

对原始资料进行逐级编码是扎根理论运用最重要的环节，主要包括三个级别的编码：一级编码——开放式登录，建立代码单；二级编码——轴心式登录，形成类属，并列出类属的属性和维度；三级编码——选择式登录，选择核心类属，形成实质理论。扎根理论的主要操作流程是：（1）对资料进行登录，并产生概念；（2）对资料和概念不断进行比较，以生成理论性概念；（3）深入辨析概念与概念之间的联系，以发展理论性概念；（4）建立编码系统；（5）建构理论。[②]

---

① 　陈向明.质的研究方法与社会科学研究[M].北京:教育科学出版社,2000:12.

② 　陈向明.质的研究方法与社会科学研究[M].北京:教育科学出版社,2000:332.

　　本书在访谈中严格遵循"被研究者第一,研究第二,研究者第三"[①]的原则,充分尊重被访对象。在访谈开始前向被访对象详细介绍研究的目的和内容并尊重被访对象是否愿意参加访谈的选择,同时访谈录音也在征得被访对象同意后进行。

　　按照质性研究的要求,本书对访谈资料的整理和分析主要以如下步骤进行。

　　1. 建立编号系统

　　首先对 22 位大学生的访谈资料进行编号,建立编号系统。本书采取按人编号的方法(如尹浩冰编号为 YHB),共 22 个编号,详见表 3-6。22 位被访大学生的阅读经历和阅读体悟是本书质性研究部分的全部样本。

　　2. 登录

　　登录即编码,是对访谈资料进行分析的最基本的工作,其中十分重要的是找到对研究有意义的登录码号(code)。码号是原始资料分析中最基础的意义单位,是资料分析大厦中最小的砖瓦。以有关词语或内容出现的频率为标准寻找码号,并在码号之间建立起相关关系,原始资料的内容会不断浓缩,登录的码号也更集中。[②]

　　表 3-7 是笔者在登录码号中的一个实例。

表 3-7　访谈资料登录码号实例

资料编号:SZW

从宏观上说,阅读是很好的习惯,可以摒弃外在诱惑。具体来说,我认为<u>阅读使我的专注力比较强,脑细胞也更活跃,投入其中后会静心思考</u>(15);<u>学习、生活中遇到困难时,"鸡汤"类书籍会让心理和精神得到缓解和鼓励</u>(23);<u>阅读也在潜移默化中提高了我的组织能力</u>(22)。当然更多的是对我品质和价值观的影响,我对自己最大的满意是:<u>通过阅读我觉得自己很有温度,能包容和理解这个世界</u>(21)。

码号翻译:

15＝认知思维能力　　　21＝价值观　　　22＝组织表达能力　　　23＝心理品质

　　在对访谈资料进行分析的最初阶段,码号的寻找是开放式的,即访谈资料中出现与研究问题相关的语词或短句都进行登录并用数字表示。随着登录的进行,有些码号因出现频率过低而被删除,有些码号因意义重复而被合

　　①　陈向明. 质的研究方法与社会科学研究[M]. 北京:教育科学出版社,2000:436.
　　②　陈向明. 质的研究方法与社会科学研究[M]. 北京:教育科学出版社,2000:279-283.

并。同时,码号之间的相关关系也会逐步显露出来。例如,7——读书会,31——讲座论坛、演讲辩论、图书漂流、读书节等阅读活动,52——阅读课程,以上3个码号之间存在一定的联系,可归纳为对大学生阅读产生影响的"大学阅读环境"。

3. 建立编码系统

通过对访谈资料的登录,共形成56个初步码号。笔者对56个初步码号做了进一步的分析和权衡,并寻找码号之间的联系,最终形成由2个维度12个要素构成的编码系统(见表3-8)。

表 3-8 质性研究最终确定的编码系统

维度	编码代号
阅读影响因素	(1)家庭的阅读熏陶
	(2)基础教育阶段的阅读经历
	(3)重要的阅读机遇
	(4)大学校园阅读活动
	(5)大学阅读课程
	(6)师生阅读互动
	(7)同伴阅读互动
大学生发展	(8)价值观
	(9)知识获取与创新能力
	(10)认知思维能力
	(11)组织表达能力
	(12)心理品质

4. 进行类属分析

"类属"是资料所呈现的观点或主题,是资料分析中建立在许多码号组合之上的比较大和比较上位的意义单位。类属分析是在资料中寻找反复出现的现象以及可以解释这些现象的重要概念的过程。通过比较设定了有关类属后,需要识别类属之间的关系,如因果关系、平行关系、包含关系等。类属之间的关系建立后,研究者会发现一个或数个在所有类属中居于最上位的"核心类属"。为了确保资料分析直观明了,建立类属关系时可以采用画图方式。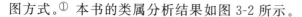① 本书的类属分析结果如图 3-2 所示。

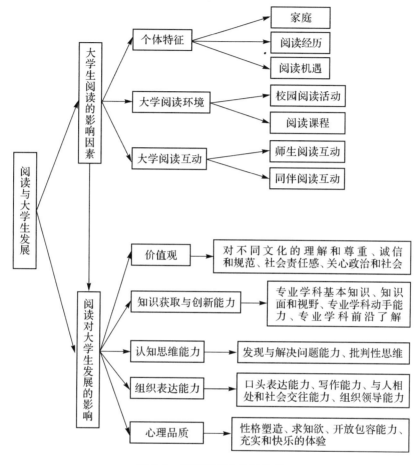

图 3-2 质性研究的类属分析

访谈资料整理和分析至此,质性研究结论也逐步形成,具体分析详见本书第五章。

---

① 陈向明.质的研究方法与社会科学研究[M].北京:教育科学出版社,2000:290-292.

第四章 阅读与大学生发展相关性的量化分析

本章遵循量化研究范式,对阅读与大学生发展的相关性及大学生阅读的影响因素进行量化研究分析。

第一节 样本检验和样本特征

一、样本检验

(一)信度检验

将 1004 份问卷的数据用 SPSS 21.0 进行信度分析。信度结果如表 4-1 所示。

表 4-1 问卷的信度系数

问卷类别	克龙巴赫 α 系数值	项数
C 卷	0.872	22
阅读环境	0.791	12
阅读互动	0.840	10

表 4-1 显示,阅读影响因素的总问卷和 2 份分问卷的克龙巴赫 α 系数值分别为 0.872、0.791 和 0.840,表明问卷的信度非常理想,具有较高的内在一致性,能够有效进行相关分析。

(二)效度检验

再用 SPSS 21.0 对问卷进行效度分析,检验结果如表 4-2 所示。

表 4-2　问卷的 KMO 和 Bartlett's 检验

取样足够度的 Kaiser-Meyer-Olkin	度量	0.850
Bartlett's 球形度检验	近似卡方 χ^2	10370.315
	自由度 df	231
	显著性 sig.	0.000

由表 4-2 的数据可知,KMO 值为 0.850,并且通过显著性水平为 0.05 的 Bartlett's 球形度检验,说明变量间的相关性很强,问卷的数据适合做探索性因子分析。

(三)探索性因子分析

本书在进行大学生阅读影响因素的调查设计时,将 C 卷的 22 道题区分为 2 个分问卷,即"大学阅读环境"和"大学阅读互动",考察以上两方面是否影响及如何影响大学生的阅读参与水平。根据第三章中的预调查数据分析结果,C 卷的 22 道题被分为 5 个维度,分别是"大学校园阅读活动""图书馆软硬件""教师与学生的阅读互动""辅导员与学生的阅读互动""同伴阅读互动"。

将 C 卷的 22 道题的正式调研数据纳入因子分析程序进行检验。

采用主成分分析,配合最大方差法进行正交旋转。根据问卷解释的总方差表(见表 4-3)可以得知,具备信度的 22 个题目一共获得了 5 个主成分,这 5 个主因子解释总方差的 62.312%。由此可以认为,提取的 5 个公因子在充分提取和解释原变量的信息方面比较理想。

表 4-3　问卷解释的总方差

成分	初始特征值			提取平方和载入			旋转平方和载入		
	合计	方差百分比/%	累积百分比/%	合计	方差百分比/%	累积百分比/%	合计	方差百分比/%	累积百分比/%
1	6.154	27.973	27.973	6.154	27.973	27.973	3.600	16.365	16.365
2	2.452	11.146	39.120	2.452	11.146	39.120	3.161	14.366	30.731
3	1.890	8.591	47.711	1.890	8.591	47.711	2.505	11.384	42.116
4	1.757	7.985	55.696	1.757	7.985	55.696	2.256	10.256	52.371
5	1.456	6.617	62.312	1.456	6.617	62.312	2.187	9.941	62.312
6	1.073	4.879	67.192						
7	0.837	3.804	70.995						
8	0.708	3.217	74.212						
9	0.673	3.059	77.271						
10	0.613	2.785	80.056						
11	0.560	2.545	82.601						
12	0.517	2.349	84.950						
13	0.497	2.257	87.207						
14	0.479	2.176	89.383						
15	0.442	2.009	91.392						
16	0.394	1.791	93.183						
17	0.358	1.628	94.811						
18	0.334	1.517	96.328						
19	0.304	1.381	97.709						
20	0.264	1.198	98.907						
21	0.145	0.659	99.566						
22	0.095	0.434	100.000						

提取方法:主成分分析。

旋转成分矩阵见表 4-4。

表 4-4　旋转成分矩阵

	成分				
	1	2	3	4	5
C3	0.698				
C2	0.693				
C5	0.666				
C8	0.658				
C6	0.615				
C1	0.611				
C7	0.560				
C4	0.547				
C17		0.904			
C18		0.891			
C16		0.850			
C19		0.662			
C10			0.811		
C11			0.768		
C12			0.764		
C9			0.744		
C21				0.879	
C22				0.856	
C20				0.764	
C13					0.803
C15					0.780
C14					0.760

根据表 4-4 可知：

因子 1：项目 1、2、3、4、5、6、7、8 为第一主成分，命名为"大学校园阅读活动"，该因子涉及"阅读推广活动"（1～4）和"读书会"（5～8）两个方面，是阅读环境的其中一个考察维度。因子 1 的因子载荷为 0.547～0.698,解释变异量为 16.365%。

因子 2:项目 16、17、18、19 为第二主成分,命名为"辅导员与学生的阅读互动",该因子涉及辅导员对学生的阅读推荐、阅读指导和阅读分享等,是阅读互动的一个考察维度。因子 2 的因子载荷为 0.662～0.904,解释变异量为 14.366%。

因子 3:项目 9、10、11、12 为第三主成分,命名为"图书馆软硬件",该因子涉及图书馆的阅读环境、阅读方式、书籍种类和阅读服务,是阅读环境的另一个考察维度。因子 3 的因子载荷为 0.744～0.811,解释变异量为 11.384%。

因子 4:项目 20、21、22 为第四主成分,命名为"同伴阅读互动",该因子涉及大学生同伴之间的阅读推荐和阅读分享等,是阅读互动的第二个考察维度。因子 4 的因子载荷为 0.764～0.879,解释变异量为 10.256%。

因子 5:项目 13、14、15 为第五主成分,命名为"教师与学生的阅读互动",该因子涉及专业教师对学生的阅读推荐、阅读指导和阅读分享等,是阅读互动的第三个考察维度。因子 5 的因子载荷为 0.760～0.803,解释变异量为 9.941%。

由此可见,正式调研数据的因子分析结果与预调查萃取的因子维度一致。此外,观察表 4-4 旋转后的因子载荷矩阵,可以发现 22 个题目都仅仅只在某一主成分上的载荷比较大,表明问卷的每一个题目都是有效的。

二、样本特征[①]

问卷调查收集了样本学生的年级和院校类型、性别和生源地类型(城乡差异)、专业类型、宗教信仰以及对阅读重要性的认知等个人特征信息。

(一)样本学生年级和院校类型等构成

在 1004 份有效样本中,大一学生为 65 人,占 6.5%,大二学生为 317 人,占 31.6%,大三学生为 370 人,占 36.9%,大四学生为 252 人,占 25.1%;"985 工程"院校学生为 191 人,占 19.0%,浙江省重点建设高校学生为 587 人,占 58.5%,一般本科院校学生为 226 人,占 22.5%(见表 4-5)。

---

① 查颖.文科大学生阅读问卷调查分析:对浙江省 1004 名大学生的调查[J].中国高教研究,2016(11):65.

表 4-5　年级和院校类型交叉分布

| 年级 | "985 工程"院校 | 浙江省重点建设高校 | 一般本科院校 |
	样本数(百分比)	样本数(百分比)	样本数(百分比)
大一	44(23.0%)	0(0.0%)	21(9.3%)
大二	60(31.4%)	179(30.4%)	78(34.5%)
大三	58(30.4%)	204(34.8%)	108(47.8%)
大四	29(15.2%)	204(34.8%)	19(8.4%)
合计	191(100.0%)	587(100.0%)	226(100.0%)

(二)样本学生性别、生源地类型等构成

参与问卷调查的大学生,男生 281 人,占 28.0%;女生 723 人,占 72.0%。来自农村的学生 219 人,占 21.8%;来自乡镇的学生 98 人,占 9.8%;来自县级市或县城的学生 327 人,占 32.6%;来自地级市的学生 195 人,占 19.4%;来自直辖市或省会城市的学生 165 人,占 16.4%。学生干部 537 人,占 53.5%;非学生干部 467 人,占 46.5%。中共党员(含预备党员) 183 人,占 18.2%;入党积极分子 275 人,占 27.4%;共青团员 528 人,占 52.6%;其他学生 18 人,占 1.8%(见表 4-6)。

表 4-6　样本性别、生源地类型等特征值分布

项目		样本数	百分比/%
性别	女性	723	72.0
	男性	281	28.0
生源地	城市生源	360	35.9
	县、镇、农村生源	644	64.1
专业类型	人文科学类	330	32.9
	社会科学类	674	67.1
学生身份	学生干部	537	53.5
	非学生干部	467	46.5
政治面貌	党员	183	18.2
	非党员	821	81.8

（三）样本学生专业构成

文学类学生 281 人,占 28.0%;经济学类学生 221 人,占 22.0%;管理学类学生 211 人,占 21.0%;法学类学生 141 人,占 14.0%;教育学类学生 100 人,占 10.0%;历史学类学生 40 人,占 4.0%;哲学类学生 10 人,占 1.0%（见图 4-1）。

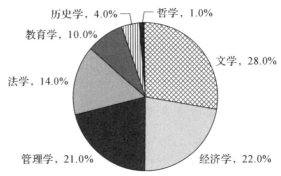

图 4-1　调查样本专业分布

（四）样本学生的宗教信仰构成

无宗教信仰的学生 907 人,占 90.3%;信仰佛教、基督教等宗教的学生 97 人,占 9.7%（见图 4-2）。

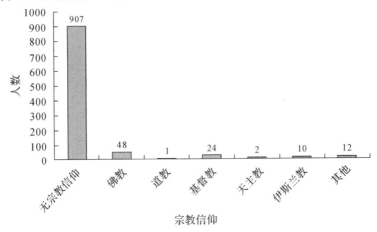

图 4-2　调查样本宗教信仰状况分布

（五）样本学生对阅读重要性的认同度

2009 年,梁春芳等人对杭州 16 所本科高校 640 位大学生的阅读状况进行调查时发现,有高达 92.2% 的学生认为大学期间阅读是"重要"和"比较重要"的。[①] 本书的研究获得了与他们的研究基本一致的调查结果,分别有50.9％和48.0％的学生认为阅读是"非常重要"和"重要"的(见图4-3)。以上数据说明大学生群体对阅读重要性的认同程度相当高,具有阅读参与的良好认知基础。

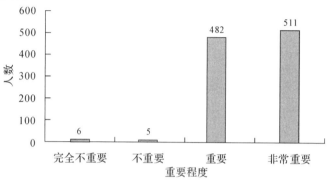

图 4-3　大学生对阅读重要性的认同程度

第二节　大学生阅读参与及大学阅读支持现状[②]

大学生的阅读参与水平是对阅读与大学生发展相关性进行分析的基础。本节是对大学生阅读参与现状调研结果的描述,对大学生"读什么"、"读多少"和"怎么读"三个问题做出回答,同时呈现大学生所感知的大学阅读环境和阅读互动现实,反映了当下本科高校文科大学生的阅读参与特点和大学的阅读支持状况。

一、大学生的阅读内容

(一)大学生的阅读内容类型

根据前期调查的情况,本书将大学生的阅读内容划分为五大类型。调查结果显示,以阅读经典著作为主的大学生仅占8.7％,16.0％的大学生以阅读专业类书籍为主,16.7％的大学生以阅读休闲娱乐类书籍为主,29.1％

---

①　梁春芳.大学生读什么书:杭州16所本科高校大学生阅读状况调查[J].中国出版,2009(4):49.

②　查颖.文科大学生阅读问卷调查分析:对浙江省1004名大学生的调查[J].中国高教研究,2016(11):65-69.

的大学生以阅读文学作品为主,而选择各类书籍平衡型的大学生占据首位
(29.5%)(见图 4-4)。以上数据说明大学生在阅读内容上倾向于多领域平
衡,文学作品阅读在大学生中占据稳定的地位,这有利于大学生拓宽视野和
提升人文素养。

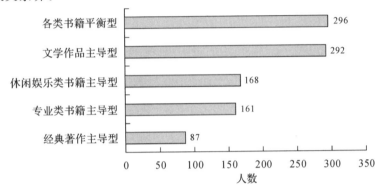

图 4-4　大学生阅读内容类型

(二)大学生的经典阅读

从上文关于大学生阅读内容类型的分析结果可以发现,只有 8.7% 的大
学生以阅读经典著作为主,这个事实不仅反映了当下大学生对经典阅读的
匮乏,同时也反映了大学在人才培养过程中有效引导大学生阅读经典的不
足。但是在回答"经典著作阅读是否对大学生的成长和发展起重要作用"
时,分别有 62.3% 和 32.6% 的学生认为经典阅读起"重要"和"非常重要"的
作用(见图 4-5),这比 2009 年梁春芳等人对杭州大学生的经典阅读认同度
调查结果(78%)有了很大的提升。[①] 这是一个非常矛盾的现象,即大学生们
已明确认识到经典阅读对自身发展的重要性,但在实际的阅读行为中却对
经典著作逐渐疏远。

调查还发现,关于"已读过的经典著作",59.6% 的大学生仅列出 1～3
部,罗列出最多的有 17 部。本次调查大学生共列出经典著作 460 余部,其
中排在前十位的依次是《红楼梦》《钢铁是怎样炼成的》《三国演义》《简·爱》
《傲慢与偏见》《西游记》《百年孤独》《飘》《水浒》《平凡的世界》。这说明中外
文学名著依旧受到广大学生的关注与青睐。大学生罗列出的其他经典阅读

---

① 梁春芳.大学生读什么书:杭州 16 所本科高校大学生阅读状况调查[J].中国出版,
2009(4):52.

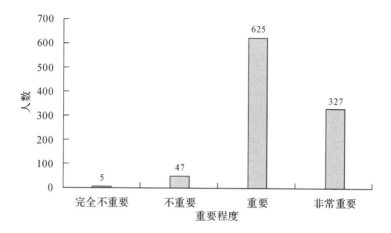

图 4-5　大学生对阅读经典著作重要性的认同程度

书目包括《论语》《周易》《道德经》《孙子兵法》《诗经》《史记》《资治通鉴》《荷马史诗》《社会契约论》《理想国》《君主论》《爱弥儿》《教育漫话》《梦的解析》《资本论》《国富论》《瓦尔登湖》《罪与罚》等,但这些经典著作的阅读频次明显偏低。

　　从总体上看,尽管大学生充分认同经典著作并有一定程度的涉猎,但阅读率明显偏低,知行不一现象十分突出。如第一章所述,经典阅读是大学生阅读之根本,在大学生的成长和发展中发挥重要的作用。经典阅读也是美国本科生教育的重要经验,哈佛大学的经典书目、哥伦比亚大学的本科生核心课程"西方文学名著"(masterworks of Western literature)以及美国高校以"西方世界伟大著作"为中心的阅读运动(great books movement),无一不显示了经典阅读在大学生阅读中的核心地位。由此可见,倡导并指导大学生阅读经典已经成为大学迫切需要解决的问题。

二、大学生的阅读数量

(一)大学生的书籍年阅读量

　　从大学生每年的书籍(包括纸质书籍和电子书籍)阅读数量看,少于 3 本的学生占 21%,而 46% 的学生会读 3～8 本书,读 9～15 本书的占 25%,年阅读量大于 15 本的学生仅占 8%(见图 4-6)。

(二)大学生的周阅读时间

　　就周阅读时间而言,仅 8% 的学生每周阅读时间大于 6 小时,36% 的学生每周阅读时间为 4～6 小时,41% 的学生每周阅读时间为 1～3 小时,而每

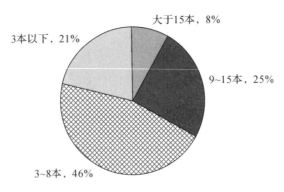

图 4-6　大学生书籍年阅读量

周阅读时间少于 1 小时的学生也占 15%（见图 4-7）。调研结果表明，相对于美国文科大学生每周至少 500 页的阅读量而言①，我国大学生无论是年阅读量还是周阅读时间都相对较少，有待于进一步提升。

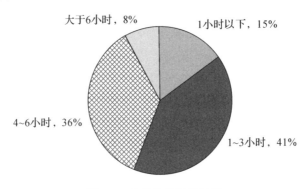

图 4-7　大学生周阅读时间

（三）大学生的阅读计划

阅读计划有利于大学生阅读习惯的养成，增加阅读数量和提升阅读能力。调研发现，尽管 44% 的大学生表示有阅读计划，但能按计划实施的仅占 11%，而 21% 的大学生则根本没有阅读计划（见图 4-8）。以上数据表明，高达九成的大学生"没有"或"偶尔有"阅读计划或者有计划也"很少能做到"，这进一步证实了大学生阅读数量偏少的事实。

综合来看，大学生的阅读数量明显偏少，与大学生的群体特征和学习任务极为不符。如第一章所述，大学生无论是其生理、思维和心理特征，还是

---

① 朱永新.阅读的力量："天下第一件好事还是读书"[J].图书馆杂志,2014(4):14.

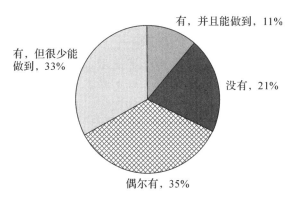

图 4-8　大学生阅读计划情况

其面临的成长为某种专门人才的发展任务,都表明本科阶段是阅读的黄金期,大学生应在这一黄金期抓紧时间阅读,增加阅读"量",提升阅读"质",为以后的发展打下牢固的基础。

三、大学生的阅读方式

(一)大学生的阅读方式类型

本书将大学生的阅读方式划分为三大类型。调研发现,选择纸质阅读和电子阅读平衡型的大学生占 38.7%,在阅读方式中占据首位,纸质阅读主导型(35.8%)以微弱劣势位居第二,而选择电子阅读主导型(25.5%)的大学生最少(见图 4-9)。一般认为大学生的阅读方式会以深受年轻人喜爱的电子阅读为主,但实际上仅四分之一的大学生以电子阅读为主。

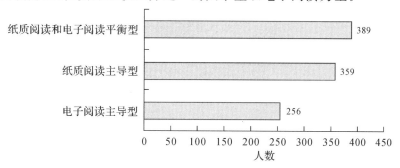

图 4-9　大学生阅读方式类型

(二)手机阅读

进一步调查发现,在以电子阅读为主要阅读方式的大学生中,经常使用手机阅读的占 75.0%，经常使用电子阅读器阅读的占 16.8%，经常使用电脑阅读的占 8.2%，手机阅读方式遥遥领先。尽管以上结果未包括选择纸质阅读主导型以及纸质阅读和电子阅读平衡型的大学生使用手机阅读的比例，但手机阅读方式在大学生中的覆盖率已可见一斑。

四、对大学阅读环境的评价

（一）阅读推广活动

调查结果显示，在大学中"经常有"与阅读相关的校园文化活动的仅占 15.9%，"有时有"占 51.0%（见图 4-10）；读书节活动"经常有"和"有时有"分别占 17.6% 和 51.2%。以上两组数字非常接近，表明目前大学在第二课堂中开展了一些阅读推广活动。进一步调查发现，仅有 2.2% 的大学生经常参加读书节活动，而高达 74.8% 的大学生则从不或很少参加。这说明尽管大学开展了读书节活动，但仍需不断提升读书节的质量和吸引力，以真正推动大学生阅读。

此外，大学在第一课堂中可供全校学生选学的阅读指导课程"经常有"占 11.8%，"有时有"占 31.6%，均低于在第二课堂组织的阅读活动的相应比例。由此可见，大学在人才培养过程中以课程方式进行的阅读推广仍相当匮乏。

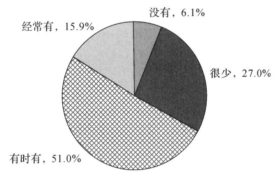

图 4-10　与阅读相关的校园文化活动

（二）读书会

读书会是以阅读为核心的组织，在大学中最为常见而且也应该最为普遍，其组织者一般包括学校、学院相关部门和班级、社团等组织以及教师、学生等个人。

　　调查发现：由学校、学院、社团以及教师个人等组织的读书会"经常有"占 20.8％，"有时有"占 41.0％；由学生自发形成的读书会"经常有"占 8.8％，"有时有"占 34.7％。上述数据表明，大学比较重视组织读书会，但曾在 20 世纪 80 年代大学生中广泛存在的出于阅读兴趣和阅读热情、由学生自发形成的读书会的比例则明显偏低。更令人担忧的是，不管是校方组织的读书会还是学生自发形成的读书会，大学生"经常"参加的比例都比较低，分别仅占 2.7％和 1.7％，而高达 48.1％和 54.1％的大学生"从不"参加读书会（见图 4-11）。尽管大学生的阅读推动并不是只有参加读书会活动一条路径，但以上数据仍然清晰表明当前大学的阅读环境正遭受到前所未有的冲击与挑战。

　　进一步调查发现，参加读书会的大学生普遍认为读书会带给他们的最大感受和启发是"能够拓展视野，加深思考，能够从交流中获得不同的阅读感受与体会"等。由此可见，虽然"经常"参加读书会的大学生比例不高，但读书会确实促进了这些大学生的成长和发展。

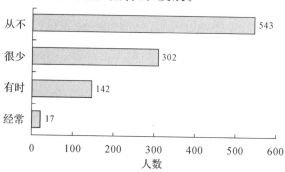

图 4-11　大学生参加由学生自发组织的读书会情况

（三）大学图书馆软硬件

　　大学图书馆，毫无疑问是大学生阅读最集中的场所，本书的调查结果也证实了这个基本判断。在大学生"喜欢的阅读地点"选项中，图书馆稳居第一。

　　关于图书馆的进一步调查发现，超过半数的大学生认为图书馆的阅读环境、提供的阅读方式（包括纸质阅读和电子阅读等设施）和书籍种类能"经常"满足阅读需求，但只有 36.8％的学生认为图书馆的阅读服务能"经常"满足阅读需求（见图 4-12）。以上数据表明，大学图书馆的软硬件建设基本上能够满足大学生的阅读需求，但是在阅读服务方面仍需不断加强。

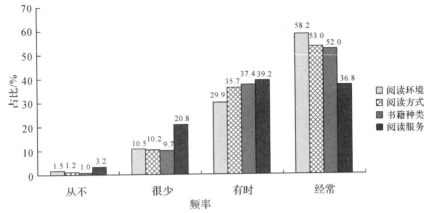

图 4-12　大学图书馆软硬件满足大学生阅读需要的情况

综合而言,无论是大学生自身还是大学校方,对阅读的关注度均不高,以致大学的整体阅读环境不容乐观。环境是影响人的发展的外在因素,在阅读视角下,大学阅读环境也影响着大学生阅读和大学生发展。因此大学应正视和反思自身的阅读环境,不断提升和增加校园阅读活动以及阅读课程的质和量,帮助大学生实现从"阅读认同"向"阅读参与"的跨越。

五、对大学阅读互动的感知

大学阅读互动主要包括师生阅读互动和同伴阅读互动,前者包括专业教师及辅导员对学生在课堂内外进行的阅读推荐、阅读指导和阅读分享,后者指大学生之间的阅读推荐和阅读分享等。

(一)师生阅读互动

本书分别调查了专业教师及辅导员与大学生的阅读互动情况。

1. 专业教师与学生的阅读互动

36.8%的学生表示教师会"经常"推荐阅读书目,12.1%的学生表示教师会"经常"进行阅读指导,16.2%的学生表示教师会"经常"进行阅读分享(见图 4-13)。由此可见,专业教师与大学生的阅读互动非常少且较多停留在推荐阅读书目上。而本书关于大学生阅读困惑的调查结果显示,居于首位的阅读困惑是"不知道读什么",其次是"不知道怎么读",这表明本科大学生的阅读特别是专业阅读和经典阅读在客观上需要教师的引入和指导。但大学教师在师生阅读互动上的投入显然不够,这个现象应引起大学的足够关注。

2. 辅导员与学生的阅读互动

调查发现,辅导员与大学生的阅读互动则更令人担忧,只有 6.1%的学

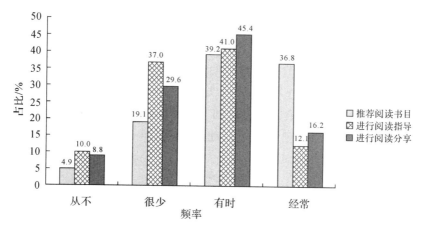

图 4-13 专业教师与大学生阅读互动情况

生表示辅导员会"经常"推荐阅读书目,4.8%的学生表示辅导员会"经常"进行阅读指导,5.3%的学生表示辅导员会"经常"进行阅读分享(见图 4-14)。虽然辅导员与专业教师的职责不同,但在大学生的成长和发展中担任着重要的角色,是与大学生最为亲密的"人生导师",在客观上对大学生的成长和发展起着潜移默化的作用。但令人遗憾的是,在辅导员与大学生的各种频繁互动中,阅读互动处于边缘地带,甚至成为被遗忘的角落,这个现象也应引起大学的足够关注。

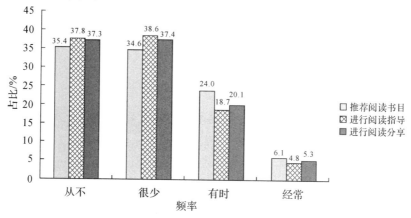

图 4-14 辅导员与大学生阅读互动情况

由此可见,在大学师生的阅读互动中,教师(包括辅导员)与大学生的参与和投入都相当匮乏,这显然不利于推动大学生的阅读。

（二）同伴阅读互动

较之师生阅读互动，大学生同伴阅读互动的频次总体有所提升。22.7％的大学生"经常"与同学进行阅读推荐，16.6％的大学生"经常"对同学进行阅读心得与体会分享，但半数大学生与同学的阅读推荐和阅读分享处于"有时"状态（见图4-15）。由此可见，大学生同伴之间的阅读互动总体还不错，但"经常"与同学进行阅读互动的大学生比例仍偏低，有待提升。

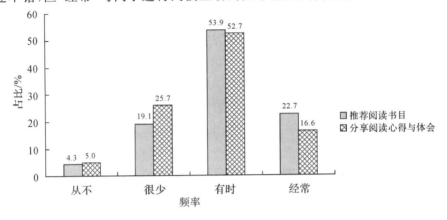

图4-15　大学生同伴阅读互动情况

需要说明的是，本节是关于大学生阅读参与及大学阅读支持现状调查结果的描述性分析。本书将在下面两节运用量化研究方法，进一步对大学生阅读参与水平的影响因素以及阅读参与水平与大学生发展的相关性等问题进行探讨。

第三节　大学生阅读参与水平的影响因素

一、大学生阅读参与水平的影响因素模型

大学生阅读参与水平是从阅读数量、阅读内容和阅读方式三个方面进行考量的，因此下面将按照这三个方面的维度分别分析影响大学生阅读参与水平的因素。为了检验个体特征因素、大学阅读环境和大学阅读互动分别如何作用于阅读参与水平，影响因素模型分别拟合三个层次——只有个体特征因素、个体特征因素加大学阅读环境、个体特征因素加大学阅读环境

以及阅读互动,探究其对大学生阅读参与水平的影响。

　　根据上述分析,将阅读参与水平的三个维度作为因变量,进行回归分析。由于阅读数量属于连续变量,所以采用多元回归分析,而阅读内容和阅读方式属于分类变量且无序,所以采用无序多分类 Logistic 回归分析,采用强制进入法使变量进入方程,并剔除缺失变量值的样本。

　　统计结果显示,个体特征因素、大学阅读环境和大学阅读互动对大学生阅读参与水平三个方面的影响是不同的,而且模型全局性检验也有统计学意义。-2Log Likelihood(－2LL)等指标显示三个综合模型拟合度可接受,Nagelkerke R^2 指标说明整个模型的解释能力一般。具体数据如表 4-7所示。

表 4-7　大学生阅读参与水平的回归分析

模型 1							
自变量	阅读数量	阅读内容				阅读方式	
		1	2	3	4	1	2
性别	0.028	0.473*	−0.104	0.720**	−0.084	−0.097	0.093
城乡差异	0.059	0.284	0.067	0.181	0.285	0.022	0.047
政治面貌	0.053	−0.723***	−0.081	0.102	0.321	0.030	0.421*
学生身份	−0.047	0.361	0.100	0.399	0.496**	−0.006	−0.111
专业类型	0.170***	0.221	−0.824***	−0.446	0.247	0.040	0.145
高中学校类型	0.002	−0.257	−0.526**	0.026	−0.054	−0.074	0.245
宗教信仰	−0.029	−0.198	0.013	0.394	0.232	−0.199	0.172
对阅读重要性的认知	0.315***	−0.114	−0.099	−0.092	−0.464**	0.120	−0.337***
F	21.914***						
R^2	0.144						
Model χ^2	123.490***					45.332***	
−2LL	1407					906.813	
Nagelkerke R^2	0.122					0.05	

模型 2							
自变量	阅读数量	阅读内容				阅读方式	
		1	2	3	4	1	2
性别	0.031	0.522*	−0.086	0.728**	−0.062	−0.087	0.106
城乡差异	0.038	0.246	0.038	0.153	0.24	0.023	0.029
政治面貌	0.037	−0.694**	−0.059	0.118	0.338	0.029	0.415*
学生身份	−0.057	0.366	0.115	0.393	0.503*	−0.017	−0.102
专业类型	0.143***	0.229	−0.825***	−0.387	0.199	−0.022	0.062
高中学校类型	0.014	−0.296	−0.562**	−0.018	−0.024	−0.063	0.272

续表

自变量	阅读数量	阅读内容				阅读方式	
		1	2	3	4	1	2
宗教信仰	−0.017	−0.233	−0.001	0.377	0.307	−0.210	0.171
对阅读重要性 的认知	0.304***	−0.150	−0.129	−0.084	−0.473***	0.110	−0.329***
阅读推广活动	−0.003	−0.257	−0.051	−0.062	−0.194	−0.125	−0.032
有效读书会	0.176***	0.190	0.015	0.052	−0.167	0.014	−0.102
图书馆软硬件	−0.008	0.149	0.061	−0.127	0.008	0.039	−0.058
F	19.269***						
R^2	0.170						
Model χ^2		145.886***				50.548***	
−2LL		2832				2085	
Nagelkerke R^2		0.144				0.056	

模型3

自变量	阅读数量	阅读内容				阅读方式	
		1	2	3	4	1	2
性别	−0.012	0.453*	−0.085	0.771**	−0.033	−0.093	0.081
城乡差异	0.045	0.252	0.054	0.158	0.233	0.013	0.029
政治面貌	0.023	−0.755**	−0.066	0.141	0.358	0.003	0.404*
学生身份	−0.062*	0.357	0.136	0.395	0.493*	−0.024	−0.110
专业类型	0.127***	0.282	−0.772***	−0.354	0.215	0.005	0.061
高中学校类型	0.018	−0.290	−0.582**	−0.034	−0.047	−0.037	0.278
宗教信仰	−0.021	−0.289	−0.012	0.388	0.323	−0.234	0.165
对阅读重要性 的认知	0.266***	−0.100	−0.124	−0.105	−0.487***	0.122	−0.318***
阅读推广活动	−0.036	−0.208	−0.054	−0.070	−0.190	−0.107	−0.018
有效读书会	0.138***	0.219	−0.005	0.025	−0.179	0.026	−0.090
图书馆软硬件	−0.027	0.150	0.051	−0.146	−0.002	0.043	−0.052
专业教师与学生 阅读互动	0.030	0.218	0.146	0.063	0.008	0.104	0.019
辅导员与学生 阅读互动	−0.051	−0.066	0.049	−0.033	−0.064	−0.119	−0.029
同伴阅读互动	0.252***	−0.305**	−0.016	0.117	0.069	−0.090	−0.078
F	21.132***						
R^2	0.223						
Model χ^2		166.002***				54.835**	
−2LL		2832				2097	
Nagelkerke R^2		0.163				0.061	

*代表 $p<0.05$；**代表 $p<0.01$；***代表 $p<0.001$。

在模型 1 中,只有个体特征变量组进入模型,在阅读数量和阅读方式中,个体特征变量组的解释能力较弱,阅读数量的 R^2 为 0.144,阅读方式的 Nagelkerke R^2 为 0.05,小于 0.1;而对阅读内容来说,个体特征变量组的解释能力相对较强,Nagelkerke R^2 为 0.122,说明个体特征变量对大学生阅读内容产生的影响作用相对较强。

在模型 2 中,加入了大学阅读环境变量,但对整个模型解释能力的提升作用很有限,阅读数量的 R^2 为 0.170,阅读方式的 Nagelkerke R^2 为 0.056,解释能力虽有所提升但仍然较弱,阅读内容的 Nagelkerke R^2 为 0.144。

在模型 3 中,加入了专业教师与学生的阅读互动、辅导员与学生的阅读互动和大学生同伴阅读互动等变量,该变量组对大学生阅读参与水平的影响在统计上显著,而且对模型拟合程度也有贡献,Nagelkerke R^2 和 R^2 均有所提升,但是对阅读方式的解释能力仍然较弱。

在 0.05 显著水平下,进入阅读数量全局模型的自变量依次是:学生身份、专业类型、对阅读重要性的认知、有效读书会、同伴阅读互动。在阅读数量全局模型中,最大的影响因素是学生对阅读重要性的认知,即认为阅读越重要的大学生,其阅读数量越多;其次是同伴阅读互动,即大学生同伴之间的阅读互动越频繁,大学生的阅读数量越多;再次是大学举行的有效读书会,即大学开展的有效读书会(学生参与度高的读书会)越多,学生的阅读数量就越多。此外,在学生的专业类型中,较之社会科学类,人文科学类的大学生阅读数量更多;较之学生干部,非学生干部的大学生阅读数量更多。

在 0.05 显著水平下,进入阅读内容全局模型的自变量依次是:性别、政治面貌、学生身份、专业类型、高中学校类型、对阅读重要性的认知、同伴阅读互动。在阅读内容全局模型中,最大的影响因素是学生的专业类型,社会科学类大学生的阅读内容更倾向于文学作品主导型。此外,女大学生的阅读内容更倾向于经典著作主导型和专业类书籍主导型;非党员大学生的阅读内容更倾向于专业类书籍主导型;毕业于重点或示范性高中大学生的阅读内容更倾向于文学作品主导型;学生干部的阅读内容更倾向于休闲娱乐类书籍主导型;认为阅读越重要的大学生,越少阅读休闲娱乐类书籍;大学生同伴之间的阅读互动越频繁,大学生阅读的专业类书籍越少。

在 0.05 显著水平下,进入阅读方式全局模型的自变量依次是:政治面貌、对阅读重要性的认知。在阅读方式全局模型中,只有政治面貌和对阅读重要性的认知两个因素影响显著。党员大学生的阅读方式更倾向于电子阅读主导型;认为阅读越重要的大学生,越少采用电子阅读方式。

二、个体特征因素影响分析

个体特征对大学生阅读参与水平的影响具体如下。

（一）对阅读重要性的认知对大学生的阅读数量、阅读内容和阅读方式有显著影响

帕斯卡雷拉和特莱赞尼在对各种学生发展理论和模型以及重大实证研究进行总结后认为，当前关注学生的人口学特征和家庭社会经济背景特征的理论的局限是忽略了大学生对接受高等教育在智力、学术和心理上的准备和适应程度，如学生在认知上是否做好了大学生活准备等。[①] 因此本书在选取学生的个体特征时，将大学生对阅读的认知作为解释变量加入了模型中。大学生对阅读重要性的认同程度是长期积累的结果，与家庭和基础教育阶段的阅读教育和阅读经历密切相关，是学生在高等教育阶段参与阅读的心理准备程度。

研究发现，对阅读重要性的认同程度全面影响大学生的阅读参与水平。数据显示，认为阅读越重要的大学生，其阅读数量越多，越少阅读休闲娱乐类书籍，越少采用电子阅读方式。由此可见，意识决定行为，大学生对阅读重要性的认同程度越高，其阅读参与水平也越理想，既能保证阅读数量，又能理性选择阅读内容和阅读方式。

（二）专业类型对大学生的阅读数量和阅读内容有显著影响

人文科学各专业的学生阅读数量更多，这可能与专业特征相关，人文科学各专业在学生培养过程中对阅读量的要求更高。而社会科学各专业的学生更倾向于阅读文学作品，这可能是因为对社会科学类的大学生而言，文学作品比专业阅读更具吸引力。但在专业类书籍、经典著作和休闲娱乐类书籍的阅读上，不同专业没有显著差异。

此外，专业类型对阅读方式的影响不显著。

（三）高中学校类型对大学生的阅读内容有显著影响

高中学校类型是本书测量学生入学前学业资质的替代指标，是学生对接受高等教育在学习和心理等方面的准备，也是上文帕斯卡雷拉和特莱赞尼所指出的当前在关注学生的人口学特征和家庭社会经济背景特征中存在

---

① 转引自：朱红. 个性化深度辅导与首都大学生发展的实证分析[J]. 北京大学教育评论，2010(1)：50.

的理论局限。同时,受朱红在深度辅导与大学生发展的实证研究中的相关设计启发[①],本书也将大学生的高中学校类型作为解释变量加入了模型中,作为学生在大学阶段参与阅读的智力和心理准备特征。

数据显示,大学生高中阶段就读的学校类型显著影响阅读内容,重点或示范性高中毕业的学生更倾向于阅读文学作品。这可能是由于重点或示范性高中比普高和中等职业学校更重视引导学生阅读文学作品,进而使学生养成了文学作品阅读习惯。

但高中学校类型对阅读数量和阅读方式的影响不显著。这可能是由于高考压力的现实存在,高中阶段的学校并不鼓励甚至限制学生的课外阅读,在共同的压力面前重点或示范性高中与普通高中并无区别。

(四)学生身份对大学生的阅读数量和阅读内容有显著影响

数据显示,非学生干部的大学生阅读数量更多,而学生干部的阅读内容更倾向休闲娱乐类书籍。一方面,这可能与学生干部社会工作比较繁忙、工作压力比较大有关,他们可能把阅读休闲娱乐类书籍作为放松身心的主要方式。另一方面,由于本书将报纸归属为休闲娱乐类,样本学生中学生干部为537人,其中阅读内容选择休闲娱乐类书籍主导型的为73人,占学生干部总人数的13.6%。进一步统计发现,在以休闲娱乐类书籍阅读为主的学生干部中,有时或者经常阅读报纸的学生人数为24人,占总人数的32.9%。学生干部比较关心时政,这可能也是其阅读内容更倾向休闲娱乐类书籍的原因之一。

此外,是否为学生干部对阅读方式的影响不显著。

(五)政治面貌对大学生的阅读内容和阅读方式有显著影响

数据显示,非党员大学生更倾向于阅读专业类书籍。同时,党员大学生更倾向于选择电子阅读方式,这可能与当下高校党建工作十分强调运用现代传媒新手段新方法以及建设党建工作网络新阵地的实践等有关。

但大学生的政治面貌对阅读数量的影响不显著。

(六)性别对大学生的阅读内容影响存在差异

男生和女生在阅读内容上存有差异,集中表现在女生更倾向于阅读经典著作和专业类书籍,这可能与大多数女大学生更注重学习成绩、专业学习

① 朱红.个性化深度辅导与首都大学生发展的实证分析[J].北京大学教育评论,2010(1):50.

更努力以及女生更关注自身修养和气质的提升等有关。但在文学作品、休闲娱乐类书籍的阅读上,男女生之间没有显著差别。

此外,男生和女生在阅读数量和阅读方式上没有显著差异。

（七）城乡差异和宗教信仰对大学生的阅读数量、阅读内容和阅读方式没有显著影响

城乡差异和宗教信仰对阅读参与水平的三个维度影响均不显著。城乡差异和宗教信仰主要反映的是大学生的家庭经济和社会文化特征,也就是说家庭的经济和社会文化特征对大学生的阅读数量、阅读内容和阅读方式影响不明显。

综合而言,个体特征影响大学生的阅读参与水平。对阅读重要性的认知、专业类型、高中学校类型、学生身份、政治面貌、性别等个体特征影响大学生的阅读数量、阅读内容和阅读方式。但城乡差异和宗教信仰对大学生的阅读参与水平没有显著影响。

三、大学阅读环境影响分析

大学阅读环境对学生阅读参与水平的影响只表现在阅读数量上,也就是说,阅读环境对大学生的阅读内容和阅读方式没有显著影响。

（一）有效读书会对大学生的阅读数量有显著影响

读书会活动是大学校园阅读活动的重要组成部分。数据显示,有效读书会显著影响大学生的阅读数量,即大学举办的读书会越多并且学生参与度越高,学生的阅读数量就越多。这里所说的有效读书会,指的是学生参与程度高的读书会,问卷中该项的各题总分越高,表示学校举办的读书会越多,并且学生的参与程度也越高。

大学举办的有效读书会与大学生的阅读数量显著正相关,这可能与有效读书会开展活动的特征有关。首先,尽管大学校园中的读书会开展阅读活动的形式各不相同,但基本都会进行阅读推荐、讨论和分享等,而参与这些活动必须建立在有一定阅读量的基础上。其次,读书会一般都是定期开展活动,定期性的特点进一步督促和保证了参与者的阅读数量。再次,有效读书会是学生参与程度高的读书会,这说明大学中的有效读书会对大学生真正具有吸引力,学生是自觉自愿、出于阅读兴趣甚至被激发了阅读热情而参与的,自然就会积极主动参加读书会的各项活动,阅读数量的提升也是必然结果。

但读书会对大学生的阅读内容和阅读方式影响不显著,这可能与当下大学的读书会缺乏教师的指导有关。调研显示,大学中由教师组织的读书会比较少,而是以学生社团组织的读书会为主,后者缺乏教师的介入和指导,阅读活动的质量难以保证,自然也无法有效地引导大学生选择更好的阅读内容和阅读方式。

(二)阅读推广活动以及对图书馆软硬件的满意程度对大学生的阅读数量、阅读内容和阅读方式都没有显著影响

阅读推广活动也是大学校园阅读活动的重要组成部分。数据显示,大学的阅读推广活动和学生对学校图书馆软硬件的满意程度均不会显著影响阅读参与水平的任何一个维度。这可能与当下大学的阅读推广活动实效欠佳、学生参与面不广以及大学生对图书馆的需求多样化等原因有关。

综合而言,阅读环境影响大学生的阅读数量,但在大学阅读环境的三个变量中,只有大学开展的有效读书会一个变量显著影响大学生的阅读数量。帕斯卡雷拉的大学生变化评定模型指出,高校环境直接影响学生的努力程度(包括努力的数量和质量)。① 此观点在阅读视角下的中国大学生身上也得到部分证实,即大学的阅读环境影响大学生在阅读参与中付出努力的数量。

四、大学阅读互动影响分析

大学阅读互动对学生阅读参与水平的影响存有差异。

(一)同伴阅读互动对大学生的阅读数量和阅读内容有显著影响

国内相关研究发现,通过与同辈之间的交往互动,大学生的学习参与度会得到积极提升。② 本书在阅读视角下也发现,大学生同伴之间的阅读互动会提升学生的阅读参与水平(阅读数量)。

数据显示,大学生同伴之间的阅读互动越频繁,大学生的阅读数量越多,大学生阅读的专业类书籍越少。这应该是大学生同伴之间相互影响而产生的"共振"效应在阅读中的体现,同伴之间的阅读推荐和阅读分享可以

---

① Pascarella E T, Terenzini P T. How college affects students: a third decade of research [M]. San Francisco: Jossey-Bass Publishers, 2005:56-57.

② 朱红.高校学生参与度及其成长的影响机制:十年首都大学生发展数据分析[J].清华大学教育研究,2010(6):39-43.

提升大学生的阅读数量。但研究发现也表明专业类书籍在大学生同伴之间的阅读互动中处于边缘地带,大学生互相推荐和分享的基本是专业类以外的书籍,这类书籍的阅读数量提升了,专业类书籍的阅读数量相对就减少了,这可能与大学在学生培养过程中对专业阅读的重视、引导和指导不够有关。

此外,同伴阅读互动对大学生的阅读方式影响不显著。

(二)师生阅读互动对大学生的阅读数量、阅读内容和阅读方式都没有显著影响

国内相关研究发现,通过与教师、辅导员的交往互动,大学生的学习参与度会得到积极提升。[①] 但本书的研究发现,教师、辅导员与大学生之间的阅读互动对学生的阅读参与水平没有显著影响。

数据显示,无论是专业教师与学生的阅读互动,还是辅导员与学生的阅读互动,都没有显著影响大学生阅读参与水平的三个维度。这可能是由于当下师生阅读互动频次低、阅读互动基本只停留在阅读推荐阶段而导致的。

调研显示,教师经常进行阅读推荐、阅读指导和阅读分享的比例分别是 36.8%、12.1% 和 16.2%,而辅导员经常进行阅读推荐、阅读指导和阅读分享的比例则是 6.1%、4.8% 和 5.3%,这些数据从一定程度上解释了师生阅读互动对学生的阅读参与水平没有显著影响的原因。教师和辅导员对阅读互动的投入明显不足,并且主要形式是推荐阅读书目,阅读互动的频次低以及互动中阅读指导和阅读分享的贫乏致使大学生无法通过师生阅读互动提升阅读参与水平也就在情理之中了。

阅读互动影响大学生的阅读数量和阅读内容。但在大学阅读互动的三个变量中,只有同伴阅读互动一个变量显著影响大学生的阅读数量和阅读内容,专业教师与学生的阅读互动以及辅导员与学生的阅读互动对大学生的阅读参与水平都没有显著影响。

综上,假设 1 得到验证,即个性特征、大学阅读环境和大学阅读互动影响大学生的阅读参与水平。

---

① 朱红.高校学生参与度及其成长的影响机制:十年首都大学生发展数据分析[J].清华大学教育研究,2010(6):39-43.

第四节　阅读参与水平与大学生发展的相关性

一、大学生发展的有序 Logistic 回归模型

本书的大学生发展评价指标体系包括五方面的维度，即大学生价值观、知识获取与创新能力、认知思维能力、组织表达能力和心理品质的发展。研究将以上五方面维度的得分按照四分位数分为四个等级，分别是作用很小、作用较小、作用较大、作用很大，拟用有序 Logistic 回归对数据进行分析。首先进行平行性检验，五个维度的 p 值分别是 0.969、0.356、0.641、0.376、0.050，均大于或等于 0.05，满足进行有序 Logistic 回归的条件，故而可以进行有序 Logistic 回归分析。结果显示五个模型的卡方检验的显著性全部小于 0.0001，具有统计学意义。而且除了心理品质的 Pearson χ^2 检验 p 值小于 0.05 外，价值观、知识获取与创新能力、认知思维能力、组织表达能力的 Pearson χ^2、Deviance χ^2 检验和心理品质的 Deviance χ^2 检验 p 值均大于 0.05，假设被拒，说明模型拟合良好。Nagelkerke R^2 系数均大于 0.1，说明模型解释力尚可。这些指标表明模型拟合比较理想。

此外，本书还检验了个体特征、大学阅读环境和阅读互动是否会影响大学生的发展。

具体数据见表 4-8。

表 4-8　大学生发展的有序 Logistic 回归模型

自变量		价值观	知识获取与创新能力	认知思维能力	组织表达能力	心理品质
阅读数量		0.144*	0.261***	0.093	0.206**	0.384***
阅读内容	专业类书籍主导型	0.223	0.894***	0.090	−0.011	−0.219
	文学作品主导型	−0.450**	−0.357*	−0.247	−0.222	0.089
	经典著作主导型	−0.150	−0.204	0.046	−0.090	0.003
	休闲娱乐类书籍主导型	−0.042	−0.121	0.125	−0.157	−0.074
	平衡型（参照）	0.000	0.000	0.000	0.000	0.000

续表

	自变量	价值观	知识获取与创新能力	认知思维能力	组织表达能力	心理品质
阅读方式	纸质	−0.079	0.037	−0.185	0.071	0.010
	电子	−0.019	−0.167	0.000	0.010	−0.242
	平衡(参照)	0.000	0.000	0.000	0.000	0.000
个体特征	性别	0.466**	0.182	0.512***	0.236	0.332*
	城乡差异	−0.180	−0.245	−0.068	−0.025	0.047
	高中学校类型	0.075	−0.185	−0.222	0.011	0.288*
	专业类型	0.434**	0.572***	1.026***	0.484**	0.057
	政治面貌	−0.052	−0.332**	−0.157	−0.107	0.139
	学生身份	−0.168	−0.169	−0.177	−0.286*	−0.169
	宗教信仰	−0.214	−0.173	−0.258	−0.263	−0.015
	对阅读重要性的认知	0.316***	0.151*	0.156*	0.042	0.493***
大学阅读环境	图书馆软硬件	0.164**	0.199**	0.123*	0.065	0.117
	阅读推广活动	0.079	0.118	0.115	0.171*	0.077
	有效读书会	0.153	0.155	0.241**	0.141	0.050
大学阅读互动	专业教师与学生阅读互动	0.029	0.093	0.134*	0.094	0.029
	辅导员与学生阅读互动	0.017	0.010	−0.127	0.013	0.024
	同伴阅读互动	0.274***	0.251***	0.256***	0.343***	0.347***
	−2LL	2521.45	2466.73	2523.69	2561.64	2455.66
	Nagelkerke χ^2	0.151	0.193	0.151	0.133	0.231
	Pearson χ^2	0.185	0.302	0.397	0.381	<0.05
	Deviance χ^2	1.000	1.000	1.000	1.000	1.000
	Model χ^2	147.189***	193.67***	148.48***	129.97***	237.63***

*$p<0.05$;** $p<0.01$;*** $p<0.001$。省略了其他控制变量的回归系数。

二、阅读参与的数量、内容、方式与大学生发展

统计分析结果显示,在控制其他变量的情况下,阅读参与水平与大学生的价值观、知识获取与创新能力、组织表达能力和心理品质的发展显著正相关。学生参与理论指出,学生发展与其参与的数量和质量直接相关[①],此观点在阅读视角下的中国大学生身上也得到了证实。如前文所述,阅读数量反映的是大学生阅读参与的"量",阅读内容反映的是大学生阅读参与的"质",研究发现大学生发展与其阅读参与的数量和质量显著相关。

(一)阅读数量对大学生的价值观、知识获取与创新能力、组织表达能力和心理品质的发展有显著影响

学生参与理论代表人物阿斯廷的学生涉入理论指出,学生在有意义的活动中投入时间越长,付出努力越多,收获就越大。[②] 阅读显然是"有意义的活动",由此大学生在阅读中投入时间越长、数量越多,收获也越大。本书的发现证实了以上观点,即阅读数量与大学生的发展显著正相关。

数据显示,在大学生的阅读数量方面,在 0.001 水平下,知识获取与创新能力、心理品质模型显著;在 0.01 水平下,组织表达能力模型通过统计检验;在 0.05 水平下,价值观模型通过统计检验。但认知思维能力模型没有通过统计检验。

以上数据说明较大的阅读数量能够促进大学生在价值观、知识获取与创新能力、组织表达能力和心理品质方面获得提升,但是提升的程度不同,其中对心理品质的提升作用最大。研究发现证实了本书在第一章中关于"阅读帮助大学生获得知识发展、智慧提升和精神成长"的理论阐述。

1. 阅读数量与大学生的价值观发展显著正相关

研究发现,大学生的阅读数量越多,其价值观的提升程度越大,这是大学生阅读参与的数量促进其精神成长的体现。

阅读对个体价值观的影响也为古今中外的先哲和阅读研究学者所关注。孔子对阅读"六经"有如下阐释,"其为人也,温柔敦厚,诗教也;疏通知远,书教也;广博易良,乐教也;洁静精微,易教也;恭俭庄敬,礼教也;属辞比

---

① 鲍威.未完成的转型:高等教育影响力与学生发展[M].北京:教育科学出版社,2014:27.

② Astin A W. Student involvement: a developmental theory for higher education[J]. Journal of College Student Development,1999,40(5):518-529.

事,春秋教也"(《礼记·经解》)①,这段话说明了"六经"阅读对个体的教化功能。朱永新教授认为,个体的价值观早在童年的阅读中就悄悄潜伏,甚至决定了一个人精神成长的广度和深度。② 正如高尔基对书籍的比喻,每一本书都是一级阶梯,每爬上一级,就更接近美好的生活。阅读数量越多,意味着爬上的阶梯越多,因此个体的进步包括价值观的进步也就越大。本书针对大学生的研究也证实了阅读数量与大学生价值观的发展正相关。

本书的研究对大学生价值观的测量包括全球化意识和国际化视角、尊重和理解不同地区和社会文化背景的群体、诚信和社会规范意识、社会责任感、对重大政治事件的关心程度以及对重大社会事件的关心程度六个要素。以上要素的提升都能帮助大学生价值观的发展和精神成长,而大量持续的阅读仍是必经之路。

2. 阅读数量与大学生的知识获取与创新能力发展显著正相关

大学生的阅读数量越多,其知识获取与创新能力的提升就越大,这是大学生阅读参与水平在数量上促进其知识发展的体现。

在测量中,知识获取与创新能力具体包括专业学科基本理论的掌握、专业学科发展前沿的了解、专业学科领域的动手能力以及知识面和视野的拓展。由此可见,知识获取与创新能力既指专业知识学习能力,也包括专业之外知识的拓展能力;既指理论知识的获取,也包含在此基础上对知识的运用和创新。

研究结果表明,大学生投入阅读中的时间越多、数量越大,就越能促进其知识发展。学生参与理论的先驱拉尔夫·泰勒曾提出"学习任务所投入时间"的概念,该概念强调学生投入学习任务中的时间越多,学到的知识就越多。③ 显然,阅读是大学生重要的学习任务,而投入阅读中的时间越多,意味着大学生的阅读数量越多,学到的知识也越多。因此本书的研究结果证实了以上观点。

由此可见,大学生要获得专业知识、提升专业素养和拓展视野,真正成长为某种专门人才并得到全面发展,其专业阅读和通识阅读必须达到足够的数量,所谓"没读过几百本经典,不足以谈独立思考"。

---

① 曾祥芹.阅读学新论[M].北京:语文出版社,1999:241.

② 朱永新.我的阅读观[M].北京:中国人民大学出版社,2012:34.

③ 赵晓阳.基于学生参与理论的高校学生发展及其影响因素研究[D].天津:天津大学,2013:18—20.

3. 阅读数量与大学生的组织表达能力发展显著正相关

大学生的阅读数量越多，其组织表达能力的提升就越大，这正是大学生阅读参与水平在数量上促进其智慧提升的体现。

在测量中，大学生的组织表达能力具体包括理论性文章的写作能力、清晰有效的口头表达能力、与人相处和社会交往能力、外语听说和沟通能力以及组织领导能力。由此可见，组织表达能力既指组织领导能力和社会交往能力，也包括语言和书面表达能力。

阅读数量越多，意味着大学生接触到的各领域的知识越多，领略到的文字美、结构美、人物美和情境美越多，与"高尚的人谈话"越多，了解到的世界上各种不同的人生经历越多，智力开发的基础越厚实……从而大学生的语言储备就会更丰富，思想也会更深刻，不管是在口语交际还是在书面表达时，自然可以挥洒自如、旁征博引，口头表达和写作能力便得以不断提高。同时，大学生的知识增进、智能提升和品行修养的程度也随之提高，视野和心胸变得更开阔，获得的新思想、新知识和新方法更多，组织领导能力和社会交往能力也必然会随之提升。由此可见，大学生要促进组织表达能力的发展，大量的阅读是成功之道。

4. 阅读数量与大学生的心理品质发展显著正相关，并且在大学生各发展维度中对心理品质的提升程度最大

研究发现，大学生的阅读数量越多，其心理品质的发展越好，这表明大学生阅读参与的数量与其精神成长正相关。

大量、长期甚至一生的阅读可以帮助个体充盈心灵和丰厚精神，这已被国内外的阅读研究学者和心理研究学者证明。朱永新教授指出，没有阅读就没有一个人的心灵成长和精神发育，每一个精神充实的人，都会感谢生命中一直陪伴自己的书籍[①]。他还谈到，人来到世上是为了看两种风景——自然风景和精神风景，前者可以通过行万里路实现，后者则通过读万卷书来感受，人的一生腿能到达的地方是有限的，但阅读可以带领人们去无数的地方，精神的风景没有边界。[②] 哈佛大学心理学博士泰勒·本·沙哈尔认为，长期接受积极、正面的阅读可以帮助人们建立起积极的意识，发现、积累美

---

① 朱永新.我的阅读观[M].北京:中国人民大学出版社,2012:34.

② 朱永新.阅读的力量:"天下第一件好事还是读书"[J].图书馆杂志,2014(4):11.

德和能量并提升幸福感。[①] 本书的研究虽然以大学生为特定研究对象,但研究发现也证实了以上观点。

本书的研究对大学生心理品质的测量包含了持续的求知欲、终身学习的愿望、尊重事实和追求真理的品质、开放包容能力、敢于冒险能力以及充实和快乐的体验。这些要素的提升都能帮助大学生"精神成人",而大学生要提升心理品质的发展,充裕的阅读必不可少。

但是,量化研究没有发现阅读数量对大学生的认知思维能力发展有显著影响,这个结果恐怕会引起质疑。从理论分析看,阅读数量越多,意味着大学生接受的发现与解决问题能力、批判性思维、概括分析能力等训练越多,其认知思维能力也应得到有效发展。本书将在下一章运用质性研究方法进一步探索阅读与大学生认知思维能力发展的关系,以期对此有更为全面的评判。

(二)阅读内容对大学生的价值观、知识获取与创新能力的发展有显著影响

阿斯廷的学生涉入理论不仅关注大学生投入有意义活动中的时间数量,也关注其投入的质量,认为学生发展与学生参与的质和量直接相关。[②]本书的研究发现,在阅读视角下,大学生投入阅读的"质"即不同的阅读内容对大学生发展具有不同的影响。

数据显示,相对于各类书籍平衡型而言,阅读内容为专业类书籍主导型在 0.001 水平下显著影响大学生的知识获取与创新能力,以专业类书籍阅读为主的大学生在知识获取与创新能力[优势比为 $\exp(0.894)=2.44$]上的得分显著较大;阅读内容为文学作品主导型在 0.01 水平下显著影响大学生的价值观,在 0.05 水平下显著影响大学生的知识获取与创新能力,但以文学作品阅读为主的大学生在价值观[优势比为 $\exp(-0.450)=0.64$]和知识获取与创新能力[优势比为 $\exp(-0.357)=0.70$]上的得分显著较低;而阅读内容为经典著作主导型、休闲娱乐类书籍主导型和各类书籍平衡型均不能显著影响大学生发展的各个维度。

---

① 李筱梅,张永清,于虹. 阅读好书,对人心理健康机制的影响[J].科技创新导报,2013(18):247.

② Astin A W. Student involvement:a developmental theory for higher education[J]. Journal of College Student Development, 1999,40(5):518-529.

1. 阅读内容以专业类书籍为主与大学生知识获取与创新能力提升显著正相关

大学生的阅读内容越以专业类书籍为主，知识获取与创新能力的提升就越大，而且知识获取与创新能力发展的解释力在所有变量中是作用最大的。但阅读内容以专业类书籍为主对大学生其他发展维度的影响并不显著。

获取知识是阅读的首要功能，读什么样的书就能获得什么样的知识，而且在知识不断积累的基础上就有可能进行知识创新。本书的专业类书籍主导型是指阅读内容以专业基础、专业拓展和专业研究三个层面的书籍为主，在样本中占 16.0%。如上文所述，在本书对大学生知识获取与创新能力进行测量的 4 个指标中，有 3 个关涉专业知识的了解、掌握和应用。由此可见，以专业类书籍阅读为主的大学生，其知识获取与创新能力也必然得到提升。

尽管在本科阶段大学生的主要任务是成长为某种专门人才，专业学习和专业阅读最为紧要，但大学生要获得全面的成长和发展，在汲取专业知识的同时还需拓展视野和丰厚精神营养，将阅读范围延伸到专业之外，特别需要阅读那些最有价值、最有意义的经典名著。何况就专业学习本身而言，各类专业的内在结构和外部边界随着时代的发展都在发生着很大的变化，如果没有足够的整体视野，专业也难以真正学好。这可能就是阅读内容以专业类书籍为主对大学生其他发展维度的影响不显著的原因所在。

2. 阅读内容以文学作品为主与大学生价值观、知识获取与创新能力提升负相关

阅读内容越以文学作品为主，大学生的价值观、知识获取与创新能力的提升就越小。

以上研究结果恐怕会引起质疑。虽然鲜有研究以量化研究的方式检验文学作品阅读与大学生价值观、知识获取与创新能力发展的相关性，但文学作品的阅读能够帮助大学生获取知识、提升人文素养和人文精神，进而帮助大学生树立正确的价值观几乎是共识。以上研究结果一方面可能与本书将人文经典从文学作品中抽离并单独归类相关；另一方面文学作品也有良莠之分，因此对阅读者的情感共鸣也有积极影响和消极作用之别。

如果将研究结果进行反推，说明大学生阅读了不少低劣的"文学作品"。在本书中，阅读内容选择文学作品主导型的样本占 29.1%。虽然调查问卷明确将小说（传记）、诗歌、散文和戏剧归属于文学作品，而将武侠与言情类

书籍、科幻与侦探推理类书籍归属休闲娱乐类书籍,但可能样本学生在答题时不够仔细,在理解文学作品特别是小说时包含了后者,甚至包含了不少低劣网络小说。进一步统计发现,选择文学作品主导型的 292 位样本中经常阅读小说的有 162 人,占 55.5%。研究结果可能与此相关。

此外,虽然文学作品阅读能够熏陶和提升大学生的人文精神几乎是共识,但也有研究指出,文学作品的批判意识和社会责任感处于隐性状态,读者需有与文学场景类似的情景体验或阅历才能产生共鸣和深刻反思,因此在一定程度上说大学生的文学阅读更多的是自我催眠,而非社会责任和公共意识的觉醒。① 由此可见,文学作品阅读对大学生的影响存在一定的争议。

本书将在下一章运用质性研究方法进一步关注阅读内容以文学作品为主与大学生发展的关系,以期得到更全面的研究结论。

3. 阅读内容以经典著作为主、休闲娱乐类书籍为主以及各类书籍平衡型对大学生各发展维度均没有显著影响

以经典著作阅读为主却不能显著影响大学生的发展,这个结论恐怕也会引起质疑。这可能一方面与大学生经典阅读的严重匮乏有关。在问卷调查中,经典著作包括文史哲类、社会科学类、自然科学类和艺术类四个方面,但仅有 8.7%的学生选择经典著作主导型。显而易见,在大学生中阅读经典的氛围极为淡薄,缺乏对经典著作共鸣和共振效应的环境导致大学生对经典著作的感受力下降。另一方面,经典阅读对大学生成长和发展的影响是缓慢、间接且渐进的,而且对大多数本科大学生而言,经典著作毋庸置疑是难以理解甚至晦涩的,阅读经典需要毅力和恒心。经典著作阅读第一遍后不知所云,读了三四遍仍似懂非懂也属常理,而要领悟经典著作的精髓更需要积累和沉淀。因此本科大学生无法清晰感知经典阅读对自身成长的作用也就不足为奇了。本书将在下一章运用质性研究方法继续讨论这个问题。

研究也没有发现阅读内容以休闲娱乐类书籍为主与大学生发展的相关性。休闲娱乐类书籍主导型是指阅读内容以报纸、时尚类杂志、武侠与言情类书籍、科幻与侦探推理类书籍、美食健康与生活类书籍等为主,在样本中占 16.7%。显而易见,这类内容的阅读是大学生或为了了解新闻时政、时尚前沿或出于个人喜好以休闲和娱乐为主要目的而进行的。在 168 位以阅读休

---

① 刘宇,李武.阅读中的冷漠与自觉:当代大学生阅读倾向调查[J].中国图书评论,2013(4):105.

闲娱乐类书籍为主的样本中,经常阅读报纸的有 61 人,占 36.3%,而余下近七成大学生的休闲娱乐类阅读基本是消遣性阅读。虽然消遣性阅读也能够帮助大学生获得信息、消除疲劳、放松身心等,但如果长期满足于这种简单轻松、直接感官刺激的感受会导致阅读品位的下降,更甚者若有一些宣扬淫秽、恐怖、凶杀等的有害读物混迹其中,还会对大学生产生严重危害。尽管本书的研究没有发现阅读内容以休闲娱乐类书籍为主会负面影响大学生的发展,但也没有发现它能正面促进大学生的发展。因此大学生应恰当地对待休闲娱乐类书籍,阅读内容不宜以此类书籍为主为重。

此外,平衡阅读各类书籍对大学生发展也没有显著影响。由此可见,虽然大学生的阅读具有很大自由度,阅读内容也可广泛涉猎,但也应该突出重点和集中主题。毕竟本科阶段是大学生成长为某种专门人才并获得全面发展的关键期,阅读内容必须与此相适应才能真正实现成长和发展。在本书中,阅读内容选择各类书籍平衡型的样本占 29.5%,对大学生的阅读内容引导值得关注。

(三)阅读方式对大学生的发展没有显著影响

根据统计分析结果,在阅读方式上,大学生发展的各个模型在 0.05 水平下均不能通过统计检验。也就是说,不管以纸质阅读为主要方式,还是以电子阅读为主要方式,又或者是两者平衡,都不会对大学生的发展产生显著影响。

在问卷调查中,大学生的阅读方式选择纸质和电子平衡型的样本占 38.7%,选择纸质阅读主导型的样本占 35.8%,选择电子阅读主导型(包括电脑阅读、手机阅读和电子阅读器阅读)的样本占 25.5%。由此可见,大学生对阅读方式的选择总体上比较理性,既符合时代特点和大学生的年龄特点,也符合大学生的学习要求,纸质阅读方式仍然是主流。

研究结果表明,大学生的阅读方式对其发展没有显著影响。这可能是由于阅读方式主要依据阅读内容和阅读目的进行选择和运用,不同的阅读方式并没有优劣之分,只有是否适合之别,因此与大学生的发展并不直接相关。本书第一章在关于"大学生阅读方式分类"中论述到,纸质阅读方式伴随着文本的实体存在,电子阅读以虚拟方式存在,但纸质文本与电子文本只是文本载体形式的不同,只要信息的呈现特征都是语言符号性,那么选择纸质文本还是电子文本并没有本质区别。但是,纸质阅读有利于静心精读和研读,深阅读时适合采用纸质阅读方式;电子阅读快速便捷,适合大学生搜索学习和研究资料或利用零碎时间获得有用信息时采用。由此可见,尽管阅读方式对大学生的发展没有直接影响,但大学生应依据阅读内容和阅读目的合理选择阅读方式。只要选择恰当,则无论是纸质阅读还是电子阅读都可以帮助大学生增强阅读效果。

正是由于大学生阅读方式的选择主要依据是阅读内容,而阅读内容反映的是大学生阅读参与的"质",因此本书将大学生的阅读内容与阅读方式共同视为阅读参与水平"质"的指标。但是,量化研究数据显示,两者中只有阅读内容显著影响大学生的发展。

综合而言,量化研究结果表明阅读参与水平在一定程度上促进了大学生的发展。由此,假设2得到验证,即阅读参与水平影响大学生的发展。

在本书界定的阅读参与水平的三个考察维度上,阅读数量与大学生的价值观、知识获取与创新能力、组织表达能力和心理品质的发展显著正相关。阅读内容影响大学生的发展,不同的阅读内容对大学生发展的影响力不同,其中专业类书籍主导型与大学生知识获取与创新能力提升显著正相关。但阅读数量和阅读内容对大学生认知思维能力发展的影响均不显著,阅读方式对大学生各发展维度的影响均不显著。

由此可见,积极、充分的阅读参与会促进大学生在价值观、知识获取与创新能力、组织表达能力和心理品质等不同维度的发展。尽管本书的研究结论是基于阅读这个微观视角检验阅读参与对大学生发展的影响而得出的,但与国内检验全面的学习生活参与(包括课堂内外的学习、跨专业学习、课余活动等)对大学生发展的影响而得出的结论基本一致。如朱红在关于学生参与度及其成长的影响机制研究中得出"学习生活参与度会促进学生在知识积累、认知思维、组织表达、道德价值等不同维度的发展"的结论。[①]以上的比较结果进一步证实了本书选取的"阅读"虽然是大学生学习生活中的一个微观"点",但这个点具有全局性特征,贯穿大学生学习生活的每一个环节,因此对大学生发展的影响也具有全面性。

三、个体特征、大学阅读环境、大学阅读互动与大学生发展

帕斯卡雷拉的大学生变化评定模型指出,高校环境是影响大学生发展的间接要素,而学生家庭背景及其进入高校前的个人特征和特质、师生互动

① 朱红.高校学生参与度及其成长的影响机制:十年首都大学生发展数据分析[J].清华大学教育研究,2010(6):39-42.

和同伴互动则是影响大学生发展的直接要素。① 统计结果显示,以上观点在阅读视角下的中国大学生身上也得到证实,即个体特征、大学阅读环境和阅读互动也会影响大学生的发展。

（一）个体特征对大学生五个维度的发展均有显著影响

在个体特征变量中,性别在 0.01 水平下显著影响价值观,在 0.001 水平下显著影响认知思维能力,在 0.05 水平下显著影响心理品质;高中学校类型在 0.05 水平下显著影响心理品质;专业类型在 0.01 水平下显著影响价值观、组织表达能力;在 0.001 水平下显著影响知识获取与创新能力、认知思维能力;政治面貌在 0.01 水平下显著影响知识获取与创新能力;学生身份在 0.05 水平下显著影响组织表达能力;对阅读重要性的认知在 0.001 水平下显著影响价值观、心理品质,在 0.05 水平下显著影响知识获取与创新能力、认知思维能力。

由系数可知,大学生的性别差异、专业类型差异、政治面貌差异、学生身份差异、高中学校类型差异、对阅读重要性的认知差异会在不同程度上影响大学生的发展。具体表现为:(1)较之男生,女生的价值观、认知思维能力、心理品质的发展更为显著;(2)较之社会科学类大学生,人文科学类大学生的价值观、知识获取与创新能力、认知思维能力、组织表达能力的发展更为显著;(3)较之党员大学生,非党员大学生的价值观、知识获取与创新能力发展更为显著;(4)较之学生干部,非学生干部大学生的组织表达能力发展更为显著;(5)较之毕业于重点或示范性高中的大学生,普通高中和中等职业学校毕业的大学生的心理品质发展更为显著;(6)认为阅读越重要的大学生,其价值观、知识获取与创新能力、认知思维能力、心理品质的发展越显著。但城乡差异和宗教信仰差异对大学生的发展没有显著影响。

帕斯卡雷拉的大学生变化评定模型指出,学生的背景及其进入大学前的个人特征和特质如学业能力、个性、学习动机等直接影响学生的发展。② 以上观点在阅读视角下的中国大学生身上也得到证实,除性别、学业能力和学习动机外,本书的研究还发现学生的专业类型、政治面貌、学生身份等个体特征也是大学生发展的直接影响要素。

---

① Pascarella E T, Terenzini P T. How college affects students: a third decade of research [M]. San Francisco: Jossey-Bass Publishers, 2005:56-57.

② Pascarella E T, Terenzini P T. How college affects students: a third decade of research [M]. San Francisco: Jossey-Bass Publishers, 2005:56-57.

　　(二)大学阅读环境对大学生的价值观、知识获取与创新能力、认知思维能力和组织表达能力发展有显著影响

　　在大学阅读环境变量中,对学校图书馆软硬件的满意程度在 0.01 水平下显著影响大学生的价值观、知识获取与创新能力,在 0.05 水平下显著影响大学生的认知思维能力;阅读推广活动在 0.05 水平下显著影响大学生的组织表达能力;有效读书会在 0.01 水平下显著影响大学生的认知思维能力。

　　大学阅读环境是大学为鼓励和促进学生的阅读参与而提供的支持和服务水平的体现,由系数可知,大学阅读环境的三个变量均对大学生的发展影响显著:(1)对学校图书馆软硬件的满意程度与大学生的价值观、知识获取与创新能力、认知思维能力的发展正相关;(2)校园阅读活动中的阅读推广促进了大学生组织表达能力的发展;(3)校园阅读活动中的读书会促进了大学生认知思维能力的发展。但阅读环境对大学生心理品质的发展没有显著影响。

　　帕斯卡雷拉的大学生变化评定模型指出,高校环境是大学生发展的间接要素。[①] 阿斯廷的 I-E-O 模型也强调院校环境的关键作用,认为院校环境可以通过提供广泛多样的参与机会间接影响学生的发展。[②] 本书的研究发现,大学的阅读环境也会影响大学生的发展,具体表现为令学生满意的学校图书馆以及校园阅读活动(包括阅读推广活动和读书会)会促进大学生的发展。由此可见,高校环境作为大学生发展的影响因素在中国大学生身上也得到了证实。

　　阅读环境影响大学生的发展证实了大学在学生发展中的影响力,大学应创设条件充分发挥自身的影响力。就阅读而言,大学可以从图书馆和校园阅读活动两个方面入手进一步加强学校的阅读环境建设,以促进大学生的发展。问卷调查发现,图书馆是大学生最喜欢的阅读场所,在关于图书馆的阅读环境、提供的阅读方式、书籍种类和阅读服务的满意度调查中,大学生对阅读服务的满意度相对最低,因此大学在图书馆建设过程中需重视和加强图书馆员的队伍建设。大学校园中的阅读推广主要处于"有时有"的状

---

　　① Pascarella E T, Terenzini P T. How college affects students: a third decade of research [M]. San Francisco: Jossey-Bass Publishers, 2005:56-57.

　　② 鲍威. 未完成的转型:高等教育影响力与学生发展[M]. 北京:教育科学出版社,2014:26-27.

态,无论是第一课堂内的阅读指导课程还是第二课堂中与阅读相关的校园文化活动都比较匮乏。在第二课堂的阅读推广活动中,基本是图书馆唱"独角戏",活动质量得不到保障,对大学生也没有足够的吸引力,大学生的参与度很低,因此大学需重视构建包括引导机制、评价机制、协同机制、长效机制等方面在内的阅读推广体系,以提升阅读活动的数量和品质。读书会活动是大学校园阅读活动的重要组成部分,读书会的数量和质量都略高于阅读推广活动,但总况仍不容乐观,而提升读书会水平的关键在于大学应引导和激励教师举办读书会或指导各类学生组织开展的读书会。

（三）大学阅读互动对大学生五个维度的发展均有显著影响

在大学阅读互动变量中,专业教师与学生的阅读互动在 0.05 水平下显著影响认知思维能力;大学生同伴阅读互动在 0.001 水平下显著影响价值观、知识获取与创新能力、认知思维能力、组织表达能力、心理品质。但辅导员与学生的阅读互动在大学生发展各个维度 0.05 水平下均不能通过统计检验。

也就是说,阅读互动对大学生发展的影响主要体现在专业教师与学生的阅读互动以及大学生之间的阅读互动等方面:专业教师与学生的阅读互动促进了大学生认知思维能力的发展;同伴阅读互动促进了大学生五方面维度的发展,即全面提升了大学生的发展,该变量对大学生发展的解释力度是所有变量中作用最全面的。但辅导员与学生的阅读互动对大学生的发展没有显著影响。

阅读互动是大学校园内社会性互动的重要组成部分,也是大学为鼓励和促进学生的阅读参与而提供的支持和服务水平的体现。帕斯卡雷拉的大学生变化评定模型强调,通过高校内部环境中的师生互动和同伴互动来了解高校对学生发展带来的影响,比检视高校的组织结构特征(如院校规模)的影响更为有效。[①] 同时,大学生变化评定模型认为师生互动和同伴互动是大学生发展的直接要素。[②] 国内相关研究也发现与教师、辅导员和同辈的互动会直接或间接促进学生在大学期间的成长,但本科院校中辅导员的作用

---

① 鲍威.未完成的转型:高等教育影响力与学生发展[M].北京:教育科学出版社,2014:28.

② Pascarella E T, Terenzini P T. How college affects students: a third decade of research [M]. San Francisco: Jossey-Bass Publishers, 2005:56-57.

没有得到充分发挥。[①] 本书的研究结果也基本证实了以上观点,即大学阅读互动(包括师生阅读互动和同伴阅读互动)直接影响大学生的发展,特别是同伴阅读互动促进了大学生在价值观、知识获取与创新能力、认知思维能力、组织表达能力、心理品质五个维度上的发展,但辅导员与学生的阅读互动对学生的发展没有显著的直接作用。

阅读互动影响大学生的发展进一步证实了大学在学生发展中的影响力,但本书的研究也发现大学促进学生发展的作用并没有充分发挥,因此大学需重视构建学生与教师、辅导员以及同伴之间的阅读互动体系。大学应引导和激励教师承担起课内外对学生的阅读指导工作,逐步改善教学工作和学生工作两分的模式。辅导员与学生的低频次阅读互动(问卷调查数据显示,辅导员经常对学生进行阅读推荐、阅读指导和阅读分享的比例分别是6.1%、4.8%和5.3%)表明辅导员工作要加强对学生阅读的指导和激励,同时也表明高校学生工作要以促进学生在学习上的参与和投入为目标,构建形式多样的校园文化活动(包括校园阅读活动)体系。国外实证研究发现,课外活动是学生在校期间人际互动关系较为正式的实现形式,课外活动的丰富程度与大学生同伴之间的交流具有高度相关性。[②] 因此大学要通过开展丰富、高效、持续的校园阅读活动增强大学生同伴之间的阅读互动,进而促进大学生的全面成长和发展。

综合而言,量化研究结果表明,个体特征、大学阅读环境和阅读互动显著影响大学生的发展:个体特征全面影响大学生发展,对大学生价值观、知识获取与创新能力、认知思维能力、组织表达能力和心理品质的发展影响显著;大学阅读环境(包括令学生满意的学校图书馆和校园阅读活动)积极影响学生价值观、知识获取与创新能力、认知思维能力和组织表达能力的发展;大学阅读互动(包括师生阅读互动和同伴阅读互动)促进了学生发展,其中同伴阅读互动全面提升了大学生五个维度的发展。

综上,假设3和假设4得到验证。

阅读环境和阅读互动促进大学生发展的研究结果表明,大学对学生的发展具有影响力。研究发现也说明,在阅读视角下,大学影响力的作用发挥

---

① 朱红.高校学生参与度及其成长的影响机制:十年首都大学生发展数据分析[J].清华大学教育研究,2010(6):39-43.

② 转引自:朱红.高校学生参与度及其成长的影响机制:十年首都大学生发展数据分析[J].清华大学教育研究,2010(6):43.

在很大程度上取决于学生在校园内的阅读课程、阅读活动、师生阅读互动和同伴阅读互动中的参与程度。

第五节　本章小结

本章主要是阅读与大学生发展相关性的量化研究。研究发现,阅读参与水平在一定程度上促进了学生的价值观、知识获取与创新能力、组织表达能力和心理品质的发展,同时大学生的个体特征、大学的阅读环境和阅读互动显著影响大学生的阅读参与水平和大学生发展。

一、大学生的阅读参与和大学的阅读支持现状

1.大学生的阅读内容倾向于多领域平衡,但经典阅读十分匮乏

各类书籍平衡型在大学生的阅读内容选择中居于首位,文学作品主导型位居第二,而选择经典著作主导型的大学生最少,仅占 8.7%,大学生对经典阅读存在知行不一的现象。

问卷调查还发现,大学生阅读频次较高的经典著作聚焦在中外文学名著领域,而其他领域和专业经典的阅读频次明显偏低。笔者在访谈调查中与大学生讨论了造成这个现象的原因,比较普遍的答案是"不知道专业经典是哪些书"以及"经典著作读起来太难,往往坚持不下去"。由此不难得出,本科大学生的经典阅读客观上需要大学教师的引导。

经典阅读是大学生阅读之根本,本书在第一章详细阐述了此要义。而当下大学生经典阅读匮乏的事实值得大学反思。本书认为,大学生对于经典著作阅读对其成长有重要作用高度认同,这是提升大学生经典阅读参与水平的基础。但要真正改善大学生经典阅读贫乏的现状,必须依赖相关课程的保障和大学教师的指导。也就是说,大学人才培养体系的改革在对阅读进行重新定位的基础上,要突显经典阅读的核心地位。

2.大学生的阅读数量明显偏少

近半数大学生纸质书籍和电子书籍的年阅读量为 3~8 本,三分之一的大学生年阅读量超过 9 本,五分之一的大学生年阅读量不足 3 本。九成大学生的周阅读时长在 6 小时内。以上数据表明,大学生的阅读数量与其群体特征和学习任务极为不符。

3.大学生更倾向纸质阅读方式

总体上大学生更喜欢和习惯纸质阅读方式,在以电子阅读为主要方式的大学生中,手机阅读是首选。

4.大学的阅读环境不够浓厚

大学生能感知的读书节、读书会等各种校园阅读活动均处于"有时有"的状态,并且大学生的参与度很低。而大学开设的可供全校学生选读的阅读指导课程"经常有"的也仅占11.8%。图书馆仍然是大学生最喜欢的阅读场所。

5.大学阅读互动频次不高

大学阅读互动主要处于"有时"状态,大学生同伴阅读互动优于师生阅读互动,而其中辅导员与大学生的阅读互动几近被忽略。由此可见,目前无论是教师还是大学生在阅读互动上的投入都相当匮乏,而大学也未给予足够的关切和重视。这非常不利于大学生阅读参与水平的提升。

二、学生个体特征、大学阅读环境和阅读互动显著影响大学生的阅读参与水平

1.个体特征显著影响大学生的阅读数量、阅读内容和阅读方式

对阅读重要性的认知对大学生的阅读数量、阅读内容和阅读方式均影响显著,越认为阅读重要的大学生,阅读数量越多,越少阅读休闲娱乐类书籍,越少采用电子阅读方式;专业类型对大学生的阅读数量和阅读内容影响显著,人文科学各专业学生的阅读数量更多,而社会科学各专业的学生更倾向于阅读文学作品;高中学校类型显著影响大学生的阅读内容,毕业于重点或示范性高中的学生更倾向阅读文学作品;学生身份显著影响大学生的阅读数量和阅读内容,非学生干部大学生的阅读数量更多,而学生干部的阅读内容更倾向休闲娱乐类书籍;政治面貌显著影响大学生的阅读内容和阅读方式,非党员大学生更倾向于阅读专业类书籍,党员大学生更倾向于选择电子阅读方式;性别对大学生的阅读内容影响显著,女生更倾向于阅读经典著作和专业类书籍。但研究也发现,城乡差异和宗教信仰等家庭经济社会文化特征对学生的阅读参与水平没有显著的影响。

2.大学阅读环境显著影响大学生的阅读数量

校园阅读活动中的有效读书会与大学生的阅读数量显著正相关。但研究也发现,阅读推广活动和学生对图书馆软硬件的满意程度对大学生阅读参与水平的任何一个维度均没有显著影响。这可能与当下大学的阅读推广活动实效欠佳、学生参与面不广以及大学生对图书馆的需求多样化等原因

相关。帕斯卡雷拉的大学生变化评定模型指出,高校环境直接影响学生的努力程度(包括努力的数量和质量)。本书的研究结论部分证实了以上观点,即大学的阅读环境影响大学生在阅读参与中付出努力的数量。

3.同伴阅读互动显著影响大学生的阅读数量和阅读内容

大学生同伴之间的阅读互动越频繁,大学生的阅读数量越多,大学生阅读的专业类书籍越少。但研究也发现,师生阅读互动对阅读参与水平的任何一个维度都没有显著影响。无论是专业教师与学生的阅读互动,还是辅导员与学生的阅读互动,都没有显著影响大学生阅读参与水平的三个维度。这可能是因为当下师生阅读互动频次低、阅读互动基本只停留在阅读推荐阶段。

此外,笔者在问卷调查时还专门设置了题项,调查大学生对阅读影响因素的自我认知。统计结果显示,大学生直接感知的阅读影响因素前五项依次是:"学习繁忙,没有时间读书"(33.3%);"社会浮躁,学校也没有阅读氛围"(29.6%);"得不到阅读指导和分享"(16.9%);"感兴趣的书不多"(13.6%);"不喜欢阅读"(4.2%)。不难发现,以上大学生直接感知的阅读影响因素与大学的阅读环境和阅读互动等相关。

以上结论表明,大学生的个体特征、大学阅读环境和阅读互动显著影响大学生的阅读参与水平,其中个体特征最为全面。虽然一些个体特征具有先赋性,但大学仍然可以通过改善专业培养机制等来提升大学生的阅读参与度,特别是可以通过加强阅读认知教育全面提升大学生的阅读参与水平。此外,大学应重视阅读环境建设和阅读互动体系的构建,特别是读书会的举办以及阅读互动的强化。

三、阅读参与水平显著影响大学生的发展,对大学生五个发展维度的影响力不同

统计结果显示,积极、充分的阅读参与会促进大学生在价值观、知识获取与创新能力、组织表达能力和心理品质等不同维度的发展。

1.阅读数量对大学生各发展维度的影响不同

阅读数量与大学生的价值观、知识获取与创新能力、组织表达能力和心理品质的发展显著正相关。同时,阅读数量对大学生各发展维度的提升程度不同,其中对心理品质的提升最大。但是量化研究没有发现阅读数量对大学生的认知思维能力发展有显著影响。

2.阅读内容对大学生各发展维度具有不同的影响

阅读内容以专业类书籍为主与大学生知识获取与创新能力提升显著正

相关,并且知识获取与创新能力发展的解释力在所有变量中作用是最大的;阅读内容以文学作品为主与大学生价值观、知识获取与创新能力提升负相关,这可能与当下文学作品良莠不齐特别是不少低劣的网络小说泛滥有关;阅读内容为经典著作主导型、休闲娱乐类书籍主导型和各类书籍平衡型对大学生各发展维度均没有显著影响,这可能与大学生经典阅读严重匮乏,经典阅读对大学生成长和发展影响的缓慢性、间接性和渐进性以及以休闲娱乐类书籍阅读为主的大学生其实是以消遣性阅读为主等有关。

3.阅读方式对大学生各发展维度均没有显著影响

大学生的阅读方式不管是纸质阅读主导型,还是电子阅读主导型,或者是两者平衡型都不会对学生的发展产生显著影响。这可能是由于阅读方式主要依据阅读内容和阅读目的进行选择和运用,不同的阅读方式并没有优劣之分,只有是否适合之别,因此与大学生的发展并不直接相关。

以上结论表明,阅读参与水平影响大学生发展,具体表现为促进了大学生价值观、知识获取与创新能力、组织表达能力和心理品质的发展,但对大学生认知思维能力的发展没有显著影响。同时,阅读参与水平对大学生不同发展维度的影响力不同,其中:阅读数量与大学生价值观、知识获取与创新能力、组织表达能力和心理品质的发展正相关;阅读内容以专业类书籍为主促进了大学生知识获取与创新能力的发展;而阅读方式对大学生各发展维度均没有显著影响。

通过量化研究检验发现,阅读数量作为大学生阅读参与水平"量"的指标,显著影响大学生发展;而阅读内容和阅读方式作为大学生阅读参与水平"质"的指标,只有阅读内容显著影响大学生发展。综合而言,大学生发展与其在阅读参与中付出努力的数量和质量相关。学生参与理论指出,学生发展与其参与的数量和质量直接相关。本书的研究在中国大学生身上也证实了以上观点。

四、学生的个体特征、大学阅读环境和阅读互动显著影响大学生发展

1.个体特征显著影响大学生不同维度的发展

性别对大学生的发展有显著影响,女大学生的认知思维能力、价值观、心理品质的发展更为显著;专业类型对大学生的发展有显著影响,人文科学类大学生的价值观、知识获取与创新能力、认知思维能力、组织表达能力的发展更为显著;政治面貌对大学生的发展有显著影响,非党员大学生的知识获取与创新能力发展更为显著;学生身份对大学生的发展有显著影响,非学生干部大学生的组织表达能力发展更为显著;高中学校类型对大学生的发展有显著影响,毕业于普通高中和中等职业学校的大学生的心理品质发展更为显著;对阅读重要性的认知对大学生的发展有显著影响,认为阅读越重要的大学生,其价值观、知识获取与创新能力、认知思维能力、心理品质的发展越显著。但城乡差异和宗教信仰差异对大学生的发展没有显著影响。

2.大学阅读环境对大学生各发展维度影响不同

大学阅读环境显著影响大学生的价值观、知识获取与创新能力、认知思维能力和组织表达能力的发展:对学校图书馆软硬件的满意程度与大学生的价值观、知识获取与创新能力、认知思维能力的发展正相关;校园阅读活动中的阅读推广促进了大学生组织表达能力的发展;校园阅读活动中的读书会促进了大学生认知思维能力的发展。但是,阅读环境对大学生心理品质的发展没有显著影响。

3.大学阅读互动显著影响大学生不同维度的发展

专业教师与学生的阅读互动促进了大学生认知思维能力的发展;同伴阅读互动促进了大学生价值观、知识获取与创新能力、认知思维能力、组织表达能力和心理品质的发展,即全面促进了大学生的发展,该变量对大学生发展的解释力度是所有变量中作用最全面的。但是,辅导员与学生的阅读互动对大学生发展没有显著影响。

以上结论表明大学生的个体特征、大学阅读环境和阅读互动显著影响大学生的发展,特别是同伴阅读互动对大学生不同维度的发展起到全面的促进作用。帕斯卡雷拉的大学生变化评定模型指出,高校环境是影响大学生发展的间接要素,而学生进入高校前的个人特征和特质、师生互动和同伴互动则是影响大学生发展的直接要素。通过量化研究检验,帕斯卡雷拉的大学生变化评定模型的相关理论在中国大学生身上也得到证实,即个体特征、大学阅读环境和大学阅读互动影响大学生的发展。大学阅读环境和阅读互动是大学为吸引和鼓励学生积极参与阅读而提供的支持和服务,阅读环境和阅读互动促进大学生发展的研究结论表明,大学对学生的发展具有影响力。

需要说明的是,以上关于阅读参与水平与大学生发展的相关性以及大学生阅读参与水平的影响因素的分析是本书量化研究得出的结论。本书将在下一章运用质性研究方法继续对以上问题进行探讨。

第五章　阅读与大学生发展的质性分析

　　阅读是非常个性化的过程,每个人都有自己独特的阅读体验和阅读故事。在第四章量化分析的基础上,本章运用质性分析方法,进一步探索阅读与大学生发展的关系及大学生阅读的影响因素。

第一节　大学生阅读的特点和典型个案

　　通过对22位大学生访谈资料的整理,本书归纳和分析了样本大学生在阅读内容、阅读数量、阅读方式等方面的特点,并选择其中比较典型的3位访谈对象,完整分享他们的阅读体验和阅读故事。

一、大学生的阅读特点

　　阅读内容、阅读数量和阅读方式是本书探索阅读与大学生发展关系时关涉大学生阅读参与水平的三个具体维度,因此研究对质性样本的阅读内容、阅读数量、阅读方式等阅读特点也进行了采集和分析。

(一)大学生的阅读内容

　　质性资料整理发现(表3-6),大学生主要阅读内容的排序依次为:专业类书籍主导型(15人,68.2%)、休闲娱乐类书籍主导型(10人,45.5%)、经典著作主导型(7人,31.8%)、文学作品主导型(5人,22.7%),没有样本选择各类书籍平衡型。部分被访大学生的主要阅读内容包含了2类,10位选择休闲娱乐类书籍主导型的大学生都同时选择了另一类书籍。

由此可见,质性样本在阅读内容方面存在较大的差异。以专业类书籍阅读为主是大多数大学生的选择,没有大学生把休闲娱乐类书籍作为唯一的主要阅读内容。

毋庸置疑,大学生对阅读内容的选择与其阅读目的紧密相关。质性资料分析发现,大学生的阅读目的聚焦在两个方面:提升专业素养和出于兴趣爱好。如 QBZ 的阅读主要是围绕专业,以提升专业素养为主:"进入大学后阅读的主要变化是有了专业。……我从小就读《人性的弱点》这本书,读了很多遍……这本书中有一个观点:人要有专业,才会有专业思维,才能把握住他人思维的弱点,才能成为一个强者。当时这对我的专业选择影响挺大,我选择了法学……在决定学法学后,我的阅读就更有导向性了。"而 SZW 的阅读更多的是基于自身的兴趣:"进入大学后,我开始自己选择读物,社会学、心理学、管理学这几类书籍我都比较感兴趣,而且这些方面的阅读也让我在学习和工作中受益匪浅。"综合其他质性资料,大学生的阅读目的也不外乎以上两个方面,而且提升专业素养更为普遍。这与"以专业类书籍阅读为主是大多数学生的选择"的结果相一致,反映了大学生阅读内容与阅读目的的一致性。

(二)大学生的阅读数量

在质性研究中,采集了被访大学生的书籍年阅读量(表 3-6)。书籍年阅读量 2～9 本有 10 人(45.5%),10～19 本有 4 人(18.2%),20～29 本有 3 人(13.6%),30～80 本有 4 人(18.2%)。

由此可见,质性样本阅读数量的区间差异也很明显,书籍年阅读量较小、一般、较大、特别大均有。

(三)大学生的阅读方式

质性资料整理发现(表 3-6),在大学生的主要阅读方式中,纸质阅读主导型占绝对优势 17 人(77.3%),电子阅读主导型有 3 人(13.6%),纸质阅读和电子阅读平衡型是 2 人(9.1%)。本书的问卷调查以及国内对大学生阅读方式的相关调研也都支持一个基本结论:虽然电子阅读呈上升趋势,但纸质阅读仍是大学生的首选。然而,这背后的原因是什么?通过对质性资料的分析发现,大学生的不同选择主要基于这两种阅读方式的不同特点。

大学生选择纸质阅读方式主要基于纸质阅读有以下几方面的特点:(1)方便标注和翻阅,这是对纸质阅读方式最为普遍认同的优点;(2)有利于静心、专心和深度阅读;(3)有利于顺畅、连贯地阅读;(4)有利于保护眼睛;(5)纸质阅读方式是习惯,也是一种情结。

当然,大学生也认同电子阅读方式具有以下优点:(1)有利于将碎片时间用于获取社会资讯;(2)储存量大、文献资料搜索和复制方便;(3)携带方便。但大学生认为电子阅读方式的缺点也很明显,主要包括:(1)不方便做笔记和翻阅;(2)干扰较多;(3)伤害眼睛。

DZF以纸质阅读方式为主,但同时也结合纸质和电子两种阅读方式的不同特点在不同领域开展阅读。在DZF的实际阅读中,深度阅读时采用纸质方式,而在碎片时间为获取社会动态信息时则选择电子方式:"纸质阅读为主。当然,这两种阅读方式都很重要,在当下的社会文化背景中,一个人想纯纸质阅读或者纯电子阅读其实都很难做到,就我个人而言也是两者相结合,而且两种阅读方式所发挥的作用是不同的。读专著我选择纸质阅读,我认为这属于深度阅读,至少是做到通读,逐字逐句读下去,不会是浏览……;电子阅读在我的阅读中发挥的作用是让我了解、掌握一些时事,经济、社会、文化的动态,可以利用一些碎片化时间来保证自己在社会动态方面的信息获取不滞后、不脱节。"

QBZ也是以纸质阅读方式为主,并且强调阅读专业书籍只选择纸质方式。QBZ比较全面地评价了纸质和电子两种阅读方式的优点。"纸质为主,专业书我只读纸质的。……纸质阅读方式的优点:第一,更能体现一个人的思维,而且做笔记方便;第二,可以及时翻阅,拿出来就可以读而不需要开机;第三,阅读思路连贯,这是读纸质书很重要的一点;最后是纸质阅读方式保护眼睛,不会有疲劳感,而现在即使是最好的电子书对眼睛的损伤还是蛮大的。当然,电子阅读方式也有优点:第一是存储量大;第二是阅读速度快,纸质书需要咀嚼消化,用思维慢慢蕴化到内心,而电子书由于阅读速度特别快,几页就'点'过去了,所以我认为电子书适合读小说;第三是电子书也逐渐向护眼化方向发展了,墨水屏的电子书做得非常好了。"可见,QBZ认为纸质方式标注和翻阅方便、阅读连贯、保护眼睛,适合深度阅读;电子方式存储量大、阅读速度快,适合阅读小说。此外,QBZ虽然认为"即使是最好的电子书对眼睛的损伤还是蛮大的",但同时也客观地认为电子书已开始走向"护眼化"的发展。

SZW也是以纸质阅读方式为主。在SZW的阅读体验中,纸质阅读方式标注方便,有利于专心阅读,而且他本人还有着对纸质阅读方式的情结,而电子阅读方式只给他留下干扰多、伤眼的印象:"纸质阅读方式为主。纸质书的感觉,比如摸着书的感觉是电子阅读无法比拟的,而且纸质书可以边读边画。我阅读时喜欢专心一点,电子阅读干扰比较多,比如用手机读,一条短信进来就被打断了,而且电子阅读对眼睛不好。"

ZB是以电子阅读方式为主的三位被访大学生之一。在所有被访的在校大学生中,ZB是唯一一位大二学生,而且也是一位热爱阅读、常读经典的大学生。在ZB的阅读感受中,电子书籍携带方便、经济实惠,但不方便做笔记,电子阅读方式适合娱乐类和文学类书籍的阅读以及多个版本经典书籍的对照阅读。纸质书籍翻阅方便,但价格昂贵、不易携带,纸质阅读方式适合对哲学原著等经典著作进行深度阅读。"电子阅读为主。纸质书太贵了,而且一些哲学经典要多个版本对照的,我不能都买,我会买一本纸质的,然后别的就电子书对照着看。而且纸质书可能会很厚,不方便携带,所以我喜欢电子阅读方式。不过,哲学原著我基本是读纸质的,因为注释在电子阅读器里是切割成两页的,这样翻页很痛苦。当然,电子书也有不便,不能做笔记。一般休闲娱乐类和文学类我都是读电子的,只有特别艰涩的才会读一下纸质的。"

由此可见,大学生对于纸质阅读方式基本是正面评价,除了个别大学生认为纸质阅读不方便携带、价格昂贵等不足外,大多数大学生在阅读体验中感受到的是纸质阅读方式的优点,基本没有提及缺点。而对于电子阅读方式,大多数大学生对其的评价是一分为二的。

此外,大部分大学生会根据自己的阅读目的、阅读内容以及纸质阅读方式和电子阅读方式的特点选择阅读方式。纸质阅读方式集中在专业类书籍、经典原著等与深度阅读相吻合的书籍上,而电子阅读方式集中在休闲娱乐类书籍、获取资讯等与浅阅读上,但由于电子阅读方式资料搜索方便等特点,一般大学生阅读期刊都采用电子阅读方式。当然,大学生阅读从本质上说应以经典阅读为主,以深度阅读为主,因此纸质阅读方式更适合大学生。在质性样本中,选择纸质阅读主导型的大学生数量占绝对优势,同时大学生对两种阅读方式在不同领域内的采用理性又恰当,既能充分运用纸质方式进行深阅读,又能扬长避短地使用电子阅读方式,表明大学生基本实现了两种阅读方式的优势互补。

质性研究关于大学生阅读方式的发现,进一步论证了本书第一章的理论分析观点,即纸质阅读方式和电子阅读方式并不互相排斥,而是相互并存、各有优势,关键在于选择要恰当。纸质阅读和电子阅读并无优劣之分,大学生能合理选择才是重点,这也进一步解释了量化研究关于阅读方式对大学生发展没有显著影响的结论。

二、"全能型""学业型""创业型"大学生的阅读案例

根据访谈对象的学业成绩、社会工作和创业经历等情况,可以将 22 位被访大学生划分为四种类型,即"全能型"大学生、"学业型"大学生、"创业型"大学生和其他。其中前三类是在校期间或走上工作岗位后成长快、发展好的优秀大学生,一共有 10 位。本书从这 10 位被访大学生中遴选出 3 位典型,他们同时也分别代表了 70 后、80 后和 90 后三代大学生。本部分内容以呈现典型个案①的阅读故事为主,对案例只进行概括性分析,相关内容的类属分析和描述诠释等在后面三节与其他质性资料一起展开。

(一)"全能型"大学生的阅读案例

"全能型"大学生是指学业优秀、社会工作突出、综合素质高的大学生。在访谈对象中一共有 5 位,基本信息见表 5-1。

表 5-1　"全能型"被访大学生基本信息

编码	学业成绩班级排名	大学任职	政治面貌	父亲受教育水平	母亲受教育水平	样本来源	备注
CSY	前 10%	校学生会主席	中共党员	本科	普通高中	遴选	
DZF	前 10%	系学生会主席	中共党员	大专	初中	遴选	已工作处级干部
QXL	前 10%	校学生会副主席	中共党员	中专	大专	遴选	
SZW	前 10%	院学生会主席	中共党员	高中	高中	随机	已保研
ZYF	前 10%	校学生会副主席	中共党员	本科	大专	遴选	

本书将分享 DZF 的阅读故事。

1. 案例呈现

资料编号:DZF

个人简介:杜先生,男,汉族,1977 年 8 月出生,浙江缙云人,中共党员,现为省管处级干部。政法系思想政治教育专业 1995 级本科生,时任系学生会主席。1999 年 9 月保送本校法政经济学院区域经济学专业攻读硕士学位,时任校研究生会主席。2002 年 7 月毕业后在省直机关工作,2008 年 5

---

① 典型个案中的下划线文字部分及其数字编号是本书质性研究最终形成的 12 个码号(详见表 3-8)。

月被提拔为副处级干部,2011 年 11 月被提拔为正处级干部。

访谈时间:2015 年 5 月 29 日

访谈地点:笔者办公室

访谈内容:

1.能否谈谈您小时候在家里的阅读情况?

"……我觉得父亲对我读书最大的影响在于我们经常会在饭桌上共同讨论一本书。如果我读的是传统评书,他就会跟我讨论评书中的一些人物、一些情节,包括故事发展变化的一些情况,还会问我书里面什么样的人物是我最喜欢的,为什么喜欢。如果我读的是文学类的,我小时候比较喜欢诗词、古文,那他就会跟我讨论一些典故(1)。所以我印象中高中阶段才会学到的一些典故、成语,我差不多在小学阶段就已经掌握了。……一直到现在,我父亲已经 70 多岁了,我们一年当中见面次数并不多,但只要我回家,我们就会交流最近的阅读情况。"

2.您是否还记得从小学到高中,您就读的学校有没有举行一些跟阅读有关的活动?

"在小学阶段,我印象中很深的是,班主任会推荐阅读书籍,比如《幸福帽》《幸福的黄手帕》这一类比较有代表性的国外文学作品。还有一位小学三年级的老师,他有一种很好的教学方式,也给我留下了很深的印象,就是每天下午上课之前有十分钟的时间让我们学生主动上讲台,讲解自己这段时间阅读的一些诗词,那个时候我是经常上去讲的人(3)。

"初中时有一位老师比较注重对学生阅读兴趣和阅读方法的引导,而且把阅读和写作结合起来(3)。他曾经尝试让我们先阅读,然后给我们相同的场景让我们写作;也曾经尝试让我们先去参加一个实践活动,……然后让我们写游记、写说明文,写作之后我们才知道这就是下一课要学的课文中所描述的场景,然后老师让我们将自己的作文与著名文学家的文章进行比较。

"高中阶段我的阅读兴趣发生了变化。小学和初中阶段我注重的是文学、传记这类书籍的阅读,到了高中我开始关注时事政治类书籍和科普类读物。我读高中是 1992 到 1995 年,对东欧剧变、南南合作这些方面的问题空前关注起来,所以我会去读一些时事政治类书籍,这可能也跟我年龄有关系。另外一方面,由于我的班主任是物理老师,所以如霍金的《时间简史》这样一些科普类读物也开始进入我的阅读书单(3)。我感觉阅读兴趣的变化对我知识和视野的拓展还是有比较大的影响。

"高中时,我们缙云中学比较难得的是给我们开设了专门的阅读课,高一高二都有,每周两节,不过阅读课的上法很简单,就是老师把我们带到学校图书馆的阅览室读书(3)。说起来比较难为情,在阅读课上我基本上就是读《今古传奇》《山海经》这类杂志,我的同学也是读《知音》《青年文摘》等。我感觉这可能与当时高中阶段的学习节奏和学习压力有关,大多数同学选择的是能够让精神得到放松的杂志,所以上阅读课时我们都很轻松,大家每周都很盼望阅读课。"

3.进入大学后,您的阅读有什么变化吗? 您觉得就读的大学阅读氛围怎样,有哪些做法? 您参加了哪些与阅读相关的活动? 感受怎样?

"大学时期的阅读,有两点变化最大:第一是计划性更强,经过基础教育阶段阅读的积累或者说习惯的养成,阅读已经成为我的一个习惯;第二是专业因素,我开始更多地考虑自己的专业素养和今后的发展方向。

"关于阅读计划,我记得当时我是从两个方面加以把握的:第一是阅读量的把握。我要求自己每天至少一小时、周末至少半天阅读,这一小时是老师布置的专业作业之外的阅读。这个我大学时养成的习惯到现在也基本保持着,每天至少半小时阅读,哪怕工作再忙,哪怕加班到 12 点,只要不是累得眼睛睁不开,每天半小时肯定要有的。一般情况下,我还是按照每天一小时、周末半天来把握的(12)。第二是对阅读内容的把握。本科阶段我的阅读面比较广,有几类书籍我印象是特别深的,主要是与专业有关的理论书籍、经济金融类书籍、政治社会类书籍、哲学类书籍、历史与人物传记类书籍。

"关于与专业相关的变化,具体表现在阅读方法上。基础教育阶段的阅读以兴趣为主,但是在大学期间,我主要根据自己的阅读计划来把握,即使有些书读得很累、很晦涩,但只要是我所需要的,我就会坚持把它读完。如果我感觉是很重要的书,会反复读,比如中国人民大学出版的《辩证唯物主义和历史唯物主义》这本书,大学期间我看了四到五遍,工作之后还看了四到五遍,1995 年版的一直在我的床头,虽然我的工作从一个城市到了另外一个城市,但 20 年来这本书始终在我身边。此外,本科期间我开始做读书笔记。我有系统的读书笔记,书籍的类别、作者、出版社、篇章结构、重要观点、阅读时间等我都会摘录在笔记本上。而且,我的读书笔记还分类,有专著笔记本、期刊笔记本、文学类笔记本等。

"本科期间学校的阅读氛围还是很浓厚的,体现在两个方面:第一是任课老师很注重引导学生阅读,引导我们除了专业的理论书籍之外,要做阅读口径宽的学生,要通读文史哲著作(6);同学之间也比较注重阅读交流(7),

我们上下届同学、同届同学在一起都会交流对书籍中一些观点的看法。第二是有很多活动是与阅读直接相关的。比如系列讲座和论坛(4)，请校内外的知名专家学者来做报告等。我感觉大学期间的很多阅读就是听了某一位老师或专家的报告后，受其启发和影响去读了相关的5～6本书。学校还举办各类学生活动，如演讲赛和辩论赛。我感觉演讲赛辩论赛不仅仅是演讲技巧、辩论技巧的问题，更多的是学生知识存量的比拼，是建立在知识储备基础上对知识综合运用能力的比拼(4)。这样的活动不胜枚举。

"我直接参与的阅读活动应该是专家报告(4)。举个例子，我本科专业是思想政治教育，应该说这个专业并不偏重经济学，但是由于学校连续请了……经济学教授来讲学，我印象中这两位教授做了报告后，我在比较短的时间内看了十几本产业经济学、知识经济学、区域经济学等方面的书籍(4)。在我本科期间，知识经济学还是一个很新的概念，我最早就是从孙健教授的报告里听到知识经济学这个概念的，这也是我研究生阶段选择区域经济学专业的一个很重要的原因(9)。所以直到现在，我都认为听高水平的学术报告是一种非常好的阅读引导方式。我工作之后，由于工作性质的影响，我曾在全省青联委员和青年企业家中力推青年大讲堂(4)……

"本科期间我还作为发起人组建了邓小平理论研究会（读书会）(4)。……读书会在组建过程中，由于受我本人的阅读兴趣、阅读爱好和阅读经历等因素影响，比较注重三方面的工作：一是专家辅导报告，我印象中在1998到1999年，请校内外专家为读书会做经济社会文化方面的学术报告不下十次；二是组织关于邓小平理论研究的论文比赛；三是开展专题社会调查(4)。"

4. 您和您的老师（包括班主任和辅导员）进行阅读互动吗？

"有的，主要是任课老师(6)。如毛策老师，我受他影响比较大，读了很多文史哲类的书，如《资治通鉴》《中国哲学史》等，这些都是在与他闲聊过程中他推荐我们阅读的(6)。还有郑文哲老师，他对我的影响是让我学会了阅读经典名著，特别是马克思主义的经典名著(6)，如《费尔巴哈哲学批判》《共产党宣言》等。

"与班主任的阅读互动不太有。我本科时没有辅导员，全系只有一个团委书记，团委书记一个人要面对那么多班级，可能精力有限，阅读互动确实不多。"

5. 您觉得大学（本科）期间的阅读与您的成长和发展有什么关系？促进了您哪些方面（能力）的发展？

"阅读毫无疑问对人的发展影响很大。首先从思维上来看，阅读了一系列的哲学类书籍后，我在看问题、分析问题、解决问题的逻辑思维严密性上有了很大进步，或者说，分析问题、解决问题的能力更强(10)。……在工作中看问题会看得比较准，解决复杂问题时更冷静，解决举措也更有针对性，工作成效也更好。其次是政治理论方面，可能与我工作有关系。相对来说，我在政治理论、社会理论方面的功底更加扎实(9)，特别是我担任宣传工作，从事党的理论宣传，这种功底让我更加得心应手一些。再次是感染力，这是因为我长期在文学方面的阅读爱好和积累发挥了作用，所以与人沟通时对方会觉得我有文采，有感染力(11)。最后是知识面也得到了比较大的拓展(9)。此外，很多时候，读书还能起到调节情绪的作用。在心情郁闷时，我觉得阅读可以让我平静(12)，所以我比较享受这种一盏台灯、一杯茶、一本书的感觉。

"……阅读培养了我工作中常用的三种逻辑：一是现实逻辑(10)，我会分析这个问题在现实中是怎么样的；二是历史逻辑(10)，即用历史的观点、历史的方法看事物发展变化的规律……；三是学术逻辑(10)，从理论上看这是什么问题，怎样的发展会达到最佳状态。这都助我在全面性、科学性和准确性方面更好地把握问题。

"我认为大学生的成长和发展，四方面的因素是很重要的——能力、素质、规范、心态。而能力是由知识、方法和习惯构成的。阅读什么书籍就获得什么知识(9)；而知识积累到一定程度后外化为方法；不同知识背景的人，发现和分析问题的方法是不同的，一定的方法会养成一个人分析和解决问题的习惯。素质，一个人的协调能力、组织能力、策划能力、表达能力、与人交往能力(11)等综合起来就表现为素质。规范，一个人一定要了解成文规定，比如学校有校纪校规，单位有制度规范，生活中也有一些约定俗成的规则，规范是很重要的(8)。心态，一个人要能调整自己的不良心态，具备阳光的心态(12)。就我个人的经历而言，阅读对我的能力、素质、规范、心态四方面都有比较大的帮助。"

6.与其他书籍相比，您觉得经典名著的阅读对您成长的影响有什么不同吗？

"有的，表现在认识问题的深度上(10)。……更重要的是，经典名著还能够提高人的钻研能力(9)。相对而言，其他书籍读起来比较轻松，但经典名著得去钻研，比如书中提到的某个词，我可能得去看这个词在当时时代背景下的意义以及它所表现出来的理论上的关联，……所以，经典名著的阅读让我静得下来、沉得住气、钻得下去,这是对成长发展的最大影响。"

2. 案例分析

DZF的个人简历,虽短短几行字,但清晰地展示了他无论在大学求学阶段还是走上工作岗位后,都是一位"全能型"的大学生和青年干部。经过一个多小时的访谈,DZF对"全能"的诠释越来越明晰,扎实的专业功底、广博的知识面、宽阔的视野、严密的思维、清晰的表达、高效的组织能力、热情向上的精神状态、动静皆宜的工作和生活节奏等,生动又形象地跃然出现。

纵观DZF的求学和工作经历,阅读始终相融其间,与他的学业、工作相伴相长,已成为他人生不可分割的一个重要部分。一个多小时的访谈,回顾了他从小学、中学、大学直至走上工作岗位的阅读史,给人一种既一气呵成又水到渠成的感觉。

DZF是幸运的。从小家庭就培养了他的阅读兴趣和阅读习惯;在基础教育阶段,无论是小学、初中和高中,他都遇到了重视学生阅读并且运用独特方法开展阅读训练的良师,其就读的高中学校还开设了阅读课,这些重要的阅读机遇对于DZF阅读习惯的强化、阅读能力的提升等都发挥了至关重要的作用。而他本人对于这段与阅读相伴的成长史也是记忆犹新、如数家珍。

DZF也是理性、刻苦、持之以恒的。进入大学后,作为主要学生干部的他,在繁忙的专业学习和社会工作之余,不仅坚持阅读,阅读的计划和方向还更清晰了。从大学本科阶段开始养成的"每天至少一小时、周末至少半天"的阅读习惯一直保持着;积极参与学校举办的讲座论坛、演讲辩论等校园阅读活动,作为发起人组建邓小平理论研究会(读书会),不断得到阅读启发、检验阅读效果和推广阅读活动;主动与老师、同学进行阅读互动,在老师的推荐和指导下养成了经典阅读习惯;理性把握了阅读内容的深度和广度,坚持以文史哲类经典著作和专业论著阅读为主;在阅读实践中不断对阅读方法进行自我提升和完善,如重要书籍"反复读"的做法和分类、系统的读书笔记等。由此可见,在以自主阅读为主的本科阶段,DZF的阅读数量、阅读内容、阅读方法等均得到了进一步的提升、拓展、改善,而且在个体阅读的基础上开展阅读推广,让阅读惠及更多的大学生。

不难发现,DZF的阅读兴趣和阅读习惯起步于家庭,在基础教育阶段得到巩固和强化,而成型于大学本科阶段。如前文所述,本科阶段是大学生最重要的学习和成长阶段,也是大学生的阅读黄金期,一般来说,阅读习惯也在本科阶段逐步趋向成熟并基本定型。

本科阶段的阅读,也让 DZF 清晰感受到由此获得的成长和发展。在访谈中,他提及的发现与解决问题能力、思辨能力、逻辑思维能力和综合判断能力的提升,理论功底的扎实,知识面的拓展,与人沟通时的感染力,情绪的调节等,以及概括的阅读对其能力、素质、规范、心态四个方面的帮助,均反映了阅读对其认知思维能力、知识获取与创新能力、组织表达能力、价值观和心理品质发展的影响。这种影响力一直延伸到他走上工作岗位,工作思路的形成路径、工作开展得得心应手、复杂问题的解决以及良好的工作成效等,都得益于阅读。

一个多小时的访谈内容,从一定角度描述了 DZF 自小至今的个人阅读史,与阅读始终相随的是他的“优秀”,无论学生时代,还是如今的省管青年干部,他都是综合素质全面发展的典范。当然,他热爱阅读、享受阅读,不管是过去、现在还是未来,阅读都是他的一种生活状态。

(二)“学业型”大学生的阅读案例

“学业型”大学生是指偏重学业且学业成绩优秀的大学生。相对于“全能型”大学生而言,“学业型”大学生虽然也担任学生干部,但不是校院两级主要学生骨干(如学生会主席),而是属于学业特别突出的大学生。在访谈对象中一共有 4 位,基本信息见表 5-2。

表 5-2　“学业型”被访大学生基本信息

编码	学业成绩班级排名	大学任职	政治面貌	父亲受教育水平	母亲受教育水平	样本来源	备注
QBZ	前 10%	学园团委政宣部部长	中共党员	大专	大专	遴选	已保研
ZYJ	前 10%	学生干部	中共党员	小学	初中	随机	已保研
YJ	前 10%	学生干部	中共党员	本科	初中	随机	
ZB	11%~25%	学生干部	入党积极分子	本科	本科	随机	GPA:4.03

本书将分享 QBZ 的阅读故事。

1. 案例呈现

资料编号:QBZ

个人简介:邱同学,男,1994 年 6 月 11 日出生,江苏常州人,中共党员,2012 级法学院法学专业本科生。曾任班级团支书、学园团委政宣部部长、学生党支部副书记。学习刻苦努力,四年成绩积点分排名第一,综合成绩排名第一,是一名典型的学习标兵。曾获阳明英才奖与校一等奖学金,并获校特等奖学金、国家奖学金、校级三好学生、优秀学生干部等称号;校第六届大学生"挑战杯"竞赛二等奖;于《三江论坛(宁波经济)》等杂志发表学术论文。

访谈时间:2015 年 12 月 2 日

访谈地点:宁波大学法学院办公室

访谈内容:

1.能否谈谈您父母的职业以及小时候在家里的阅读情况?

"我爸爸是自己创业的,妈妈是医院财务科科长。我的阅读兴趣倒不是我爸爸妈妈培养的,而是我姥姥和姥爷培养的,因为我幼儿园和小学阶段都是住在姥姥姥爷家。他们就一直带我读书,漫画书、小人书,并且和我一起读,所以阅读习惯一直在养成(1)。这些小时候的书有些还留在姥姥的柜子里,现在偶尔去翻一翻也是蛮有童年回忆的。

"不过,我的阅读习惯的真正形成应该在小学阶段,当时我特别喜欢历史、军事这些内容,所以《百家讲坛》和 CCTV-7 的军事频道对我的影响还是蛮大的。"

2.您是否还记得从小学到高中,您就读的学校有没有举行一些跟阅读有关的活动?您学习繁忙时坚持阅读吗?

"我就读的小学是丹东市市级别一般的小学。那时班级有读书角,一个大大的柜子,我记得特清楚,然后每个人捐书,大家都很乐意去翻阅(2),……小学毕业时,老师把读书角的书交换着赠送给每一位同学,我获赠的是《德伯家的苔丝》,我现在依然记得那本书长什么样子。

"小学毕业后我考上了丹东市的重点初中。初中有升学压力,阅读就比较少,但培养了我们阅读杂志的习惯,同学们都读《读者》《意林》《青年文摘》等。读这些杂志不能算读书,但也是一种阅读习惯(2),我认为读杂志对阅读习惯的培养是适应现代潮流的。初高中时没有大量的阅读时间,那就了解一下这种碎片化的知识……

"高中时大家都是文艺青年,所以愿意读经典著作。我们周一至周五在学校,阅读不是很方便,一个寝室可能就一两本杂志,算是这段时间唯一的心灵慰藉(12)。周末是回家的,两天时间我一般都用来读书,晚上都看到十一点。那段时间的阅读起到了思维导向的作用,因为我高中时很迷茫,不知道未来会考到什么学校,我都是从书里面找答案,培养自己的抗挫能力。所以,高中时我读了不少成功学的书(12)。

"学习繁忙时我坚持阅读的,包括现在在大学阶段,不管是司法考试还是期末考试时我都坚持阅读,每天我坚持在 7:40 到 8:15 左右这段时间阅读。比如有一次期末考试压力特别大,但我在备考期间仍然读完了《呼啸山庄》,读完那天精神特别放松(12),也有很多关于人性的思考。所以,学习压力并不影响我阅读。"

3. 进入大学后,您的阅读有什么变化吗? 您觉得就读的大学阅读氛围怎样,有哪些做法? 您参加了哪些与阅读相关的活动? 感受怎样?

"大学的学习最重要就是两件事情:一是习惯,二是坚持。学习习惯中包括了学习方法,而阅读本身就是对学习方法的培养。比如文科生都知道,读教材时如果没有一个方法会很痛苦,如何把书中作者的思维看清楚?……进入大学后阅读的主要变化是有了专业,……大二到了法学院,觉得法学这个专业特别适合我,因为学法学阅读量必须大,否则完全不能理解教授们讲的内容,同时还需要思考,如果没有阅读量的积累是不会有思考的(8)。所以,平时考试包括考研,背书作用并不大……因此,我认为阅读带给我们的是一种学习方法和一种学习习惯,这确实很重要。

"学校的阅读氛围我认为是非常好的。以我寝室为例,我寝室四位同学中有三位都特别喜欢读书。我比较偏向中国的书,上大学后我看了很多书,包括《周易》我都读;另外两位同学爱读国外名著和小说,比如《三杯茶》《追风筝的人》等。当然,有些男生确实不太读书,可能是微信微博刷太多了。微信微博作为一种传播手段其实是好的,但如果被异化了就会大量减少阅读时间,应该说这是传播媒介带来的一个污点。有些女生的阅读习惯也很好,尤其是成绩特别好的女生,不仅专业成绩好,阅读量也很大。我们学校有一个女神级人物,她在课上会和老师讨论哲学内容,如果没有大量阅读,这样的讨论是难以驾驭的。所以我认为大学生活是非常丰富的,但阅读是不可缺少的。

"学校的阅读活动,现在正在开展一个叫'真诚读书节'的活动,其中我有切身感受的是两个活动:一是校团委组织的读书活动;二是讲坛(4)……其实名人讲座我认为也是一种阅读,听名人讲座、看著名电影都是一种读书的过程,只不过是读的材质不同,接受知识的方式不同,接受的内容其实都大同小异。

"我们法学院有个老师自发组织的读书会活动,都是读经典名著(4)。很多同学去过了,而且都是精英同学。这是个高端活动,讨论的都是些比较深刻的话题,大家反映也是蛮好的,可惜我因为时间冲突而没有去。"

4. 您和您的老师(包括班主任和辅导员)、同学进行阅读互动吗?

"我们法学院有一门课叫'法学经典名著导读',由法律史专业和法理学专业的两位老师授课(5)。我们读的第一本书是《中国法律与中国社会》,非常经典的一本书,瞿同祖老师写的。这门课的上课形式是同学们在阅读后先由同学在课上讲述,然后老师点评,我认为这门课非常好(6)。比如有一位同学读的书叫《洗冤集录》,这是一本中国古代法医学著作,这位同学非常严谨,他在课堂上讲述时把书中蕴含的一些证据制度与我们现在的法律制度一一对比分析(9),我认为非常好,老师也给了他很高的分数,……我读的是关于罗马法的一本书,盖尤斯写的。罗马法蕴含了现代民法90%的理论,应该说是法学里的'名著皇冠',但它的表达思维非常古典,这本书很难读,我基本上是在零基础上把罗马法学了一遍(10),虽然老师也给了我非常高的点评,但我确实没有读得很好。对于这些经典名著,我的感觉是无论读了多少遍,还是会拜倒在她们脚下(12)。

"我们同学之间经常会评价和讨论一些书(7),也会推荐一些自己觉得不错的书(7)。还有'双十一'我们寝室刷的都是书,……我还往东北家里寄了一箱,是《中国历代通俗演义》,蔡东藩先生写的,毛主席经常读的一套书,我寄回家后我爸我妈都在读,我自己是准备假期读的。"

5.您觉得大学(本科)期间的阅读与您的成长和发展有什么关系?促进了您哪些方面(能力)的发展?

"第一是语言沟通能力。阅读使我有能力与不同的人聊天,比如与老师可以聊哲学这些比较高端的问题,与同学就聊小说,都能有共同语言(8)。第二是训练思维。其实阅读就是一个训练思维的过程,作者滔滔不绝讲了这么多,我有没有反驳他的地方?我能不能找到其他读过的书中的一些论据来反驳他(10)?以上两个方面结合起来就训练了我与人交往的能力(11)。第三是学习法律知识的能力(9)。……我认为与人、与电脑的交往能力无法超越与书的交往能力,我们读书多的同学没有成绩很差的(9)。最后是兴趣的拓展。我小学时就学过围棋、单簧管等,后来我读了《红楼梦》后,觉得《红楼梦》的十二支曲乐用洞箫吹出来应该是非常好听的,就自学了洞箫和笛子。你不觉得'一剑一箫走江湖'看起来很帅吗(12)?所以,读书也培养了我的兴趣。当然,以上四个方面是从宏观角度讲的,读书其实蕴化在生活的每一个细节中,比如为人处事,比如我现在的坐姿(11),中国古人都已经规定好了。

"我是在高考结束那个暑假读完《红楼梦》的,现在还记得的就是那种贵族阶级的生活方式。然后读《茶花女》,会发现中国贵族和西方贵族有区别,再读《呼啸山庄》就会发现西方贵族与贵族之间也有差别(10)。我们不要美慕贵族,我们要有一种平民贵族的气质,我觉得我们中国人很缺乏平民贵族的气质,这是我读了这些书后提出的观点(8)。

"中国的书,我认为能改变人生的就是《平凡的世界》和《活着》这两本书。讲讲路遥的《平凡的世界》。这本书读第一页就觉得书中的人物很穷……吃的是白馍还是黑馍就决定了人生等级,读起来有时很心酸。但读后的强烈感受是,人生要学会改变逆境,从逆境中培养出坚毅的性格(12)。而西方就是那本非常著名的《钢铁是怎样炼成的》(10),不因虚度年华而悔恨,不因碌碌无为而羞耻。这些书激励了一代代人,对我影响也蛮大。

"我认为阅读很重要,文化的传承需要阅读。我提三本书吧。第一本书是《史记》,'史家之绝唱,无韵之《离骚》',鲁迅的评价,非常到位。这本书告诉我的第一点是要有理想。司马迁是一个非常受人尊敬的人,他在《报任安书》中写道,'我为什么受了这么大的屈辱还会活在这个世界上把这本书写完?因为有理想'。第二点是有胆识。《史记》不仅仅是史料的堆积,他敢于评价,如汉武帝这么伟大的一个人他也评价,这是很有胆识的(8)。

"第二本是《呼啸山庄》,改变了我评价一个人的思维方式。一个人可以很好,也可以很坏,可以是多面性的(10)。我认为中国的很多作品太注重正面形象或反面形象的塑造,而《呼啸山庄》中的希斯克利夫,是一个非常好也非常坏的人,这是国外名著很重要的一点,立体地体现人性的光辉和美丑。

"大学阶段影响我的书实在是太多了,老师推荐的基本都是商务印书馆出版的书,都是非常好的书。……说一说《社会契约论》。'一个人之所以成为奴隶,不是因为他被人奴役,而是没有反抗奴役的决心',这就是这本书反映的思想。我们中华民族是个温顺的民族(8),……这种温顺在一定程度上维护了稳定,但也在一定程度上阻碍了发展。革命与自由,是突破枷锁的一把钥匙,这把钥匙其实掌握在人民手中,那么人民依靠什么掌握它呢?就是靠阅读和思索,但这方面我们中国人确实很缺乏。"

6. 与其他书籍相比,阅读经典名著对您成长的影响有什么不同吗?

"……我就讲阅读经典名著的三个区别吧。第一是思想深度的差异。……第二是阅读的难易程度。经典名著实在是太难读了,不管用多么优美的文字来表现,不管那个茶花女写得多么漂亮,读了第一段,读第二段、第三段还是觉得很困惑。但是读完之后会有很多思考,还真想在香榭丽舍大街上走一走。我读完名著必看电影,这其实是在从一个批判的角度看电影,何况普通小说能拍成电影吗?(10)我的阅读速度还算快的,普通小说三到四天看完,文学名著要一周,学理著作就要比较久了。杨鸿烈老师写的《中国法律思想史》,我已经读了将近一个月了,实在太难了,每读一段,就要去查阅资料,看看这段话为什么这么解释(12)。第三是读后的感觉不同,我也从三个方面讲。一是由于意义不同从而对人生价值观念的影响不同(8)。从来没有哪本小说对我影响很大,……读完很快就忘了;反观读《史记》,每个人的事迹我都记得很清楚,这对价值观的影响显然不同。二是由于难易程度不同从而带来学习能力的差异。阅读经典名著就是培养学习能力(12),……三是知识量积累的差距(12)。……阅读就是为以后做的知识储备。学法学必看古罗马的书籍,比如西塞罗写的相关著作,必须要了解那个年代的生活状态,为什么开始是共和制？为什么后来变成帝制？为什么帝制又走向了分裂？为什么日耳曼人会入侵？(10)我给很多人讲这些时,他们觉得我怎么会知道这么多,我说多读几本书就可以了。"

2. 案例分析

QBZ 是一位大四学生,他在访谈中给本书作者留下了特别深刻的印象:有思想、有见地的一位本科大学生,读了很多书。尽管 QBZ 也是一位素质全面的大学生,但他的学业成绩尤为突出,而且从他的叙述中也可以发现,他的本科生活更偏向学业。访谈时他已获得保送华东政法大学攻读硕士学位的资格。

与 DZF 相同的是,在 QBZ 从小学、中学到大学的成长过程中,阅读一直伴其左右。QBZ 的阅读兴趣也是得到家庭的熏陶,并在小学阶段逐步养成阅读习惯,其间还受到《百家讲坛》等电视栏目的较大影响。影视节目的影响力可能是 90 后大学生与 70 后大学生的一大区别。初高中时由于升学压力的现实存在,杂志成为 QBZ 在校期间的主要读物,只有周末回家才有两天的读书时间。尽管初高中时的阅读显得"奢侈",但也正是阅读帮助 QBZ 走过了那段迷茫期,并使他养成了每天阅读的习惯。

进入大学后,QBZ 是一位目标清晰且理性的大学生,一直保持着较大的阅读数量和广博的阅读内容,同时也坚持以文史哲类经典著作和专业论著阅读为主。此外,寝室同学之间的阅读互动、学校举办的读书节、教师自发组织的读书会等阅读活动,都是 QBZ 十分认可的学校阅读氛围的组成部分。特别是其所在法学院开设的"法学经典名著导读"课程,更是得到了"非常好"的评价。

随着阅读实践的深入,QBZ 也形成了不少对于"阅读"的观点。从"阅读本身就是一种学习方法的培养""没有阅读量的积累是不会有思考的""大学生活是非常丰富的,但阅读是不可缺少的""名人讲座我认为也是一种阅读"

"对于这些经典名著,我的感觉是无论读了多少遍,还是会拜倒在她们脚下"
"我认为与人、与电脑的交往能力无法超越与书的交往能力""读书其实蕴化
在生活的每一个细节中"等不难发现,有些观点还是比较独到的。而这些关
于"阅读"的观点也反射了QBZ在阅读中的成长。

QBZ本人也十分清晰自身的发展得益于阅读,语言沟通能力、思维训
练、学习法律知识的能力、兴趣的拓展、全面分析问题的能力等都是他明确
提及的,其中阅读对他思维的训练和提升尤为显眼。他描述的对《红楼梦》
《茶花女》《呼啸山庄》三本书所做的比较,对《平凡的世界》《活着》这两本书
读后的感受,对《史记》《呼啸山庄》《社会契约论》三本书的评价以及自身因
此的改变等都反映了阅读对他认知思维能力的训练和促进作用,同时也反
映了阅读对他价值观和心理品质发展的深刻影响。不可否认,阅读对QBZ
成长和发展的影响是全面又深刻的。

在一个多小时面对面的交谈中,看着眼前这位侃侃而谈的大四男生,笔
者深刻感受到,QBZ在阅读中获得的不仅仅是知识量的积累,更是思想的深
化和心灵的升华。

(三)"创业型"大学生的阅读案例

"创业型"大学生是指本科就读期间或毕业后自主创业的大学生。在本
书的24位被访者中,共有2位"创业型"大学生,但在实际访谈中发现,本科
就读期间自主创业的大学生是位理科生,不符合本书所限定的研究对
象——文科大学生。因此本书只有1位毕业后自主创业的作为"创业型"大
学生的代表,具体信息见表5-3。

表5-3　"创业型"被访大学生基本信息

编码	学业成绩班级排名	大学任职	政治面貌	父亲受教育水平	母亲受教育水平	样本来源	备注
LXY	75%后	无	共青团员	初中	大专	遴选	已工作自主创业者

1. 案例呈现

资料编号:LXY

个人简介:吕女士,女,1984年2月出生,浙江宁波人,2002级英语专业
本科生,现为服装业自主创业者。在大学本科期间就有兼职经历,本科毕业
后赴英国萨里大学攻读国际商务管理硕士学位,其间坚持打工并在留学生

涯接近尾声时注册淘宝代购小店进行创业尝试。回国后,曾被聘为宁波一家五星级酒店市场总监秘书、销售主任。2008 年开始在服装业创业,目前正在谋划和尝试自主品牌的创建。

访谈时间:2015 年 12 月 3 日

访谈地点:吕女士公司办公室

访谈内容:

1.能否谈谈您小时候在家里的阅读情况?

"小时候我妈妈不会主动给我讲故事,但会经常带我去书店买书,买我爱读的书,现在我妈基本上一有空就带我女儿去那个宁波书城,我妈看书她也看书,能待半天(1)。"

2.您是否还记得从小学到高中,您就读的学校有没有举行一些跟阅读有关的活动?

"我的小学是镇明中心小学,初中是宁波中学,高中是镇海中学,读的一直都是名校。小学和初中学校有阅读活动,宁波中学还有图书馆(2)。高中时除了学习就是学习,但我读时尚类杂志的兴趣爱好是从高一开始的,不过那时候是偷偷摸摸读,老师要没收的,时尚类杂志是属于很异类的(2)。而且,镇海中学是学霸的天下,读这类杂志的估计真的就我一个。"

3.进入大学后,您的阅读有什么变化吗?您觉得就读的大学阅读氛围怎样,有哪些做法?您参加了哪些与阅读相关的活动?感受怎样?

"进入大学后,自由时间比较多,经济上也比高中阶段宽裕些,我妈一个月给我 600 元的生活费,但我基本上有 200 元是花在时尚杂志上。因为时尚杂志特别贵,20 元一本,我一周要买三到四本,那时候我大概有三四种杂志是每个月都追的。所以,本科期间,我读的最多的就是时尚类杂志。其次,我还比较爱读传记类书籍,如国外的一些成功人士、国家领导人传记等,我比较喜欢历史。虽然当时我是英语专业,但我并不非常喜欢英语,说实话,纯英语的专业类书籍我也就是读传记。而且,传记也是偏时尚类的,比如 Coco Chanel 的传记,这还是请人从国外买回来的,学校里面没有的。

"学校的阅读氛围还是可以的,图书馆基本上是抢不到位置的,想借的书也经常是被其他同学借走了。关于阅读活动,我不太关注。其实我大一时有参加过学生会,工作开展得也还不错,大二提拔干部时要看基准分,我的基准分是负的,也就是说没有机会成为学生干部。但我觉得总要找点事做,然后我就成了市区四六级英语培训学校的招生代理,算是半创业了。"

4. 您和您的老师(包括班主任和辅导员)、同学进行阅读互动吗?

"当时专业老师中很多都会推荐阅读书目,当然都是外文书籍,主要是文学类,纯英语文学类(6),但外文传记类书籍老师基本不会推荐。也有些老师会与我们进行阅读交流(6),但基本上是专业老师,与班主任和辅导员的阅读互动不太多。

"我不太跟其他同学交流学习,但与三四个跟我一样比较喜爱时尚类的同学交流比较多(7)。"

5. 您觉得大学(本科)期间的阅读与您的成长和发展有什么关系? 促进了您哪些方面(能力)的发展?

"大学四年,我的阅读大概90%集中在时尚类杂志上,我认为我创业的第一块敲门砖就是时尚杂志(9)。我在大四时最常读的《米娜》杂志是一本日系杂志。……我想进驻天一广场,就是拿着这本杂志去了招商部,我说:'这个品牌宁波还没有,我想做,你们有位子吗?'就是这样,这是我做的第一个品牌,从杂志上看来的(9)。说实话,那时候刚毕业,不可能经常去上海,也还没有入行。……这个故事说起来会非常好笑,就是一个黄毛丫头拿着一本杂志过去问有没有位子。

"我们这个行业,挑品牌是要看眼光的,或者说是对时尚的敏锐度,这是非常关键的,我认为我的眼光就是多年阅读时尚杂志积累起来的(9)。现在我们自创了一个品牌,做亲子装,我现在基本上没有设计师,就自己当设计师,我觉得很多灵感都来自长年累月的阅读(9)。

"还有,时尚杂志中也会有很多销售术语,我读得多,潜移默化中沟通能力也得到提高(11)。运营公司后,我读的最多的是《怎么当优秀店长》《怎么做优秀导购》等这些实用性很强的书籍,因为我们需要从基层了解市场需求(9)。

"另外,我认为读传记培养了我比较好的心态。人生起伏很大:昨天是成功的,也许明天就不是了;昨天还是失败的,可能今天就时来运转了。读传记让我有很好的心态去准备和接受人生的不确定性(12)。

2. 案例分析

LXY 是所有访谈样本中最特殊的一位,特殊的不是她是样本中唯一的创业者,而是她的创业与她本科阶段的阅读之间有着看似偶然实则必然的联系。

如果单独依据基本信息表中的内容,本科阶段的 LXY 在主流评价体系中实在是一位"不起眼"的大学生——学业成绩班级排名在75%后,没有任何任职,是一位共青团员,即学业、社会工作、政治追求,没有一项是冒尖的。如果单独评价她本科阶段的阅读,作为一名外语专业的大学生,虽然阅读量很大,但 90％的阅读聚焦在时尚类杂志,即休闲娱乐类书籍,阅读兴趣是她阅读的唯一导向。按照本书对大学生阅读的界定,她的阅读内容也不符合主流认知,极易得出"不务正业、浪费时间"的结论。但是,如果将她的成功创业倒推回本科阶段,不难发现,本科阶段仅仅出于兴趣的阅读看似"无心插柳",却也必然成就后来创业的"柳成荫"。

LXY 小时候也受到家庭一定程度的阅读引导,在基础教育阶段就读的都是当地的名校,而阅读时尚类杂志的兴趣是从高一开始的。LXY 高中就读的镇海中学,是在全国基础教育界中美名远扬的名校,在学霸遍布的镇海中学,时尚类杂志就如 LXY 本人的描述"是属于很异类的",所以她是"偷偷摸摸"地读。进入大学后,由于可自由支配时间的增多和经济的相对宽裕,本科阶段成为 LXY 阅读时尚类杂志的黄金期。

在大学本科阶段,LXY 是一位将三分之一的生活费用于购买时尚类杂志的大学生,是一位将 90％的阅读集中在时尚类杂志的大学生,是一位一年阅读 100 多本时尚类杂志的大学生。LXY 虽然是外语专业的学生,但她坦言并不喜欢自己的专业,所以阅读的少量与专业相关的书籍也是偏时尚类的人物传记;而与同学的阅读交流也限于时尚领域。一言概之,时尚类杂志是 LXY 本科阶段的阅读重心。

如果按照一般情况而论,作为一名外语专业的大学生,只依从个人的兴趣,将 90％的阅读聚焦在时尚类杂志上,显然不符合大学生的主流阅读情况。但本书第一章在对阅读与大学生发展的关系进行理论分析时也指出,大学生的阅读兴趣与所学专业不吻合、阅读方向另有所专的情况也是客观存在的,而 LXY 就是一个典型例子。就 LXY 在大学本科阶段的阅读实际而言,"时尚"已成为她的"事实专业",并为她后来在服装业的创业起步和发展奠定了"专业基础"。

LXY 的阅读故事显然具有个别性,但也反映了这样一种客观存在:如果大学生的阅读另有所专,即使不符合主流阅读,但只要与她的职业规划与事业发展一致,这类"另有所专"的非主流阅读也是帮助大学生获得成功的重要推力。就 LXY 而言,本科阶段聚焦在时尚类杂志的阅读,帮助她掌握"时尚"的专业知识、了解"时尚"发展的前沿以及在此基础上的自主创新;而在时尚阅读之外的人物传记阅读又帮助她历练了良好的心态。这些恰恰是创业不可或缺的重要因素。

将 LXY 的创业与她大学阶段的阅读相联系就可以发现,今天创业成功的"果"基于昨天大量阅读的"因"。就如她本人的观点,"大四时最常读的

《米娜》杂志"成为"创业的第一块敲门砖",而在服装业领域创业中非常关键的"眼光"和"灵感"也源于"阅读时尚杂志的积累"。

LXY 的阅读和创业经历虽然具有明显的个别性,但作为一种客观存在却丰富和充实了本书的研究。

三个典型个案,三位不同年代的大学生,"全能型""学业型""创业型"——各有各的精彩。然而相同的是,阅读在他们各自的成长路上都刻印了深深的痕迹。

第二节　大学生阅读的影响因素分析

量化研究结果显示,大学生阅读参与水平受学生个体特征、大学阅读环境和大学阅读互动的影响。质性研究得到的研究结论与量化研究结论基本一致,并对量化研究结论有进一步的解释和补充。

一、家庭背景和阅读熏陶、基础教育阶段阅读经历与重要阅读机遇

量化研究发现,个体特征显著影响大学生的阅读数量、阅读内容和阅读方式,具体表现在对阅读重要性的认知、专业类型、高中学校类型、学生身份、政治面貌以及性别对大学生阅读参与水平的影响显著。但是主要反映大学生家庭经济和社会文化特征的城乡差异和宗教信仰对大学生的阅读参与水平没有显著影响。通过对质性研究样本的分析发现,在大学生的个人背景因素中,家庭背景及对大学生阅读兴趣和习惯的熏陶培养、基础教育阶段的阅读经历与重要的阅读机遇是大学生阅读的显著影响因素。这是对量化研究结论的重大补充,特别是从个体阅读史的视角追溯了影响大学生阅读的因素。

（一）家庭背景和阅读熏陶

文化资本理论认为,家庭是文化资本最初也是最主要的再生产场所,子女能从其出身的环境中继承知识、技术和爱好,培养"有益的兴趣"。[①] 本书第一章也论述到,阅读是家庭教育的主要手段,孩子的阅读兴趣和阅读习惯

---

① 布尔迪约,帕斯隆.继承人:大学生与文化[M].邢克超,译.北京:商务印书馆,2002:20.

最早来源于家庭,世界上许多国家和民族都有在家庭教育中重视阅读的传统。这在本书的质性样本分析中也得到了验证。

1. 家庭背景信息

在第四章的量化研究中,由于某些个体先赋性特征变量之间具有较高的相关性,如城乡差异、父母职业、父母受教育水平、家庭年收入等,这些因素往往会造成多重共线性的问题,因此量化研究在构建模型的过程中剔除了那些和主要变量相关性过高的其他变量(相关系数大于 0.2 或者小于 -0.2)。由此量化研究没有直接检验父母职业和受教育水平等家庭出身背景对大学生阅读的影响。质性研究对此进行了补充,采集了被访大学生的家庭背景信息(见表 5-4)。相关研究表明,父母的社会经济地位对儿童的早期文学能力甚至后期读写能力和学习成绩有重要影响。[1] 而父母的职业和受教育水平在很大程度上决定了其社会经济地位。

表 5-4 被访大学生的家庭背景信息

序号	编码	出生年份	父亲职业和受教育水平	母亲职业和受教育水平	书籍年阅读量
1	YHB	1976	务农 普通高中	务农 不识字	10 本
2	CSY	1993	机关管理人员 本科	个体经营户 普通高中	20 本
3	HKC	1994	经商 初中	经商 初中	20 本
4	DZF	1977	机关管理人员 大专	中学职工 初中	40 本
5	QQ	1994	(未工作) 初中	教师 本科	7~8 本
6	LJ	1994	出租车司机 初中	工厂工人 小学	3~4 本
7	SZW	1993	经商 普通高中	经商 普通高中	80 本
8	LGY	1995	经商 普通高中	经商 小学	4 本

---

① 何江涛.耕读传家[M].北京:北京图书馆出版社,2008:122.

续表

序号	编码	出生年份	父亲职业和受教育水平	母亲职业和受教育水平	书籍年阅读量
9	YJH	1995	自主创业 普通高中	家庭主妇 普通高中	2～3 本
10	ZYJ	1993	公司职工 小学	公司职工 初中	10 本
11	ZRY	1994	体力工人 初中	务农 不识字	10 本
12	QXL	1995	经商 中专	经商 大专	20～<30 本
13	WK	1993	体力工人 普通高中	体力工人 初中	2 本
14	ZB	1996	机关管理人员 本科	机关管理人员 本科	23～24 本
16	ZYF	1994	企业管理人员 本科	企业管理人员 大专	8～9 本
17	YJ	1994	机关管理人员 本科	公司会计 初中	4～6 本
19	QBZ	1994	自主创业 大专	医院管理人员 大专	35 本
20	TZW	1996	体力工人 初中	体力工人 中专	7～8 本
21	WZ	1995	机关管理人员 本科	机关管理人员 大专	5—6 本
22	DML	1994	机关管理人员 本科	机关管理人员 普通高中	6～7 本
23	LXY	1984	自主创业 初中	纺织女工/财务人员 大专	2～3 本(书籍) 100 本(杂志)
24	SB	1982	务农 不识字	务农 不识字	10～15 本

注:序号为 15 和 18 的访谈对象为理科大学生,访谈资料不参与分析。

质性样本中,父亲和母亲之间的受教育水平总体比较接近(见表 5-5)。

大专及以上学历的父亲和母亲分别有 8 人（占 36.4％）和 7 人（占 31.8％）；高中（含中专）学历的父亲和母亲分别有 6 人（占 27.3％）和 5 人（占 22.7％）；小学和初中学历的父亲和母亲各有 7 人（占 31.8％）；不识字的父亲和母亲分别有 1 人（4.5％）和 3 人（13.6％）。父母的受教育水平代表了家庭的文化资本，相关研究显示，父母受教育水平越高，对子女的教育越重视，也越愿意与子女进行阅读分享[1]，因此子女就会拥有越多的文化资本。基于质性样本父亲和母亲之间的受教育水平没有显著差异，本书将大学生的父母中有 1 位及以上的受教育水平是大专或本科的视为文化资本优越家庭，其他大学生则出身在占有文化资本较少的家庭。在 22 位质性样本中，出身于文化资本优越家庭的共有 11 人（见表 5-4），比例恰好为 50％。

表 5-5　被访大学生父母的受教育水平分布情况

受教育水平	父亲人数（比例）	母亲人数（比例）
本科	6(27.3％)	2(9.1％)
大专	2(9.1％)	5(22.7％)
高中/中专	6(27.3％)	5(22.7％)
初中	6(27.3％)	5(22.7％)
小学	1(4.5％)	2(9.1％)
不识字	1(4.5％)	3(13.6％)
总和	22(100.0％)	22(99.9％)（注：四舍五入后＜100）

2. 家庭背景影响大学生阅读的分析

研究发现，不同的家庭背景和阅读引导方式都会影响大学生的阅读，并且家庭对大学生阅读的影响具有稳定性。

（1）文化资本优势和非优势家庭背景对大学生阅读影响的比较分析

家庭是文化资本再生产的重要场所。相关研究表明，父母受教育水平对与孩子的阅读分享行为有较大影响，父母受教育水平越高，与孩子进行阅读分享的时间和频次越多，因此父母受教育水平与儿童语言能力发展正相关。[2] 王卫霞的研究发现，母亲的受教育程度越高，大学生的阅读投入时间

---

①　何江涛.耕读传家[M]. 北京:北京图书馆出版社,2008:122.

②　何江涛.耕读传家[M]. 北京:北京图书馆出版社,2008:122.

越多;父亲的社会地位(职业)与大学生的阅读投入时间也呈正相关关系。[①]在 11 位出身于文化资本优越家庭的大学生中,书籍年阅读量在 20 本及以上的有 6 人[②],占 54.5%;另在 11 位出身于文化资本非优越家庭的大学生中,书籍年阅读量在 20 本及以上的有 2 人,占 18.2%。以上数据在一定程度上说明父母的受教育水平影响大学生的阅读数量。

由于中国社会存在(外)祖父母代替父母承担孩子早期教养的现象,研究发现,父母或(外)祖父母是大学生童年时代阅读兴趣和阅读习惯的主要培养者。同时,部分拥有文化资本优势家庭背景的大学生的良好阅读习惯不仅与父母的受教育水平相关,还与父母包括(外)祖父母的职业(如教育工作者、文字工作者等)也相关。

DZF 的阅读参与水平甚为理想,书籍年阅读量是 40 本,阅读内容以经典著作为主,阅读方式以纸质阅读为主。父亲大专毕业,是县级教育局的领导干部,DZF 认为自己的阅读与父亲的职业和专业相关。"我大概在小学三年级左右就开始自主选择读物了,这可能跟我父亲的工作有关系。他所学的专业对我有影响,他是学汉语言文学的,比较偏重古汉语。"(资料编号:DZF)

QXL 的书籍年阅读量是 20 多本,阅读内容以经典著作和报纸为主,阅读方式以纸质阅读为主。父亲和母亲分别是中专和大专毕业,皆经商,其从小由祖父母代养,阅读习惯与祖父的职业相关。"爸爸妈妈是做有色金属销售的,我主要是爷爷奶奶带的。小时候爷爷教我背《三字经》《百家姓》。爷爷现在是离休干部,解放战争时期他是在党内从事文字工作的,现在也还在写作和出版图书。"(资料编号:QXL)

出身于文化资本非优越家庭的 11 位大学生中,大部分的书籍年阅读量在 10 本以下,但仍有少数大学生打破了"家庭背景出身论",拥有较高的阅读参与水平。SZW 的书籍年阅读量在所有访谈对象中位列第一(80 本),阅读内容以专业论著和文学作品为主,阅读方式以纸质阅读为主。其父母均为自主经商者和高中文化程度,而且他也没有家庭阅读的熏陶经历,虽然他本人认同家庭环境对阅读习惯养成的重要性。"我爸爸妈妈都是经商的,没有阅读的习惯。不过,我认为家庭环境对阅读习惯的养成很重要。"(资料编

---

① 王卫霞.家庭背景对大学生阅读影响的实证研究[J].中国出版,2015(17):71.

② 表5-4 中序号为 23 的个案比较特殊,她阅读了大量(100 本)的时尚杂志,进而奠定了她创业成功的专业基石,因此,此处把她也当成是书籍年阅读量超过 20 本的。

号:SZW)当然,SZW 的父母虽然都是高中文化程度,但由于共同经商使其家庭具有较好的经济资本,有能力为孩子提供较多较好的教育和阅读机会,以弥补父母自身受教育水平的不足。

综合而言,本书认为家庭背景影响大学生阅读。阅读参与水平较高的大学生主要来自文化资本优越的家庭,但是仍然有少数出身于文化资本非优越家庭的大学生也具有较高的阅读参与水平,因此家庭背景对大学生阅读行为的影响具有多元性。

(2)家庭对大学生童年时代阅读的影响方式

研究发现,家庭对大学生童年时代阅读的影响方式包括阅读陪伴(亲子阅读)、阅读指导、阅读交流、阅读肯定、阅读推荐和阅读环境的创设等。

DZF 阅读兴趣和习惯的培养主要得益于他的父亲。其父不仅采用启发式的阅读指导,与他进行细致的阅读交流,更会适时以表扬和鼓励的方式给予他阅读肯定。相关研究显示,如果儿童经常在阅读上体验到成功和由此带来的愉悦,他就有可能形成很强和很稳固的阅读成就动机。[1] "我觉得父亲对我读书最大的影响在于我们经常会在饭桌上共同讨论一本书。如果我读的是传统评书,他就会跟我讨论评书中的一些人物、一些情节,包括故事发展变化的一些情况,还会问我书里面什么样的人物是我最喜欢的,为什么喜欢。如果我读的是文学类的,我小时候比较喜欢诗词、古文,那他就会跟我讨论一些典故。所以我印象中高中阶段才会学到的一些典故、成语,我差不多在小学阶段就已经掌握了。所以就阅读兴趣而言,父亲对我的影响还是很大的,我感觉这是一种启发式阅读,注重与我在阅读过程中的交流,让我有阅读的兴趣。然后也能从阅读当中获得一些小小的成就感。父亲会给我一些表扬、肯定和鼓励,我觉得这也是比较重要的。一直到现在,我父亲已经 70 多岁了,因为他在老家,我们一年当中见面次数并不多,但只要我回家,我们就会交流最近的阅读情况。"(资料编号:DZF)

DZF 的父母还为孩子的假期生活创设阅读环境——图书馆。"小时候暑假时由于父母没有时间管我们,所以放暑假前就帮我们办了县里图书馆的阅览证,然后他们上班经过县图书馆就把我们放在那了。所以,在我小学二三年级,我哥哥四五年级时,我们就已经开始自己借书自己看书,整个暑假就是这么过来的。"(资料编号:DZF)

不难发现,DZF 的父亲对孩子阅读兴趣和习惯的培养既专业又全面,这

---

[1]　何江涛.耕读传家[M]. 北京:北京图书馆出版社,2008:122.

不仅为 DZF 良好阅读习惯的养成奠定了扎实基础,也成了父子一贯的重要交流话题——"只要我回家,我们就会交流最近的阅读情况"。由此可见,童年时期家庭培养的阅读习惯甚或影响人的一生。

QBZ 的童年时期主要由其外祖父母陪伴,因此也是外祖父母培养了其阅读习惯。这种情况具有一定的代表性,或者说颇具"中国特色"。但研究发现,不管是父母还是(外)祖父母,只要重视孩子的阅读,对孩子阅读兴趣和阅读习惯的养成并无明显差异。"我的阅读兴趣倒不是我爸爸妈妈培养的,而是我姥姥和姥爷培养的,因为我幼儿园和小学阶段都是住在姥姥姥爷家。他们就一直带我读书,漫画书、小人书,并且和我一起读,所以阅读习惯一直在养成。这些小时候的书有些还留在姥姥的柜子里,现在偶尔去翻一翻也是蛮有童年回忆的。"(资料编号:QBZ)

显然,QBZ 的外祖父母采用的是阅读陪伴即亲子阅读的方式来培养孩子的阅读兴趣和阅读习惯。有研究指出,看懂图画书并享受其中的乐趣是幼儿在完全认字读书之前自主阅读能力成长的重要组成部分,而帮助幼儿成为自主阅读者的重要途径是父母与孩子共同参与的亲子阅读。许多教育学家和人类学家强调,儿童语言理解能力和读写能力发展的关键是其在早期有机会接触书籍并与家长分享阅读。[①] 由此可见,亲子阅读是培养孩子阅读习惯的有效方式。

随着孩子的成长、阅读内容的拓展,QBZ 的外祖父和他父亲,又开始在家庭中进行阅读推荐。"我从小就读《人性的弱点》这本书,读了很多遍,我爸爸经常翻到某一页就跟我说'你看看这段',我姥爷也经常把报纸拿来让我读某一段,我们家有推荐阅读的习惯。"(资料编号:QBZ)所以,QBZ 的成长过程一直有浓郁的家庭阅读氛围相伴。

以上案例和其他访谈资料都显示,阅读参与水平甚为理想的大学生其家庭一般都很重视从小以各种方式培养孩子的阅读兴趣和阅读习惯。但在质性样本中有一则案例显示,家庭在培养孩子的阅读兴趣时,由于方式不甚恰当,结果是反向影响了孩子的阅读兴趣。

YJ 的书籍年阅读量为 4~6 本,阅读内容以专业论著和报纸为主,阅读方式以纸质阅读为主。作为一名文科大学生,YJ 的阅读数量明显偏少,其认为童年时期家长过早提供难度较大的书籍抑制了她的阅读兴趣。"我小时候爸爸比较忙,妈妈主要是关注我的学习,在书籍阅读方面关注比较少,

---

① 何江涛. 耕读传家[M]. 北京:北京图书馆出版社,2008:131-133.

但是会给我买书。我有亲戚是当老师的,他们也会送我一些书如《十万个为什么》之类的。我觉得入学前应该读些轻松愉快的书,但他们送的都是比较晦涩难懂的书,这可能影响了我的阅读兴趣。"(资料编号:YJ)

由此可见,家庭在培养孩子的阅读兴趣和习惯时,要注意儿童的身心发展规律和阅读需求,采取合适的方式,切不可拔苗助长。

(3)家庭影响大学生阅读的稳定性

研究发现,在家庭的阅读熏陶和培养下,大学生在童年时期形成的阅读兴趣和阅读习惯一直稳定持续至基础教育阶段,突出的标志是大学生在基础教育阶段学习繁忙时(如中考、高考备考期间)仍坚持阅读。

"如果我对一些书籍比较感兴趣的话,就会挪出时间阅读,包括高三备考的时候,我还是坚持每天在阅读。就是利用午饭后到下午 2 点前这段时间,我专门阅读名著,而不是去学习课本上的知识。"(资料编号:CSY)

"高三阶段学习非常繁忙时我还是坚持阅读的,但阅读量会适当有所压缩。"(资料编号:DZF)

"高三学习最繁忙时还是坚持阅读的,对学习也有帮助。我觉得自己读书还是太少,那些读书多的同学,知识面和想法就是不一样。"(资料编号:ZYJ)

由此可见,在基础教育阶段学业特别繁忙的情况下,仍有学生坚持阅读。虽然在这种特殊时期学生会适度减少阅读时间和阅读数量,但对阅读的不间断坚持在其个体阅读发展史中是非常重要的,大学生本人也体悟到了这种"阅读坚持"对自身成长的各种帮助。

经过基础教育阶段的巩固和加强,不间断的阅读坚持一般都能持续至大学阶段。"学习繁忙时我坚持阅读的,包括现在在大学阶段,不管是司法考试还是期末考试迎考时期我都坚持阅读,每天我坚持在 7:40 到 8:15 左右这段时间阅读。比如有一次期末考试压力特别大,但我在备考期间仍然读完了《呼啸山庄》,读完那天精神特别放松,也有很多关于人性的思考。所以,学习压力并不影响我阅读。"(资料编号:QBZ)

从大学生在童年时期受到家庭的阅读熏陶到基础教育阶段乃至大学阶段学业特别繁忙时期的"阅读坚持",说明家庭对大学生童年时期阅读兴趣和阅读习惯的培养具有持久的影响力。

(二)基础教育阶段的阅读经历

如第一章所述,学校教育是一个社会最重要的教育载体,虽然学校教育是在教师的引导下进行的,但核心仍然是阅读,即朱永新教授所强调的"阅读即是最好的教育"①。"一个人真正的精神饥饿感,只有在中小学阶段才能够形成"②,因此大学生在童年时期受其家庭影响所培养的阅读兴趣和阅读习惯,在基础教育阶段必须得到进一步的巩固和加强,特别是要加强阅读方法的培养,以持续提升阅读参与水平。

研究发现,基础教育对学生在中小学阶段的阅读影响主要体现在学校开展的阅读活动以及学生自发进行的阅读行为两个方面。

1. 基础教育阶段学校开展的阅读活动

大学生基本都能清晰记得在中小学阶段就读学校组织的各类阅读活动,包括班级读书角、阅读与写作比赛、阅读知识竞赛、作家讲座、"每天阅读一小时"、文学社、读书节等。这些阅读活动在一定程度上形成了一所学校的阅读氛围乃至阅读文化,并潜移默化地影响着处于基础教育阶段的学生。

"小学初中高中都有阅读活动。我们举办过读书角活动,就是每周有一个时间段去那边进行阅读交流。读书角的图书都是免费提供的,在那里可以自由交流,不像图书馆是不能讲话的。还有阅读主题演讲,我们班级为了读书节还举办了辩论赛。"(资料编号:CSY)

"学校有一些阅读活动。小学阶段学校比较重视的是阅读与写作比赛,由学校承办的全县小学生阅读和作文比赛,我还得过一等奖。初中时,我印象中学校比较重视的是阅读知识竞赛,有点百科竞赛这种感觉,我认为是要以阅读为基础的。"(资料编号:DZF)

"我读的小学是当地比较好的小学,有图书馆,还会请一些作家来给我们开讲座或开展读书分享会,也有些是签售会;学校还有'每天阅读一小时'的活动,我们每天要在特定的时间阅读。初中时学校办过读书节,就是大家进行书籍交换。"(资料编号:YJ)

通过对以上案例和其他质性资料分析发现,尽管大学生在基础教育阶段就读的学校组织了各类阅读活动,但形式仍不够丰富,实效也有待提升。同时,由于中考和高考的现实压力,不同学校对阅读的重视程度和实施行动存在明显的差异,突出表现在教师对学生阅读的引导和指导上。研究发现,在基础教育阶段只有少量教师重视学生的阅读并付诸行动,这也是本书把"教师对学生阅读的引导和指导"视为学生"重要阅读机遇"的主要原因。

---

① 朱永新.我的阅读观[M].北京:中国人民大学出版社,2012:142.
② 朱永新.我的阅读观[M].北京:中国人民大学出版社,2012:139.

2. 基础教育阶段学生自发进行的阅读行为

大学生在基础教育阶段尽管学习繁忙并且有升学压力,但或出于阅读兴趣或为了缓解学业压力,都有一些自发进行的阅读行为。研究发现,大学生在基础教育阶段自发进行的阅读主要集中在杂志上,《读者》《意林》《青年文摘》是大学生提到频次最高的;少数会阅读经典著作,实属难能可贵。

"我所在的班级读报纸杂志类的氛围挺好,虽然班主任有管制,但大家很有兴趣,那时我也是这样。读报纸杂志比较轻松一些,可以缓解备考压力。不过,阅读与语文特别是作文的关系比较密切。"(资料编号:QXL)

"初中有升学压力,阅读就比较少,但培养了我们阅读杂志的习惯,同学们都读《读者》《意林》《青年文摘》等。读这些杂志不能算读书,但也是一种阅读习惯,我认为读杂志对阅读习惯的培养是适应现代潮流的。初高中时没有大量的阅读时间,那就了解一下这种碎片化的知识,其实我觉得这样更好。……高中时大家都是文艺青年,所以愿意读经典著作。我们周一至周五在学校,阅读不是很方便,一个寝室可能就一两本杂志,算是这段时间唯一的心灵慰藉。周末是回家的,两天时间我一般都用来读书,晚上都看到十一点。那段时间的阅读起到了思维导向的作用,因为我高中时很迷茫,不知道未来会考到什么学校,我都是从书里面找答案,培养自己的抗挫能力。所以,高中时我读了不少成功学的书。"(资料编号:QBZ)

不难发现,这些自发的阅读行为基本被学校和教师视为是与学业"无关"的事并且受到管制。正如朱永新教授所指出的,在基础教育追求"应试"的背景下,大部分学校不再重视阅读,真正的阅读被边缘化了。[①] 尽管如此,这些自发的阅读行为仍然顽强地存在,特别是经过家庭阅读熏陶已形成阅读兴趣的学生在学校生活基本没有阅读环境的情况下仍然想方设法坚持阅读,而且这些自发的阅读行为慰藉和缓解了大学生在基础教育阶段的心灵迷茫和升学压力。

此外,令人印象深刻的是,个别学生在中学阶段"偷偷摸摸"进行的阅读后来成为其事业发展的重要起点。"高中时除了学习就是学习,但我读时尚类杂志的兴趣爱好是从高一开始的,不过那时候是偷偷摸摸读,老师要没收的,时尚类杂志是属于很异类的。而且,镇海中学是学霸的天下,读这类杂志的估计真的就我一个。"(资料编号:LXY)身处名校——镇海中学的LXY,其阅读时尚类杂志的兴趣爱好确实显得很"异类",但就是这"偷偷摸

---

① 朱永新.阅读的力量:"天下第一件好事还是读书"[J].图书馆杂志,2014(4):13.

摸"的阅读成为后来其在服装业自主创业的基点。LXY 的阅读经历虽具有明显的个别性,但也是一种客观存在。

美国著名生理学家玛莉安·伍尔夫认为,14 岁以前的阅读体验对人类的成长非常重要[①],而 14 岁以前的阅读体验主要来自家庭和中小学。在学校教育得到普及后,对绝大多数人的成长和发展而言,学校教育是不可或缺的,但一个没有阅读的学校,永远不可能有真正意义上的"教育",即对人精神世界的引导和塑造。[②] 就本书获得的一手资料来看,基础教育的阅读实践和阅读研究任重而道远。

关于学生在基础教育阶段的阅读经历,近年来还是有不少讨论和实践。其中朱永新教授主持的"新教育实验"(以"营造书香校园"为重要途径)最为典型,在全国 1100 多所学校进行[③],为基础教育阶段的阅读实践提供了有益的示范和指导。

(三)重要阅读机遇

所谓"重要阅读机遇",是指大学生在基础教育阶段对其阅读产生过重要影响的人物或事件。显然,"重要阅读机遇"也是基础教育经历影响大学生阅读的一个因素,之所以将其单列,是因为研究发现只有少数学生有幸遇到这些重要人物或事件并且呈现出鲜明的个性化特征,由此称之为"机遇"。"重要人物"主要是教师,包括班主任、语文教师和其他教师;"重要事件"主要是基础教育阶段鲜有的阅读课的开设。

CSY 的"重要阅读机遇"主要是台湾老师的阅读引导,而且因为"我们班旁边有一个海峡班"才有了与台湾老师相遇的机会,她的这个阅读经历基本不可复制,所以称为"机遇"。"我们那个厦门大学附属实验中学比较特别。我们班旁边有一个海峡班,就是有台湾老师来授课,台湾老师会一直跟我们讲台湾的崇学氛围。他们对待考试没有花那么多的心思,认为学习是一种知识沉淀,而不是为了考试。当时那些老师也会来我们班授课,会给我们推荐一些书籍或直接把书发给我们,有一种流动书库的感觉。"(资料编号:CSY)

DZF 是个幸运儿,他的"重要阅读机遇"首先是实施独特阅读引导方式的初中教师和进行阅读推荐的高中班主任。"初中时有一位老师比较注重

---

① 朱永新.我的阅读观[M].北京:中国人民大学出版社,2012:140.

② 朱永新.阅读的力量:"天下第一件好事还是读书"[J].图书馆杂志,2014(4):14-15.

③ 朱永新.我的阅读观[M].北京:中国人民大学出版社,2012:243.

对学生阅读兴趣和阅读方法的引导,而且把阅读和写作结合起来。他曾经尝试让我们先阅读,然后给我们相同的场景让我们写作;也曾经尝试让我们先去参加一个实践活动,我记得老师有一次带我们全班同学去参观当地比较有代表性的一座寺庙,然后让我们写游记、写说明文,写作之后我们才知道这就是下一课要学的课文中所描述的场景,然后老师让我们将自己的作文与著名文学家的文章进行比较。……高中阶段我的阅读兴趣发生了变化。小学和初中阶段我注重的是文学、传记这类书籍的阅读,到了高中我开始关注时事政治类书籍和科普类读物……由于我的班主任是物理老师,所以如霍金的《时间简史》这样一些科普类读物也开始进入我的阅读书单。我感觉阅读兴趣的变化对我知识和视野的拓展还是有比较大的影响。"(资料编号:DZF)

DZF 的"重要阅读机遇"还包括遇到开设阅读课的高中学校。"高中时,我们缙云中学比较难得的是给我们开设了专门的阅读课,高一高二都有,每周两节,不过阅读课的上法很简单,就是老师把我们带到学校图书馆的阅览室读书。说起来比较难为情,在阅读课上我基本上就是读《今古传奇》《山海经》这类杂志,我的同学也是读《知音》《青年文摘》等。我感觉这可能与当时高中阶段的学习节奏和学习压力有关,大多数同学选择的是能够让精神得到放松的杂志,所以上阅读课时我们都很轻松,大家每周都很盼望阅读课。"(资料编号:DZF)尽管学校的阅读课"上法很简单",读的主要也是杂志,令DZF 至今回忆起来"比较难为情",但他清晰地记得"上阅读课时我们都很轻松,大家每周都很盼望阅读课"。

显然,DZF 的这些"阅读机遇"拓展和提升了他的阅读兴趣和阅读方法,特别是阅读带来的充实和快乐的体验成为其坚持阅读的重要因素。DZF 的阅读经历也难以完全复制。

ZYJ 的"重要阅读机遇"是她的班主任兼语文老师。在学校取消高三阅读课的情况下,"班主任坚持课前读诗"的确是 ZYJ 和她的同学们的幸运。"高中学校有阅览室,可以挑自己喜欢的书读,我们班主任是语文老师,很看重这一点。而且,有一段时间我们班爱上了读诗,一直到高三复习很紧张的时候,我们班课前还要读席慕蓉和汪国真的诗,我也很喜欢,我们老师也很享受。其实我们学校高三就取消了阅读课,同学们都不开心,幸运的是我们班主任坚持课前读诗,虽然我的文采不是很好,但是我很喜欢这种形式。"(资料编号:ZYJ)ZYJ 的阅读经历虽然可以复制,但在现有体制下,班主任兼语文老师的这种"坚持"需要勇气,所以仍属于"机遇"。

通过对上述案例的分析可以发现,基础教育阶段的"重要阅读机遇"对学生阅读兴趣、阅读习惯、阅读方法等的培养和改善具有重大意义,而这些阅读经历也深深烙印在大学生的记忆中,乃至多年后仍令他们难以忘怀。虽然这些"重要人物"和"重要事件"明显稀缺并且具有鲜明的个性化特征,但只要真正重视学生的阅读,积极创设"重要人物"和"重要事件"出现和发生的环境,比如给予教师较为自由的教学空间、宽松的制度政策和积极的激励措施等,对学生阅读产生重大影响的人物和事件将纷呈涌现甚或不再为"机遇",实现朱永新教授所提出的让阅读去撬动中国教育的改造,成为使应试教育回归素质教育的突破口。[①]

大学生从小在家庭环境中受到的阅读熏陶、基础教育阶段就读学校开展的阅读活动和自发进行的阅读行为以及少数幸运儿在基础教育阶段得到的"重要阅读机遇"都具有明显的个性特征,但都在不同时期影响了学生的阅读以及他们的成长和发展。可以肯定的是,如果错过了家庭和基础教育阶段的阅读经历,大学生要达到良好的阅读参与水平会存在相当大的困难。

二、大学校园阅读活动与阅读课程

家庭和基础教育阶段的学校是学生进入大学前所处的主要阅读环境,并由此形成了学生在大学阶段参与阅读的智力和心理准备特征。通过对质性研究样本的分析发现,在高等教育阶段,读书会对大学生的阅读产生了积极影响,这与量化研究中读书会与大学生阅读数量呈正相关关系的结果基本一致;对于大学开展的其他校园阅读活动,如学术报告(讲座论坛)、演讲辩论、读书节等,大学生出现了两极分化的感受和评价,这使量化研究关于阅读推广活动对大学生阅读参与水平没有显著影响的结果得到解释和补充。大学开设阅读课程(包括本学科的经典导读或名著选读和可供全校学生选修的阅读指导课程)的可谓凤毛麟角,但样本学生所在大学开设了阅读课程的案例显示,其显著影响了大学生的阅读兴趣、阅读选择和阅读能力等,这是对阅读课程影响力的有力补充。下文将详细讨论。

(一)大学校园阅读活动

如第一章所述,文化培育是大学推动学生阅读的途径之一,大学阅读环境的营造主要是利用文化的力量。而校园阅读活动是大学阅读文化的重要

---

① 朱永新.我的阅读观[M].北京:中国人民大学出版社,2012:142-147.

载体,主要包括读书会以及学术报告(讲座论坛)、演讲辩论、读书节等阅读推广活动。

1. 读书会

读书会是一种以阅读为核心的非正式的学习组织,从理论上说在大学中应最为常见也最为普遍。研究发现,大学读书会的发起人和组织者主要有三类:专业教师、大学生个体和学生组织。

(1)专业教师组织的经典型或专业型读书会

专业教师组织的读书会以经典名著阅读或专业论著阅读为主,因此命名为经典型或专业型读书会。受众学生较少,主要是优秀学生和本专业学生,属于小众活动。读书会对大学生阅读的影响体现在三个方面,即阅读内容的引领、阅读数量的保证和阅读习惯的坚持。此外,由教授组织的集合了本、硕、博学生的读书会可以视为是对拔尖本科生培养方式的一种探索。

QBZ 和 ZYJ 两位大学生所了解和参加的读书会由专业教师组织,读书会的活动内容主要是阅读经典名著或专业论著。

"我们法学院有个老师自发组织的读书会活动,都是读经典名著。很多同学去过了,而且都是精英同学。这是个高端活动,讨论的都是些比较深刻的话题,大家反映也是蛮好的,可惜我因为时间冲突而没有去。"(资料编号:QBZ)

"我有参加学院老师组织的读书会。一般是老师先推荐一本书,然后我们去读,再找一个时间与我们交流读书体会。因为我们专业书比较难啃,老师带我们读书就如有一个带路人,阅读也更有计划。"(资料编号:ZYJ)

从 QBZ 和 ZYJ 的描述中可知,专业教师组织的读书会的受众学生主要有两类,即拔尖本科生("很多同学去过了,而且都是精英同学")和本专业学生("因为我们专业书比较难啃,老师带我们读书就如有一个带路人")。这表明一方面优秀学生更愿意参加读书会或者是优秀学生的阅读基础和阅读能力更适合参加专业教师组织的读书会("这是个高端活动,讨论的都是些比较深刻的话题"),进而对优秀学生的阅读参与水平和综合素质发展形成良性促进。正如吴惠茹在其研究中以南阳师范学院、南京大学和华中科技大学的读书会会员的硕博录取率等为佐证,认为参加读书会的大学生至少是好学上进的学生,而参与读书会进一步帮助大学生日趋优秀甚或成为精英。① 另一方面,学生的专业阅读更受到教师的重视并以读书会的方式给予其指导。由此可见,参与专业教师组织的读书会的学生限于一定的范围。

而 ZB 参加的读书会模式值得推广。"我们系也组织读书会,教授会带我们读书,我周六能坚持阅读就是因为参加了读书会。……读书会由教授本人组织,十几位同学参加,而且时间基本固定在周末。我觉得在这个读书会上的收获可能比平时上课还要大。教授带我们读的是《实践理性批判》这类不怎么受欢迎的书,可是康德的三大批判如果自己一个人去读,怎么可能读得下来? 所以我在读书会的收获特别大,大家一起读的过程中还会有一些自己的理解。读书会上有不少硕士生和博士生,我们坐在众人里面,听他们分析文本。"(资料编号:ZB)ZB 参加的读书会虽然也是小众活动,但集合了本科生、硕士生和博士生,活动内容也是阅读经典名著。显然,组织读书会的教授是一位博导,博士生和硕士生的定期阅读交流是研究生培养的常见方式,如果能参照这位教授的做法将其拓展为读书会,吸收少量拔尖本科生参加,也可视为是对拔尖本科生培养的一种探索。

分析三位大学生对读书会的感受,不难发现读书会对他们阅读内容选择、阅读数量提升和阅读习惯坚持的积极影响,而以上三者的结合和积累就能促进大学生专业素养和综合素质的提升。正如 ZB 的切身感受:"我觉得在这个读书会上的收获可能比平时上课还要大。"

换一个视角,不少专业论著对本科大学生而言,阅读比较困难,而经典名著更是晦涩难懂、难以坚持阅读,如 ZB 所言:"教授带我们读的是《实践理性批判》这类不怎么受欢迎的书,可是康德的三大批判如果自己一个人去读,怎么可能读得下来?"不可否认,阅读经典名著的确需要深厚理论素养的准备和沉淀,如果让本科大学生独自阅读确有勉为其难之处,由此经典名著沦为了"不怎么受欢迎的书"。然而,如果教师介入指导,大学生不仅能坚持读经典,更能由此学会独立思考,促进智慧提升。这也是大学读书会的本真意义所在。

(2)大学生个体组织的兴趣型读书会

在本书的质性样本中,只发现一例由大学生个体组织的读书会。尽管在问卷调查中占 8.8% 的大学生表示能经常获知由学生自发组织的读书会,但经常参与的只有 1.7%。以上数据表明,曾在 20 世纪 80 年代和 90 年代

---

① 吴惠茹.高校读书会对大学生个体成长的影响及其推广策略研究[J].图书馆工作与研究,2016(2):106.

在大学生中存在的出于阅读兴趣和阅读热情,由学生自发形成的读书会在当下大学中基本已难觅其踪,这可以认为是大学生阅读退化的一个证据。

DZF 是 1995 级本科生,他描述了他本人本科期间组织的读书会和他的同学由于共同的阅读兴趣自发形成的读书会,在本书的质性样本中独此一例。

"本科期间我还作为发起人组建了邓小平理论读书会。这缘起我大三时参加了一个由共青团中央举办的华东地区大学生与邓小平理论研讨会,会后我感觉在大学生中进行马克思主义经典理论的学习和研究非常重要,所以就发起组建了这个读书会。读书会在组建过程中,由于受我本人的阅读兴趣、阅读爱好和阅读经历等因素影响,比较注重三方面的工作:一是专家辅导报告,我印象中在 1998 到 1999 年,请校内外专家为读书会做经济社会文化方面的学术报告不下十次;二是组织关于邓小平理论研究的论文比赛;三是开展专题社会调查。

"本科期间由于专业关系,我身边不少同学很关心台海形势的问题,所以有专门的台海问题读书兴趣小组,其实就是一个自发的读书会。我们系里一、二、三、四年级的同学都有参加,后来外语系、教育系等其他系的同学也有来参加,我印象中人数比较多的时候达到约两百人的规模。他们会一起读一些与台海问题相关的国际政治方面的内容,组织一些讨论会,牵头的同学后来还考上了复旦大学国际政治专业的研究生。……这类自发读书会在中文系也有的,如红学读书兴趣小组。"(资料编号:DZF)

对以上读书会的活动内容分析发现,其具有两个显著特征,即重视学术阅读、阅读与科研训练相结合。虽然此类读书会的发起人是大学生个体,但发起人重视定期或不定期邀请专家做辅导报告,凸显学术倾向;读书会重视阅读与实践的结合和相互促进,如开展社会调查和论文比赛等科研训练活动。因此读书会的质量得以保证,也吸引了众多大学生的主动参与,并对大学生的阅读内容选择、科研训练、专业素养提升等都产生了积极影响。

大学生个体组织的读书会具有鲜明的自发性质,其组织者或发起人尽管也是学生但往往具备较高的阅读素养,而正是这种自觉自愿的特征说明大学生关注阅读和热爱阅读,也从阅读中得到快乐和成长。令人遗憾的是,这类由大学生个体组织的兴趣型读书会在当下的大学校园中已成稀缺资源,阅读不再是大学生群体的关注焦点已是不争的事实。

(3)学生组织举办的读书会

学生组织是指校院两级学生会和学生社团等。研究发现,大学校园中由学生组织举办的读书会质量参差不齐。

QXL 和 ZB 在访谈中都提到了由学生组织举办的读书会。"学院的学生组织还开展读书会活动,我参加了人文社科类的读书会,感觉拓宽了思路,有新的见解。"(资料编号:QXL)显然,QXL 认为自己从读书会中得到进步——"拓宽了思路,有新的见解"。但 ZB 的感受却是"收获很小",以致退出了读书会。"学生组织内部的读书会我有参加过,但收获很小,而且推荐的书类别太多,没有针对性,所以后来我就不再参加了。"(资料编号:ZB)当然,如上文所述,ZB 还参加了一个由教授主持的以阅读经典为主的读书会,两相比较下,差距甚远,放弃学生组织举办的读书会也在情理之中。

由此可见,由学生组织举办的读书会一定程度上让大学校园的阅读氛围更浓厚,也使部分大学生得到阅读启发和提升,但总体质量得不到保证,甚至有些读书会只是"徒有虚表"。究其原因,关键是缺乏教师的指导,而组织者的阅读素养又达不到 20 世纪 80 年代和 90 年代大学校园中自发读书会发起人的水平。

综上所述,大学校园中的读书会提高了大学生的阅读参与水平,包括阅读内容的选择、阅读数量的提升和阅读习惯的坚持等,特别是对经典阅读的引导和指导。值得注意的是,读书会作用得以实现的关键在于教师的介入。因此由专业教师组织的读书会,虽然受众只有少数优秀学生或本专业学生,但对大学生成长和发展的促进作用最为显著。而学生组织举办的读书会的质量总体难以保证,应有教师适当介入和指导。最为遗憾的是,由大学生个体组织或出于阅读兴趣自发形成的读书会在当下的大学校园中基本不复存在。

以上发现,不仅支持了"读书会与大学生阅读数量正相关"的量化研究结果,而且读书会对大学生阅读内容和阅读习惯也产生积极影响的研究发现使读书会的影响力得到进一步的补充。

2. 学术报告(讲座论坛)、演讲辩论、读书节等

在大学阅读环境中,除了以阅读为核心内容的读书会,还有学术报告(讲座论坛)、演讲辩论、读书节等阅读推广活动。其中"读书节"属于系列活动,有时会涵盖学术报告(讲座论坛)和演讲辩论,还包括真人图书馆、图书漂流、新书推荐、图书馆定向运动等活动,一般由大学图书馆组织开展。

研究发现,大学在第二课堂中开展了形式多样的阅读推广活动,但大学生对此的感受却出现了两极分化:一部分大学生认为校园阅读活动丰富多彩,并且促进了自身的阅读和形成了良好的阅读氛围;另一部分大学生或基

本不了解校园阅读活动,或认为阅读活动停留在形式层面,效果不佳甚至质量堪忧,校园阅读氛围也不浓厚。

(1)大学生认同的校园阅读推广活动

本科阶段学校的讲座论坛、演讲辩论和专家报告是给 DZF 留下深刻印象的阅读活动,并切实影响了他的阅读内容、阅读数量以及人生发展路径如研究生专业的选择。"……有很多活动是与阅读直接相关的。比如系列讲座和论坛,请校内外的知名专家学者来做报告等。我感觉大学期间的很多阅读就是听了某一位老师或专家的报告后,受其启发和影响去读了相关的5~6本书。学校还举办演讲赛和辩论赛。我感觉演讲赛辩论赛不仅仅是演讲技巧、辩论技巧的问题,更多的是学生知识存量的比拼,是建立在知识储备基础上对知识综合运用能力的比拼。这样的活动不胜枚举。……举个例子,我本科专业是思想政治教育,应该说这个专业并不偏重经济学,但是由于学校连续请了如中国科技大学国际经济研究所的孙健教授、现在担任浙江工商大学校长的张仁寿教授(当时他的身份是浙江省社科院副院长)等经济学教授来讲学,听了这两位教授的报告后,我在比较短的时间内看了十几本产业经济学、知识经济学、区域经济学等方面的书籍。在我本科期间,知识经济学还是一个很新的概念,我最早就是从孙健教授的报告里听到这个概念的,这也是我研究生阶段选择区域经济学专业的一个很重要的原因。所以直到现在,我都认为听高水平的学术报告是一种非常好的阅读引导方式。"(资料编号:DZF)不难发现,DZF 对校园阅读活动特别是专家报告的充分认可与他从这些活动中真真切切得到启发、进步和成长密不可分。正如金秋萍的调查研究发现,大学生对阅读推广活动的关注点是活动对其产生的实际影响如专业水平和语言表达能力的提升等,名家讲座、与阅读相关的辩论赛等都得到了大学生的好评。[①] 可以说,DZF 与校园阅读活动之间形成了一种良性互动。

讲座论坛、演讲辩论和专家报告在大学中普遍存在并且是常态,但令人遗憾的是,能借此提升阅读参与水平的大学生寥寥无几。本书的质性样本中只有2位学生(另一位是 QBZ)对此促进作用进行描述,而且只有 DZF 对此进行了详尽的描述,这与 DZF 进入大学前的阅读基础和阅读经历密切相关(上文已详细分析,这里不再赘述),因此具有明显的个别性。但可以说明

① 金秋萍.基于问卷调查的高校图书馆阅读推广活动评价分析[J].图书馆学研究,2014(24):70-73.

的是,大学开展的讲座论坛、演讲辩论和专家报告客观上能够促进大学生阅读,关键是大学生必须具备与之相适应的阅读态度和阅读基础。问题是,当下大学生普遍缺乏这样的阅读态度和阅读基础,也就是说,大学生的阅读指导刻不容缓,否则上述阅读活动对大学生阅读的促进实效将大为减弱。

QXL所熟知的校园阅读活动主要是由图书馆举办的,形式也颇为丰富。"图书馆会开展一些如'如何使用图书馆资源'、阅读方法等讲座,还有举办真人图书馆、图书馆的定向越野等活动。去年我所在的之江校区为了鼓励我们学生多读外文著作,还专门成立了书源丰富的外文图书馆。"(资料编号:QXL)由此可见,图书馆是大学阅读推广活动的中坚力量。

QBZ提到了读书节活动,尤其是提到了学院党委有一个以阅读推广为主要内容的微信公众号。"学校的阅读活动,现在正在开展一个叫'真诚读书节'的活动,其中我有切身感受的是两个活动:一是校团委组织的读书活动;二是讲坛,如邀请清华大学法学院的教授来学校讲座等。其实听名人讲座我认为也是一种阅读。……我们法学院党委有一个微信公众号——鹭南书吧,有个'每周推荐一本书'活动,面向全体党员要求以读书报告形式推荐书籍,也就是说自己必须先阅读。学院有100多个党员,都要参与这个活动,党员还会带动入党积极分子,所以这个阅读推广活动就普遍受关注了。我认为同学们就算睡前翻阅下也是挺好的,如果有感兴趣的书说不定也会去找来阅读。"(资料编号:QBZ)学院党委面向全体党员开展"每周推荐一本书"的活动,这在本书所有质性资料中也是独一无二的。高校党建工作能如此重视大学生阅读,此举具有深远的积极意义。

研究发现,不少大学生积极参与学术报告(讲座论坛)、演讲辩论、读书节等各种校园阅读活动,而这些阅读活动也对大学生的阅读和发展产生了积极影响并得到大学生的肯定。正如阿斯廷所指出的,高度参与的学生花费大量的时间在校园,积极参与各种学生活动[①],而阅读参与度高的学生也表现为积极参与校园阅读活动。同时本书的研究也发现,能真正从校园阅读活动中受益并对其持肯定态度的大学生基本都是阅读参与水平较高的学生,也就是说,如果大学生不具备相应的阅读参与水平,其就不能得益于客观上具有影响力的校园阅读活动。因此本书认为校园阅读活动的影响力得以实现的条件之一是大学生必须具备与之相匹配的阅读态度和阅读基础。

---

① 鲍威.未完成的转型:高等教育影响力与学生发展[M].北京:教育科学出版社,2014:26-27,38.

（2）大学生质疑的校园阅读推广活动

尽管学术报告（讲座论坛）、演讲辩论、读书节等各种阅读推广活动得到了一部分大学生的认同，但同时也受到另一部分大学生的质疑。质疑的焦点集中在阅读推广活动的质量和实效两个方面。

SZW 的书籍年阅读量是 80 本，阅读内容以专业论著和文学作品为主，据此可以推断他对阅读和阅读活动的认识应该达到了比较深的层次。在他看来，学校的图书漂流、阅读月等活动仍是形式有余而实效不足。"学校的阅读氛围一般，似乎真正喜欢阅读的同学并不多，当然读教材和专业书籍除外。学校没有普及面较大的阅读活动，有一些如'图书漂流''阅读月'等活动，但我觉得都停留在表面，对阅读的推动作用并不大。"（资料编号：SZW）可见，徒有虚表、缺乏内涵的阅读推广活动吸引不了大学生，如声势浩大的"读书节启动和闭幕仪式"成为大学生评价最低的活动。[①] 这样的阅读推广活动自然也无法实现对大学生阅读的推动作用。

ZB 主要介绍了她参加的由学生组织开展的阅读活动。据她亲身经历可知，学生组织开展的阅读活动质量不一定能得到保证。"很多学生组织会开展一些阅读活动，但他们读的书可能比较浅，有点半娱乐半专业的感觉。我去参加过，收获很小，而且推荐的书类别太多，没有针对性，所以后来我就不再参加了。"（资料编号：ZB）从 ZB 的描述中可以发现，阅读推广活动得到大学生认同是因为学生能从中受益，而如果不能让大学生有所收获和进步也就无法"留住"大学生。而学生组织（如学生会、学生社团等）开展的阅读推广活动由于缺乏专业教师的指导沦为"半娱乐半专业"，如果任其自由发展，甚至会误导学生的阅读。

大学校园阅读推广活动的质量堪忧、实效欠佳也是国内相关研究得出的共同结论。金秋萍[②]、黄静[③]、李师龙等[④]在研究中都发现目前高校的阅读推广活动普遍存在效果不够显著的问题，究其原因，主要有活动虚有其表、内容浮浅、缺乏教师指导等表层因素以及领导不够重视、活动长效机制和评

———————

①　金秋萍.基于问卷调查的高校图书馆阅读推广活动评价分析[J].图书馆学研究，2014(24)：73.

②　金秋萍.基于问卷调查的高校图书馆阅读推广活动评价分析[J].图书馆学研究，2014(24)：70-74.

③　黄静.书单策展：大学生阅读推广的众包策略[J].图书馆杂志，2013(9)：62-63.

④　李师龙，潘松华，张红生.泛在知识环境下大学生阅读危机干预体系构建研究[J].图书馆学研究，2013(18)：52-55.

价机制的缺位等深层因素。阅读推广活动较为普遍的实效欠佳现状,也在一定程度上解释了大学生对阅读推广活动的低参与度。

综合分析可以得出,自 2009 年中国图书馆学会阅读推广委员会成立以来,我国高校都以图书馆为核心力量、以读书节为主要载体在第二课堂中开展阅读活动并力图形式的多样化,这与本书问卷调查的结果基本一致,与中国图书馆学会公开发布的 2010 年度《大学生阅读暨高校图书馆阅读推广问卷调查报告》(以下简称《报告》)的结果也基本一致。《报告》指出,目前高校的阅读推广活动形式有 14 类之多①,而金秋萍在其研究中总结了 19 类组织形式②,本书在访谈中获得的 6 类阅读推广活动形式基本都包含其中。但本书另有一个新发现,即在高校学生党建工作中出现了阅读推广活动。

尽管高校组织了丰富多彩的阅读推广活动,但研究发现,浸润在其中的大学生对于校园阅读活动出现了或认同或质疑的两级感受。分歧产生的焦点是校园阅读活动能否真正让大学生得到收获和进步,这说明目前高校的校园阅读活动质量优劣不均。以上发现在一定程度上解释了质性研究发现("不少大学生的阅读发展受益于校园阅读活动")与量化研究结果("阅读推广活动没有显著影响大学生阅读参与水平")的相对并存。或者说,质性研究发现使量化研究结果得到解释和补充。

大学生对于校园阅读活动的两级感受除存在大学校际差异、大学生关注侧重点不同等个体差异这类客观原因之外,本书还有三方面的发现供大学参考改进。(1)校院两级机构举办的大量优质的讲座论坛、学术报告等未能普遍促进大学生阅读和发展的原因在于大学生自身,即不少大学生没有具备与之相匹配的阅读态度和阅读基础,因此开展对大学生的阅读指导是迫在眉睫的前提。(2)学生组织是大学阅读活动的重要组织者之一,虽然学生组织开展阅读活动的热情很高,但是能力不足是客观事实,由此阅读活动的质量得不到普遍保证,这在一定程度上解释了看似轰轰烈烈的校园阅读活动却吸引不了大学生的原因。因此,教师适当的介入和指导是保证学生组织开展的阅读活动产生实效的必需之举。(3)大学图书馆是阅读推广活动的中坚力量,近年来为促进大学生阅读提出了不少新思路和新方法并且

---

① 中国图书馆学会. 大学生阅读暨高校图书馆阅读推广问卷调查报告(2010)[EB/OL]. (2015-02-26)[2017-02-12]. http://www.doc88.com/p-9941474789644.html
② 金秋萍. 基于问卷调查的高校图书馆阅读推广活动评价分析[J]. 图书馆学研究,2014(24):70-71.

积极付诸实践,一般全校性的读书节活动都由图书馆牵头举办。除了上述案例中提到的一些阅读活动,还有个别大学图书馆面向学生开展"网上订书"活动,即学生想读什么书可以预订,图书馆一般都会满足。这样的阅读支持确实难能可贵。但基于目前大学生阅读现状总体严峻的现实,阅读推广活动由图书馆唱"独角戏",客观上其难担重任。建议大学立足于促进学生发展和提升人才培养质量,重新定位阅读和阅读推广活动以及阅读推广在校园文化活动中的功能,协同大学内部相关部门与图书馆一起加大投入、形成合力和构建机制,使阅读推广活动从形式到内容、从资金到人力都能得到保障,实现阅读推广活动质和量的双重提升,从而增强实效以真正推动大学生阅读。

（二）阅读课程

如第一章所述,大学生大量的课程阅读是实现课程目标乃至人才培养目标的必由之路,而阅读课程的设置是促进学生阅读的前提。本书的阅读课程主要指以阅读推荐、阅读引导和指导为核心内容的课程,包括本学科的经典导读或名著选读课程和可供全校学生选修的阅读指导课程。

在本书的问卷调查中,"大学生阅读的最大困惑"前两位分别是"不知道读什么"和"不知道怎么读",这表明当前大学生普遍需要阅读推荐和阅读指导。虽然大学在第二课堂开展了各种校园阅读活动,但本书的研究发现受众有限,而且阅读活动的质量和数量都有待提升。以目前大学阅读活动的"重头戏"——读书节系列活动为例,尽管其间开展了十多种阅读活动,可谓丰富多彩,但一年一次的活动对满足大学生的阅读需求、提升大学生的阅读参与水平来说,未免杯水车薪。因此大学生的阅读指导也应以第一课堂为主渠道,课程实施方式是使每一位大学生都得到阅读指导。而质性研究也发现,所在大学开设了学科或专业经典导读或名著选读课程的大学生,其阅读选择和阅读兴趣明显优于所在学校没有开设相关阅读课程的大学生。

QBZ描述了其所在学院开设的专业经典名著导读课程。"我们法学院有一门课叫'法学经典名著导读',由法律史专业和法理学专业的两位老师授课。我们读的第一本书是《中国法律与中国社会》,非常经典的一本书,瞿同祖老师写的。这门课的上课形式是同学们在阅读后先由同学在课上讲述,然后老师点评,我认为这门课非常好。比如有一位同学读的书叫《洗冤集录》,这是一本中国古代法医学著作,这位同学非常严谨,他在课堂上讲述时把书中蕴含的一些证据制度与我们现在的法律制度一一对比分析,我认为非常好,老师也给了他很高的分数,大家都心服口服。"(资料编号:QBZ)本书认为,QBZ描述的"法学经典名著导读"课程的两位教师的授课形式也非常符合大学阅读课的特点,既对学生的阅读内容进行引导,又充分发挥学生的阅读自主性,并适时进行阅读指导,其间充盈着师生和同学之间的阅读互动。这样的阅读课程不仅能促进学生的专业成长,更会使学生的阅读水平得到螺旋式上升。QBZ描述的其同学的案例能充分说明这一点,而QBZ本人也高度认可这门课程——"我认为这门课非常好"。

ZYF提到的是文献导读课程。"我们有个'文献导读'课程,老师会和我们分享他读书或者读文献的感悟,而且会把知识点穿插在里面。"(资料编号:ZYF)文献阅读是学生在大学阶段培养的专业技能和科研素养,客观上需要教师引其入门。ZYF的阅读课程教师,不仅传授知识点,还会与学生分享本人的阅读感悟,难能可贵。

质性资料分析表明,阅读课程对大学生的阅读内容和阅读方法等产生了显著的正面影响,同时促进了大学生的专业成长和认知思维能力的提升等。质性研究发现使阅读课程的影响力得到更为全面的评价。帕斯卡雷拉近年来强调,在高校环境中要进一步关注教学实践,特别是成功的教学实践对学生学业成就的影响。[①] 在阅读视角下,大学阅读课程对学生阅读参与水平提升的成功实践也应引起大学的关注。

但令人遗憾的是,本书的问卷调查显示,大学阅读课程"经常有"的仅占11.8%,"有时有"占31.6%,这远远不能满足大学生对阅读指导的需求。也许大学认为学生已完全可以自主开展阅读,没有必要开设课程,但本书以及梁春芳的调查[②]都显示,事实并非如此,大学生迫切需要阅读指导,前文关于校园阅读活动效果不佳的一个重要原因也在于阅读指导的缺乏。由此可见,阅读课程已成为破解大学生阅读困境和大学开展阅读教育的关键,因为只有课程才能最大限度保证让每一位大学生受益。

本书认为,大学应开设两类阅读课程:一类是本学科的经典导读或名著选读课程,主要是推荐和指导学生阅读学科专业的经典名著并进行阅读分享,应该是本学科学生的必修课;另一类是可供全校学生选修的阅读指导课

---

① 鲍威.未完成的转型:高等教育影响力与学生发展[M].北京:教育科学出版社,2014:28-29.

② 梁春芳.大学生读什么书:杭州16所本科高校大学生阅读状况调查[J].中国出版,2009(4):50.

程,主要向学生介绍阅读知识和阅读方法、推荐优秀书籍等,学生可根据自己的阅读基础选择修读。

阅读课程和校园阅读活动形成了大学的阅读环境,是大学在促进学生阅读中的影响力的体现。质性研究发现,阅读课程和有品质保证的校园阅读活动积极影响了大学生的阅读参与水平,这使"高校环境直接影响学生的努力程度"①的观点在量化研究结论部分证实的基础上得到进一步证实,即大学阅读环境影响大学生阅读参与的努力程度,包括大学生阅读参与的内容和数量。

三、大学阅读互动

校园互动是帕斯卡雷拉的大学生变化评定模型中影响大学生发展的直接要素,具体包括师生互动和同伴互动②。阅读互动是校园互动的重要组成部分。本书的量化研究发现,同伴阅读互动显著影响大学生的阅读数量和阅读内容,但师生阅读互动对大学生阅读参与水平的任何一个维度都没有显著影响。笔者对后者产生了疑惑,因此在质性研究中对此开展了进一步的探索。

研究发现,大多数师生阅读互动停留在阅读推荐阶段,这是"师生阅读互动对阅读参与水平没有显著影响"的原因所在;而全方位的师生阅读互动即阅读推荐、阅读指导和阅读分享三位一体,则正面促进了大学生阅读。这个发现使"师生阅读互动对大学生阅读影响"的议题得到更为全面的评价。关于同伴阅读互动的影响力,质性研究与量化研究的结果基本一致。

(一)师生阅读互动

如第一章所述,教师的阅读引导对大学生阅读的促进是至关重要的。教师对学生的阅读引导具体表现为师生之间的阅读互动,包括阅读推荐、阅读指导和阅读分享等。质性研究发现,当下大学的师生阅读互动主要发生在专业教师(包括担任班主任的专业教师)与学生之间,而鲜有辅导员与学生的阅读互动;阅读互动的形式主要停留在阅读推荐阶段,但仍有少数教师与学生进行全方位的阅读互动,在潜移默化中影响了大学生的阅读。

---

① PPascarella E T, Terenzini P T. How college affects students: a third decade of research [M]. San Francisco: Jossey-Bass Publishers, 2005:56-57.

② PPascarella E T, Terenzini P T. How college affects students: a third decade of research [M]. San Francisco: Jossey-Bass Publishers, 2005:18-58.

　　1. 专业教师是师生阅读互动中的教师主体

　　研究发现,师生阅读互动中的教师主体是专业教师,尤以专业必修课的教师为主。专业教师主要围绕所授课程在课堂上与学生进行阅读互动,少数教师也会在课堂外进行互动,并将阅读推荐拓展至所授课程之外。少数班主任会与学生进行阅读互动,但基本是兼专业教师的班主任。鲜有辅导员与学生进行阅读互动。

　　CSY 的专业必修课教师中 50% 会进行阅读推荐、阅读指导和阅读分享,但专业选修课教师却只有一位进行了阅读推荐,由此可见在师生阅读互动上存在课程性质的差异。"专业必修课的老师大概 50% 会推荐阅读书目,比如说古代文学、文字学、文献学,一定会列一个书单,并就其中的几本书进行介绍。……待大家读完之后,一般几周后或期末前几周,再进行赏析。但专业选修课,我记得只有一门课的老师给我们开书目,其他都没有。……我们班主任很关心我们的学习生活,他经常走寝,还在班级群里推荐阅读书单,包括把他读大学时他的老师列的书单给我们。辅导员比较忙,比较少推荐阅读书目。"(资料编号:CSY)CSY 的班主任也会向学生推荐阅读书单,但辅导员较少推荐,这反映了师生阅读互动上教师身份的差异。

　　与 DZF 进行阅读互动的也是专业教师。"任课老师很注重引导学生阅读,除了专业的理论书籍之外,要做阅读口径宽的学生,要通读文史哲著作。……如毛策老师,我受他影响比较大,读了很多文史哲类的书,如《资治通鉴》《中国哲学史》等,都是在与他闲聊过程中他推荐我们阅读的。"(资料编号:DZF)值得注意的是,DZF 师生的阅读互动是在课堂外("在与他闲聊过程中他推荐我们阅读的"),而且专业教师不仅引导学生阅读专业理论书籍,而且引导学生通读文史哲著作。这样的阅读引导必然对学生的阅读产生深远影响。

　　ZB 的班主任会与学生进行阅读互动,还会送书给学生,但 ZB 特别说明了"他是我们系的教授"。"班主任与我们有阅读互动,他是我们系的教授,还给我们送书。我很喜欢我们班主任,他特别好。辅导员没有与我们进行阅读互动。"(资料编号:ZB)可见,由专业教师担任大学生班主任的制度或做法对学生的阅读以及专业素养的提升具有显著的现实意义。对于班主任的此举,ZB 也表示"我很喜欢我们班主任"。显然,ZB 是一位热爱阅读的大学生。

　　研究发现,辅导员基本不与学生进行阅读互动。所有质性样本中只有 2 位学生说辅导员会与学生进行阅读互动,而且这 2 位辅导员的共同点是"喜欢读书"。"我的辅导员喜欢读书,所以我们有一些阅读互动。"(资料编号:SZW)这与本书的问卷调查结果基本一致,即辅导员与大学生的阅读互动主要处于"很少"和"从不"的状态。尽管大学生们对此表示了充分理解,但正如本书在问卷调查结果的分析中所述,辅导员在大学生的成长和发展中担任着重要角色,是大学生最为亲密的"人生导师"。阅读互动在辅导员与大学生的各种频繁互动中的缺失,应引起大学的足够关注。

2. 多数师生阅读互动止步于阅读推荐

目前大学师生阅读互动大多数停留在阅读推荐阶段,即专业教师在第一次课或课程中推荐一个阅读书目就止步了。至于学生有没有阅读、阅读过程中遇到什么困难或者得到什么启发等就一概不再过问,这显然无从激发学生的阅读兴趣和提升学生的阅读能力。

"大多数老师会推荐阅读书目,另外只见过一位老师在学期初推荐书目后,在课程中对这几本书发表自己的阅读体会。"(资料编号:QXL)

"大部分专业老师会在开学第一堂课上列出阅读书单,但进行指导的很少。"(资料编号:YJ)

"阅读推荐会有,指导是基本没有的,比如老师上课讲到某个内容,就会说有一本书对这个问题讲得比较透彻,然后就推荐一下,但不会指导;有些老师是一节课下来后说这几本书是课外阅读,有兴趣可以读一下,这样的形式比较多。"(资料编号:ZB)

由此可见,目前大学师生阅读互动的主要形式是专业教师进行阅读推荐,这与本书的问卷调查结果基本一致。问卷调查结果显示,经常进行阅读推荐的教师占36.8%,而经常进行阅读指导和阅读分享的教师只占12.1%和16.2%。只有阅读推荐的师生阅读互动,最大的可能是多数学生根本没有去阅读,自然也无从体会由此带来的帮助。这在一定程度上解释了量化研究中"师生阅读互动对阅读参与水平的任何一个维度都没有显著影响"的结果。

此外,研究发现,如果大学生主动寻求教师的帮助,教师还是会进行指导。"专业老师主要是阅读推荐,当然如果我们学生自己主动,老师还是会热情地指导。"(资料编号:SZW)因此在师生阅读互动中大学生的主动也很重要。

3. 少数师生阅读互动集阅读推荐、阅读指导和阅读分享于一体

尽管向学生推荐阅读书目后还进行阅读指导和阅读分享的教师是少数,甚至对于一些大学生而言"只遇到一位",但他们全方位的阅读互动,让

学生印象深刻并且深受学生喜爱。

在上文中,YJ指出大部分专业教师只进行阅读推荐,与此同时进行阅读指导的很少。但有一位专业教师在主讲课程上向学生推荐阅读书目并进行阅读指导和阅读分享。"我们班有一位专业老师,主讲'清末民初的报刊'这门课。老师推荐了很多阅读书目,让我们在规定时间内阅读并写读书笔记,比如摘抄书上比较好的段句,有感想的地方写下自己的看法等。我们读完后,老师会在课上给我们详细讲解,分享他自己的感受。我记得当时书上有一句关于宗教的比较晦涩难懂的话,老师就让我们谈自己的理解,然后老师也会讲他的理解。"(资料编号:YJ)YJ详细描述了教师进行阅读指导的具体方式和细节,可见阅读推荐基础上教师的阅读指导和阅读分享对其印象和影响之深。

ZB对师生阅读互动的主要感受是教师只有阅读推荐没有阅读指导,所以当出现一位教师不仅推荐阅读书籍,并且介绍读书法时,她明确表示"我特别喜欢",而且"让我受益匪浅"。"阅读推荐会有,指导是基本没有的……不过,'中国历史专题'课的老师我特别喜欢,因为他每次课前会介绍一则读书法,然后会推荐一本书,他会讲为什么要推荐这本书,然后要怎么读。这个读书法特别棒,让我受益匪浅。"(资料编号:ZB)

ZYJ的专业老师中向学生进行阅读推荐、阅读指导和阅读分享的只是个别,所以当ZYJ遇到一位这样的老师时觉得自己是"机遇比较好"。"可能我机遇比较好,有一位专业老师很看重这一块,他觉得我们读书太少,会教我们怎么读书,每个阶段会推荐相应的书给我们。……遗憾的是,这样的专业老师是个别。"(资料编号:ZYJ)

以上学生的描述中那种溢于言表的"喜爱"恰恰反映了他们在与教师的阅读互动中获得的帮助、启发和成长。由此可见,集阅读推荐、阅读指导和阅读分享于一体的师生阅读互动促进了大学生阅读。这个发现使"师生阅读互动对大学生阅读影响"的议题得到更为全面的评价。

此外,上述分析中的师生阅读互动主要集中在专业课程中,而之前分析的读书会和阅读课程也是师生阅读互动的途径。当然,专业课程和阅读课程中的师生阅读互动应该是主渠道,读书会是补充,因为只有课程才能在最大限度上保证让每一位学生受益。

(二)同伴阅读互动

质性研究发现,同伴阅读互动的主要形式包括大学生之间的阅读推荐和阅读分享,并表现出鲜明的空间优势和兴趣优势特征。同伴阅读互动在潜移默化中促进大学生彼此的阅读,这与量化研究的相关结果基本一致。

寝室是学生在大学学习生活中一个特别又重要的场所,寝室文化包括其中的阅读文化是大学文化的重要组成部分。研究发现,同伴阅读互动的发生空间主要就是在学生寝室,而良好的寝室阅读文化可以促进大学生的阅读。

QBZ 的同学之间经常会进行阅读推荐和阅读分享。"我们同学之间经常会评价和讨论一些书,也会推荐一些自己觉得不错的书。还有'双十一'我们寝室剁的都是书,去年'双十一'那天当当打折,我们寝室每个人都搬了半箱书。"(资料编号:QBZ)QBZ 所说的"评价和讨论一些书"可理解为彼此分享自己的阅读心得或观点。从 QBZ 所在寝室"在'双十一'剁的都是书"来看,QBZ 的同学中具有良好的阅读氛围。由此可见,大学良好的阅读氛围中必然少不了同学之间互相推荐和分享阅读这道风景。

ZYF 的经历进一步细化了同伴阅读互动的特征,即空间优势和兴趣优势的并存。"同学之间的阅读互动,主要是室友之间比较多,特别是阅读兴趣相似的,交流会比较多,……比如室友读了一本书觉得有趣就会建议我去读,我们有时会就情节进行讨论。"(资料编号:ZYF)不难发现,由于空间优势,阅读互动集中发生在大学生室友之间;由于兴趣优势,阅读兴趣相似的大学生之间交流频率更高。

检视质性样本关于同伴阅读互动的描述,阅读互动主要发生在大学生室友和阅读兴趣相似者之间,成为大学生相互促进阅读参与水平的有效途径。同伴阅读互动的空间优势和兴趣优势特征体现了同伴文化的影响力[①],大学应充分创造条件和提供支持以最大限度地发挥同伴阅读文化在大学生中的影响力。此外,上文分析的读书会的具体运行,虽以师生阅读互动为主,但同时也包含同伴阅读互动。而由大学生自发形成的兴趣型读书会,其运行的本质就是同伴阅读互动。遗憾的是,当下这种自发形式的读书会基本不复存在。

综合而言,尽管量化研究只证实了同伴阅读互动显著影响大学生阅读,但质性研究的相关发现,既使量化研究结果得到了解释又对师生阅读互动的影响力进行了补充,使阅读互动对大学生阅读的影响得到更为全面的评

[①]　朱红.高校学生参与度及其成长的影响机制:十年首都大学生发展数据分析[J].清华大学教育研究,2010(6):43.

判。阅读互动是大学生校园互动的重要组成部分,质性研究发现,同伴阅读互动和集阅读推荐、阅读指导和阅读分享于一体的师生阅读互动促进了大学生的阅读参与水平。正如朱红的研究发现,大学生的校园互动是学生参与度提升的重要源泉。[①]

此外,量化研究还发现,阅读互动不仅显著影响大学生的阅读参与水平,也显著影响大学生不同维度的发展,特别是同伴阅读互动对大学生发展的解释力度是所有变量中作用最全面的。换句话说,大学阅读互动,既直接影响大学生的发展,也通过影响大学生阅读间接促进大学生的发展。

第三节　阅读对大学生发展的影响

本书的质性研究发现,阅读全面促进了大学生发展,包括大学生价值观、知识获取与创新能力、组织表达能力、认知思维能力和心理品质的发展。以上发现既进一步证实了量化研究的相关结论,又对量化研究结论做了进一步的解释和补充。

需要说明的是,基于质性研究和量化研究的差异,虽然质性研究也采集了样本的阅读内容、阅读数量和阅读方式并在访谈全程中均有不同程度的涉及,但有别于量化研究分别从以上三方面与大学生的发展进行一一对照的方式,质性研究基本将阅读视为糅合以上三方面的较为抽象的概念进行分析。当然,研究会根据质性资料的实际,就以上三方面与量化研究结果进行适当的比较。较之量化研究,质性样本在阐述阅读对自身成长和发展的影响时,表现出细致、生动和丰满的鲜明特征。

一、阅读与大学生的价值观发展

质性资料分析显示,大学生在谈及阅读对自身成长和发展的多方面帮助时,基本都提及阅读对价值观的影响,并且聚焦在对不同文化的理解和尊重、诚信和规范、社会责任感、对社会和政治的关注等方面。

阅读通过知识的传播在帮助大学生发展知识、提升智慧的同时,也影响着大学生的道德感和价值观,促进大学生的精神成长。如 SZW 直接感受到

---

① 朱红.高校学生参与度及其成长的影响机制:十年首都大学生发展数据分析[J].清华大学教育研究,2010(6):43.

了阅读对其品质和价值观的影响,特别是帮助他更好地悦纳自己和世界,提升对不同地区和社会文化的尊重和理解力。"……阅读也在潜移默化中提高了我的组织能力,当然更多的是对我品质和价值观的影响,我对自己最大的满意是:通过阅读我觉得自己很有温度,能包容和理解这个世界。"(资料编号:SZW)

DZF 归纳了阅读对他四方面的帮助,规范作为其中之一被明确提出并做了一定的阐释。而规范意识正是一个人价值观的构成要素之一。"……规范,一个人一定要了解成文规定,比如学校有校纪校规,单位有制度规范,生活中也有一些约定俗成的规则,规范是很重要的。……就我个人的经历而言,阅读对我的能力、素质、规范、心态四方面都有比较大的帮助。"(资料编号:DZF)

QBZ 是一位善于阅读也善于思考的大学生,他阅读《社会契约论》后的观点明确地反映了一位大学生的社会责任感。"大学阶段影响我的书实在是太多了,……那就说一说《社会契约论》。'一个人之所以成为奴隶,不是因为他被人奴役,而是没有反抗奴役的决心',这就是这本书反映的思想。我们中华民族是个温顺的民族,……这种温顺在一定程度上维护了稳定,但也在一定程度上阻碍了发展。革命与自由,是突破枷锁的一把钥匙,这把钥匙其实掌握在人民手中,那么人民依靠什么掌握它呢? 就是靠阅读和思索,但这方面我们中国人确实很缺乏。"(资料编号:QBZ)这段描述中 QBZ 关于"革命与自由,是突破枷锁的一把钥匙"、人民要依靠"阅读和思索"来掌握"这把钥匙"的观点,表明他已感受到阅读的力量。当然,这段描述也清晰反映了阅读对 QBZ 本人价值观的影响。

而 QXL 所述的经常阅读报纸杂志、在网上关注新闻和评论,直接目的是"不会和社会脱节",实际反映了 QXL 对政治和社会的关注。"……第三是经常会读报纸杂志,平时也在网上关注一些新闻和评论,这样不会和社会脱节。"(资料编号:QXL)

由此可见,阅读影响大学生价值观的发展。同时,上述质性样本的书籍年阅读量在 20～80 本,阅读数量甚为理想,进一步证实了量化研究关于阅读数量显著影响大学生价值观发展的结论。质性研究还发现,就阅读内容而言,除文学作品主导型外,以经典著作、专业论著阅读为主对大学生价值观发展也有影响。这是对量化研究结果的重要补充。

此外,量化研究结果表明,阅读内容以文学作品为主与大学生价值观和知识获取与创新能力发展负相关,但在质性研究中,没有证据显示以文学作品阅读为主会负面影响大学生价值观和知识获取与创新能力的发展。在 22 位样本中,阅读内容为文学作品主导型的有 5 位,相关质性资料中均没有阅读负面影响其价值观和知识获取与创新能力发展的陈述。由此可见,量化研究结果可能还是与量化样本中不少大学生阅读了不良的文学作品特别是时下泛滥的低劣网络小说等有关。质性研究结果也使文学作品阅读对大学生发展的影响得到更为全面的评判。

综合而言,阅读影响大学生价值观的发展。质性研究与量化研究得到了部分一致的结果。

二、阅读与大学生的知识获取与创新能力发展

质性资料分析显示,大学生在谈及阅读对自身成长和发展的影响时,基本都提及了阅读对知识获取与创新能力发展的促进作用,并且聚焦在专业理论的获取、提升以及知识面和视野的拓展方面。

大学生要真正成长为某种专门人才,通过专业阅读获取和积累专业知识和理论是首要之义。DZF 的本科专业是思想政治教育,他认为在政治理论方面"功底更加扎实"得益于专业书籍的阅读。"……相对来说,我在政治理论、社会理论方面的功底更加扎实,特别是我担任宣传工作,从事党的理论宣传,这种功底让我更加得心应手一些。"(资料编号:DZF)而 QBZ 关于"大学期间三类交往"的观点很有意思也很有见地,表明阅读提高了大学生的专业学习能力,并与大学生的专业成绩呈正比,在影响大学生成长的三种途径中超越"人"与"电脑"位列第一。"……第三是学习法律知识的能力。大学期间要与三类人或物交往:一类是'活'的人,另一类是'死'的电脑,最后一类是'更死'的书。……而学习知识就是第三类交往,我认为与人、与电脑的交往能力无法超越与书的交往能力,我们读书多的同学没有成绩很差的。"(资料编号:QBZ)

专业书籍的阅读在帮助大学生获取和积累专业知识的基础上,也使大学生的专业思维得以逐步培养,这是大学生成长为专门人才的必经之路。正如 ZYJ 的阅读感悟,"……阅读塑造了我的专业思维。大学期间专业书籍读得比较多,法学是比较理性的,但我是一个比较感性的人,阅读专业书籍不仅能积累专业知识,更会带领我进入专业领域,培养我的专业思维能力。"(资料编号:ZYJ)

大学生的专业知识和专业思维得以掌握和养成后,专业应用能力的提升也就水到渠成了。QXL 就感受到专业学科类书籍的阅读为他在本领域

内操作应用能力的提高奠定了基础。"……人文社科类特别是法学类书籍的阅读,提高了我的实务能力。有了阅读的铺垫,在遇到各种各样的案子比如涉税的、证券的、期货的等时我知道怎么去找资源,否则会无从下手。"(资料编号:QXL)

由此可见,专业阅读不仅直接帮助大学生获取了专业知识,养成了专业思维,也间接提升了大学生在专业学科领域的操作动手能力。本书在第一章中论述到,一般来说大学生的专业阅读兴趣应该是客观存在的,但实际上也存在大学生的专业阅读与其阅读兴趣并不是完全吻合的现象。有些大学生在发现自己的兴趣或优势与所学专业不适应后,其阅读方向便另有所专,改弦易辙,这也是一种客观事实。本书前面提到的 LXY 的案例即是如此,这里不再赘述。

阅读在帮助大学生掌握专业知识、提升专业素养以及拓展视野到一定程度时就会产生知识创新的可能。DZF 关于能力要素的观点,体现了阅读对大学生从知识获取到发现与分析问题能力养成的促进作用,而发现和分析、解决问题能力的提升往往伴随着创新的出现。"能力是由知识、方法和习惯构成的。知识是阅读什么书籍就获得什么知识;而知识积累到一定程度后外化为方法;不同知识背景的人,发现和分析问题的方法是不同的,一定的方法会养成一个人分析和解决问题的习惯。"(资料编号:DZF)

以上发现表明,专业阅读或者说阅读内容以专业类书籍为主在大学生中较为普遍,相应地,阅读促进了大学生专业学科基本知识的掌握、专业学科动手能力的加强、专业学科前沿的了解以及知识面和视野的拓展等。质性研究发现进一步证实了阅读对大学生知识获取与创新能力发展的积极影响以及以专业类书籍阅读为主对大学生知识获取与创新能力的显著提升。质性研究与量化研究得到了基本一致的结果。

三、阅读与大学生的认知思维能力发展

量化研究结果表明,阅读参与水平对大学生认知思维能力的发展没有显著影响。对此结果笔者甚为困惑,因此在质性研究中做了进一步的探索。研究发现,阅读促进了大学生的批判性思维、发现与解决问题等能力的发展和提升,即阅读促进了大学生认知思维能力的发展。

本书第一章在阐述阅读的本质时指出,语言符号性是阅读的外显特征,而阅读也是一个人的思维加工过程。或者说,阅读是语言符号和认知思维的交互过程,也是一个人的思维与生理、心理的糅合过程。因此大学生在阅

读过程中离不开语言符号,也离不开认知思维。

阅读对批判性思维的训练和提升是被访大学生提及频次最多的,如DZF在工作中常用的三种逻辑就得益于阅读。"综合而言,哲学类书籍帮我增强了思辨能力和逻辑思维能力,政治学、经济学、法学这类书籍帮助我增强了综合判断能力,而文学类书籍帮助我增强了感染力。阅读培养了我工作中常用的三种逻辑:一是现实逻辑,我会分析这个问题在现实中是怎么样的;二是历史逻辑,即用历史的观点、历史的方法看事物发展变化的规律,工作中我会在纵向层面分析问题的发展变化趋势,这使我能够更好地判断和把握问题;三是学术逻辑,从理论上看这是什么问题,怎样的发展会达到最佳状态。这帮助我在全面性、科学性和准确性方面更好地把握问题。"(资料编号:DZF)这段描述说明不同书籍的阅读给DZF带来了综合效应,即帮助他形成了现实逻辑、历史逻辑和学术逻辑,而这三种逻辑在工作中的综合运用正是批判性思维的体现。

QBZ也清晰地表达了阅读对批判性思维发展的促进作用。首先,QBZ已明确认识到阅读就是思维训练的过程:"……其实阅读就是一个训练思维的过程,作者滔滔不绝讲了这么多,我有没有反驳他的地方?"其次,他谈及阅读《红楼梦》《茶花女》《呼啸山庄》后,发现了三本书中共同描述的"贵族"之间的差异,并在此基础上提出了自己的观点——"平民贵族"。这个过程其实是QBZ的形象思维、抽象思维和创新思维被充分激发并相互联系、相互交织的作用过程,而结果就是批判性思维的进一步提升。"……我是在高考结束那个暑假读完《红楼梦》的,现在还记得的就是那种贵族阶级的生活方式。然后读《茶花女》,会发现中国贵族和西方贵族有区别,再读《呼啸山庄》就会发现西方的贵族与贵族之间也有差别。我们不要羡慕贵族,我们要有一种平民贵族的气质,我觉得我们中国人很缺乏平民贵族的气质,这是我读了这些书后提出的观点。"而《呼啸山庄》还改变了QBZ评价一个人的思维方式,即从单一评价到多元评价,更加鲜明地反映了阅读对批判性思维的影响力。"……《呼啸山庄》,改变了我评价一个人的思维方式。一个人可以很好,也可以很坏,可以是多面性的。……希斯克利夫,是一个非常好也非常坏的人,这是国外名著很重要的一点,立体地体现人性的光辉和美丑。"(资料编号:QBZ)

被访大学生也阐述了阅读对发现与解决问题能力发展的影响。"阅读毫无疑问对人的发展影响很大。首先从思维上来看,阅读了一系列的哲学类书籍后,我在看问题、分析问题、解决问题的逻辑思维严密性上有了很大进步,或者说,分析问题、解决问题的能力更强。如工作中遇到一些复杂问题,能够用全面、发展和矛盾的观点来看问题,抓住事物的主要矛盾和矛盾的主要方面,所以在工作中看问题会看得比较准,解决复杂问题时更冷静,解决举措也更有针对性,工作成效也更好。"(资料编号:DZF)这段描述表明阅读提升了DZF的逻辑思维严密性,进而促进了其发现与解决问题能力的发展,并且在实际工作中得到检验——获得了更好的工作成效。

此外,大学生还提及了阅读对专注力、思考习惯养成、辨识能力等的积极影响,充分表明了阅读对大学生认知思维能力发展的影响力。如SZW提及的阅读对他的专注力、思考习惯等的影响。"从宏观上说,阅读是很好的习惯,可以摒弃外在诱惑。具体来说,我认为阅读使我的专注力更强,脑细胞也更活跃,投入其中后会静心思考……"(资料编号:SZW)ZYF则认为阅读帮助她提升了辨识能力和分析能力,而辨识能力和分析能力均是认知思维能力的组成要素。"……第三是在思想上改变我,让我的辨识能力、批判思维能力更强。读的书多了,自己会去分析思考,对分析能力的提升有帮助。"(资料编号:ZYF)

检视质性样本中明确提及阅读促进了其认知思维能力发展的大学生的阅读内容类型,发现基本以经典著作和专业论著阅读为主。这在一定程度上说明经典著作和专业论著阅读对大学生认知思维能力发展的影响更为明显。

质性研究发现,大学生基本都能直接或间接感受到阅读对自身认知思维能力提升的影响,并且聚焦在批判性思维和发现与解决问题能力两个方面。虽然量化研究没有证实阅读与大学生的认知思维能力发展显著相关,但质性研究发现两者密切相关。这使阅读对大学生认知思维能力发展的影响得到更为全面的评判。

四、阅读与大学生的组织表达能力发展

质性资料分析发现,大学生基本都能直接感受到阅读对自身组织表达能力提升的影响,并且聚焦在写作能力、口头表达能力、与人相处和社会交往能力以及组织领导能力四个方面。

如第一章所述,书籍是前人的知识、经验、思想等的保留形式,而语言符号性是书籍的本质特征,也是阅读的外显特征。也就是说,前人的知识、经验和思想以语言符号形式保留下来,而后人要学习和继承这些知识、经验和思想也要通过阅读语言符号来实现。因此,阅读对大学生语言表达能力的影响是最直接的,包括书面语言和口头语言。换言之,阅读是表达的基础,而一个人的表达能力在一定程度上是其阅读能力的体现。

CSY 认为阅读提高了她的写作能力。"对文字写作也有帮助,……在阅读中对文字的捕捉会比较敏感,读得多了,写得也就勤了。"(资料编号:CSY)ZB 也描述了阅读对她的论文写作带来的变化。"在写作时,洞察力会更好,思考也更深入。比如思考某个现象,会与别的思想家的一些观点相联系,观点会比较新颖,整个视野也不一样,然后思想也就不一样了,感觉影响还是很大的。"(资料编号:ZB)这段描述其实也表明了阅读对大学生研究能力的训练,而训练成果的体现是理论性文章(论文)写作能力的提升。

DZF 则认为,长期在文学方面的阅读和积累使自己与他人的沟通"有文采,有感染力",即阅读提升了他的口头表达能力。"再次是感染力,这是因为我长期在文学方面的阅读爱好和积累发挥了作用,所以与人沟通时对方会觉得我有文采,有感染力。"(资料编号:DZF)正如张荣和的研究指出,文学作品与语言修养之间存在共同的构成要素和共通的基础,文学阅读会使语言表达更富有魅力。[①]

除语言表达能力之外,研究发现,书籍中的人物和事件以"榜样和示范"的形式影响大学生的社会交往能力和组织领导能力等。如 CSY 认为,阅读提升了自身的待人处事能力和学生工作能力。"……我觉得阅读对待人处事也有帮助,比如遇到困难时,书籍中的内容会传递给我正能量,起正面榜样和示范作用。……还有我觉得阅读也提升了我的学生工作能力,二者在逻辑上是相通的,书本上有先人留下来的经验。"(资料编号:CSY)CSY 是其所在大学的校学生会主席,她口中的"学生工作"即学生管理。依据目前中国大学学生组织的职责定位,学生会是大学生自我管理和校园文化活动策划组织的核心力量,因此"学生工作能力"可视为是组织领导能力。

QBZ 的描述表明阅读帮助他提升了与人相处和社会交往的能力。"第一是语言沟通能力。阅读使我有能力与不同的人聊天,比如与老师可以聊哲学这些比较高端的问题,与同学就聊小说,都能有共同语言。……读书其实蕴化在生活的每一个细节中,比如为人处事,比如我现在的坐姿,中国古人都已经规定好了。"(资料编号:QBZ)显然,阅读拓展了 QBZ 的知识面,也扩充了他的语言储备,所以他感觉"与不同的人"都能"有共同语言",由此提

---

① 张荣和.论文学阅读对大学生语言修养的影响[J].中国成人教育,2012(17):136-137.

高了沟通能力。QBZ还感受到阅读影响着"生活的每一个细节",比如正确的坐姿。的确如他所言,提升礼仪形象是提高社会交往能力的重要途径。

上文所提及样本的书籍年阅读量都在 20 本以上,阅读数量甚为理想,进一步证实了量化研究关于阅读数量与大学生组织表达能力的发展显著正相关的结论。质性研究还发现,不仅是阅读数量,阅读内容对大学生组织表达能力的发展也有影响,特别是文学作品的阅读促进了大学生的语言表达能力,这是对量化研究结果的重要补充。

五、阅读与大学生的心理品质发展

量化研究发现,阅读(阅读数量)与大学生心理品质的发展显著正相关,而且阅读数量对大学生心理品质的提升在各发展维度中是提升程度最大的。质性研究也发现,阅读促进了大学生心理品质的发展,具体包括大学生的性格塑造、开放包容能力、持续的求知欲、充实和快乐的体验等。

阅读不仅帮助大学生增长见识、开阔视野、发展智慧,也帮助大学生修身养性,提升心理品质。如 CSY 明确表达了阅读对自己性格塑造的正面作用。"……其次是心理层面上,感觉阅读使自己更加成熟,比如说,一些小说所传递出的一些人物的性格会对自己的性格塑造产生影响。"(资料编号:CSY)ZYJ 受益于阅读的也是性格的完善:"阅读让我的性格越来越好,比如我在书店看到一本书——《你的幽默价值百万》,我当时就想幽默很重要但是我好像不幽默,所以我就想通过书籍来改变性格,现在我真的觉得阅读很有用。"(资料编号:ZYJ)

国内外相关研究发现,阅读是大学生遭遇情绪困扰时用以调适内心、获得解决办法的重要途径[①],而阅读疗法也正是基于此。本书的研究发现也证实了以上观点:大学生在遇到学习和人际关系等困扰时普遍会通过阅读来纾解和疗愈,以阅读改变和完善自己,进而使自己开放和包容的心态也得以提升。如 ZYJ 认为:"阅读让我获得正能量,我在学习迷茫时会读励志类的书,真的会有作用。比如读《简·爱》让我觉得主人公很坚强,内心会受到感染,会从主人公身上获得力量。"(资料编号:ZYJ)DZF 也感受到阅读调节情绪的作用,让人心情平静。"很多时候,读书还能起到调节情绪的作用,在心情郁闷时,我觉得阅读可以让我平静,所以我比较享受这种一盏台灯、一杯

---

① 余鹏彦,鞠鑫.发展性阅读疗法在大学生积极品质培养中的应用探析[J].现代情报,2014(10):131.

茶、一本书的感觉。"(资料编号:DZF)

当然,大学生即使没有遭遇情绪困扰,阅读也能帮助他们在纷繁浮躁的氛围下保持静心和耐心,这也是多数大学生的阅读感受。"我认为最大的帮助就是静心,让心能够沉下来,而且让我有耐心。"(资料编号:ZYF)阅读让大学生静心和有耐心,而大学生也需要静心和耐心来提升阅读的专注力,进而提升阅读效果。

由此可见,阅读与大学生的心理品质之间形成了良好的互动。阅读帮助大学生滋养积极的心理品质,而积极的心理品质又进一步提升大学生阅读的自觉性、主动性和持久性等。如 DZF 在任何情况下都坚持阅读的习惯隐含着他的强烈的求知欲以及终身学习的态度:"……我要求自己每天至少一小时、周末至少半天的阅读,这一小时是老师布置的专业作业之外的阅读。这个我大学时养成的习惯到现在也基本保持着,……哪怕工作再忙,哪怕加班到 12 点,只要不是累得眼睛睁不开,每天半小时肯定要有的。一般情况下,我还是按照每天一小时、周末半天来把握的。"(资料编号:DZF)而QBZ 因为读《红楼梦》了解到其中的十二支曲乐,并且萌发了亲自一试的念头,由此自学了洞箫和笛子。"……最后是兴趣的拓展……我读了《红楼梦》后,觉得《红楼梦》的十二支曲乐用洞箫吹出来应该是非常好听的,就自学了洞箫和笛子。你不觉得'一剑一箫走江湖'看起来很帅吗?"(资料编号:QBZ)从表面上看,如 QBZ 自己所述,阅读拓展了他的兴趣,但透过表面我们不难发现,阅读可以汲养人的求知欲。

阅读与大学生心理品质之间良好互动的最高层次应该是大学生获得充实和快乐的阅读体验。QXL 描述了他喜欢的书籍以及将通过阅读掌握的知识运用于实践后获得的成就感。笔者观察到 QXL 在描述这段时溢于言表的喜悦。"我虽然学的是文科,但比较喜欢计算机,特别是网络安全,因此喜欢读这方面的书籍,我曾经帮助学校发现了几个部门的网站漏洞,有二三十个。"(资料编号:QXL)

此外,对于创业者而言,良好的心理品质是创业成功不可或缺的素质。LXY 作为样本中唯一的创业者,也谈及了阅读对她心理素质调节的帮助。"读传记培养了我比较好的心态。人生起伏很大:昨天是成功的,也许明天就不是了;昨天还是失败的,可能今天就运转了。读传记让我有很好的心态去准备和接受人生的不确定性。"(资料编号:LXY)LXY 的重点阅读书目是时尚类杂志和名人传记,也正是这两类书奠定了她的创业基础:前者提升了创业所需的专业素养,后者给予了创业必需的良好心态,或者说是开放包容的心态。

　　此外,明确提及阅读促进了自身心理品质发展的大学生基本都具有较理想的书籍年阅读量,而且不仅是阅读数量,阅读内容或者说阅读本身都促进了大学生心理品质的发展。这使量化研究结果得到了进一步的证实和补充。

　　综上所述,质性研究发现,阅读促进了大学生价值观、知识获取与创新能力、认知思维能力、组织表达能力和心理品质的发展。基于质性研究的特点,虽然未能从阅读内容、阅读数量和阅读方式三个角度与大学生的发展进行对照分析,被访大学生在描述阅读对自身发展的影响时也没有明确区分阅读内容、阅读数量和阅读方式,但其中不同阅读内容和阅读数量对大学生发展的影响力还是可以根据被访大学生自主选择的阅读内容类型、书籍年阅读量以及相关的访谈陈述在一定程度上进行分析和判断。

　　资料分析发现,质性样本的阅读内容以专业类书籍和经典著作为主(见表 3-6)。在被访大学生中,选择专业类书籍主导型有 15 人(占 68.2％),选择经典著作主导型有 7 人(占 31.8％)。虽然有部分被访大学生选择了两类阅读内容,但是专业类书籍主导型和经典著作主导型占有明显优势。同时,在访谈中明确表达阅读促进了自身各方面发展的大学生基本都具备较为理想的书籍年阅读量。也就是说,阅读全面促进大学生发展的结论主要基于以专业类书籍(特别是专业论著)和经典著作阅读为主并且阅读数量较大。而且,不少大学生在访谈中详细陈述了专业类书籍和经典著作对自身不同发展维度的提升作用。综合以上三个方面可以推论,以专业类书籍和经典著作阅读为主以及理想的阅读数量能够全面促进大学生的发展。此外,质性研究还发现,文学作品阅读促进了大学生语言表达能力的发展。

　　质性研究关于理想的阅读数量全面促进大学生发展的发现进一步证实和补充了量化研究结果。而关于不同阅读内容对大学生发展的影响,量化研究只发现以专业类书籍阅读为主促进了大学生知识获取与创新能力的发展,而质性研究发现不仅是专业类书籍,经典著作阅读也使大学生的发展得到全面提升。这是对量化研究结果的重大补充,也使阅读内容对大学生发展的影响力得到更为全面的评判。

　　此外,量化研究结果表明,阅读方式对大学生各发展维度均没有显著影响。在质性样本中(见表 3-6),选择纸质阅读主导型有 17 位(占 77.3％),选择电子阅读主导型有 3 位(占 13.6％)。虽然在阅读方式上纸质阅读主导型占有显著优势,但被访大学生在谈及阅读方式时,主要描述了不同阅读方式的特点以及自己选择采用的原因(本章第一节已详细阐述)。无论在阅读与大学生成长和发展的关系部分,还是阅读方式部分,都没有阅读方式与大学生发展关系的陈述。由此可见,质性研究也没有发现阅读方式对大学生各发展维度的影响。质性研究与量化研究得到了一致的结果。

第四节　大学生经典阅读

本书在第一章详细阐述了"经典阅读是大学生阅读之根本"的要义。但问卷调查发现,大学生的经典阅读十分匮乏,阅读中以经典著作为主的大学生仅占 8.7%。究竟是什么原因让大学生远离经典?同时,量化研究在检验大学生阅读参与水平与其发展的相关性时发现,阅读内容为经典著作主导型不能显著影响大学生发展的各个维度,这个结论恐怕会引起质疑。因此质性研究对大学生的经典阅读做了进一步的探究,发现经典"难读"是大学生远离经典的主要原因,但经典阅读积极促进了大学生的发展。这使经典阅读对大学生发展的影响得到更为全面的评判。

一、大学生经典阅读的现状

在本书的质性样本中,选择阅读内容为经典著作主导型的有 7 人(表 3-6),占 31.8%。其中,5 人主要阅读人文科学类经典著作,1 人主要阅读社会科学类和自然科学类经典著作,1 人主要阅读艺术类经典著作。在这 7 位被访大学生中,有 5 位同时选择了两类主要阅读内容,也就是说经典著作是其主要阅读内容之一。换言之,只有 2 位被访大学生的主要阅读内容真正聚焦在经典著作上。进一步分析发现,这 2 位被访大学生均为 70 后(已工作人士),这在一定程度上说明大学生阅读经典的退化。

而在问卷调查中,尽管 94.9% 的大学生认同经典阅读对大学生的成长和发展起"重要"和"非常重要"的作用,但仅有 8.7% 的大学生以阅读经典著作为主。由此可见,大学生的经典阅读十分匮乏并存在明显的知行不一的现象。

二、大学生经典阅读的困难

既然大学生高度认同经典阅读对自身成长和发展的重要作用,可是在实际阅读中却与经典著作渐行渐远,是什么原因导致了这种知行不一现象的产生？为此,质性研究专门探究了大学生在经典阅读过程中的实际困难。

质性资料分析显示,在经典阅读过程中,不管是"常读"的大学生还是"鲜读"的大学生,"难"是他们共同的阅读感受。经典"难读"的具体表现是其晦涩、深奥、难以理解,以致读起来特别慢,甚至难以坚持。

QBZ 是一位读了不少经典名著的大学生,但他也还是直接感慨"经典名著实在是太难读了",需要更多的耐心、时间,并且得时时查阅资料等。"……第二是阅读的难易程度,经典名著实在是太难读了,不管用多么优美的文字来表现,不管那个茶花女写得多么漂亮,读了第一段,读第二段、第三段还是觉得很困惑。……我的阅读速度还算快的,普通小说三到四天看完,文学名著要一周,学理著作就要比较久了。杨鸿烈老师写的《中国法律思想史》,我已经读了将近一个月了,实在太难了,每读一段,就要去查阅资料,看看这段话为什么这么解释。"(资料编号:QBZ)换一个角度看,作为一名本科大学生,QBZ 能坚持阅读经典,并已在坚持中找到了正确的阅读方法,实属不易。经历了经典阅读的"苦"后,"甜"的滋味已不远。

ZB 是哲学专业的大二学生,从她的描述中可以发现,大学对学生的经典阅读还是很关注的,但似乎主要停留在"倡导"阶段。"我们系特别倡导要读经典,对经典的关注度很高,不过我读的基本都是专业经典。经典很难理解,读经典特别慢,比如黑格尔的《精神现象学》,我一天基本上就读三段……"(资料编号:ZB)显然,ZB 的经典阅读书单集中在专业经典上。"很难理解"表明了她的经典阅读感受。

QXL 阅读的经典著作也以专业经典为主,并且是在老师推荐基础上根据自己的兴趣选读。在他的阅读感受中,经典著作的"味道"主要是无聊、晦涩、高深。"经典名著,主要是在老师推荐的本专业经典名著中读一些感兴趣的。经典名著读起来感觉比较无聊和晦涩,与本专业或本领域其他专业类书籍相比较会高深一点,如果不评价高低,至少风格不太一样。"(资料编号:QXL)虽然 QXL 没有直接提及阅读经典的困难,但从"无聊、晦涩、高深"这三个形容词中还是能清晰辨别出阅读经典的不易。

ZYF 是一位大四学生,一本专业经典从大二读到大四仍未读完,"生涩""不是很能读得下去",这些关于阅读感受的描述表明了 ZYF 在经典阅读中的困难。"我们金融类,《国富论》是最经典的了,老师一直与我们讲这是必读的。我大二时买了这本书,但到现在还没读完,断断续续地读,比较生涩,不是很能读得下去,不过我计划要在毕业前读完。"(资料编号:ZYF)

在 ZYJ 的经典阅读书单中兼有文学经典和专业经典,"太深奥""要有所积累后再读"是她对经典著作的阅读认识。"经典名著有读一些,比如四大名著。还有要读一些专业经典,比如孟德斯鸠的《论法的精神》。我们还要求读黑格尔和康德的书,但我没有全部读,这类书籍不是我喜欢的,但知道这是一定要读的。现在大四课程少了,我有补读经典的计划。以前觉得经典名著太深奥,要有所积累后再读。"(资料编号:ZYJ)虽然 ZYJ 认为经典著作"一定要读",并且"有补读经典的计划",但她也坦承不喜欢阅读经典著作。

YJ 对于在经典阅读中遇到的困难描述得比较具体,如"一句话要读好几遍才能明白它的大概意思"。因为经典著作"读起来比较难",所以尽管有老师推荐,仍然"没怎么读"。"经典名著老师有推荐,但是自己平时没怎么读,觉得读起来比较难,有时候一句话要读好几遍才能明白它的大概意思。比如我现在在读李普曼的《公众舆论》,就有这种感受。"(资料编号:YJ)

由此可见,经典"难读"基本是大学生的共识。对于本科大学生而言,经典"难读"的阅读感受是真实且客观的,这与本科阶段大学生知识、阅历等的深度和广度是基本相适应的。研究发现,除了少数从小就有良好阅读习惯的大学生能坚持阅读经典外,大部分大学生是半途而废或停滞不前。这固然有大学生缺乏恒心和毅力等自身原因,但本书的研究也发现大学没有为帮助学生克服经典阅读中遇到的困难而提供充分的指导。

研究发现,大学在学生的经典阅读中主要扮演了"倡导"和"推荐"的角色。除了少数大学、少数专业开设"经典导读"或"名著选读"课程以及少数学生在一些教师组织的读书会中获得经典阅读指导外,大部分学生没有得到充分而全面的经典阅读指导。本书认为,这是大学在学生经典阅读中的缺失所在,也是大学生对经典阅读望而生畏的原因之一。

三、经典阅读对大学生发展的影响

检视质性样本关于经典阅读的描述发现,只要是坚持阅读经典的大学生都能深刻感受到经典阅读对自身成长和发展的促进作用,并且聚焦在价值观、认知思维能力、知识获取与创新能力以及心理品质的发展等方面。这缘于经典著作能够突破时空限制、延伸思想意义的特质。尽管经典著作是特定时代或特定学科中深层次问题的阐释,但不同时代和不同学科的人都能从中扩充阅历、体悟生命和增长智慧。

认知思维能力的训练和提升是大学生最为普遍的经典阅读感受。吕逸新的研究认为,经典阅读可以帮助学生形成思考习惯和问题意识,进而促进批判性思维的发展。① 本书的被访大学生也反复提及经典阅读提升了他们认识问题的深度、思想的深度、钻研能力和问题意识等。的确,经典阅读能为大学生的深度思考提供理论前提,是大学生进行思考和学术训练的最本原和最有效的路径。

DZF 认为经典阅读提升了其认识问题的深度和钻研能力,并用"静""沉""钻"三个关键词表达了经典阅读对其成长发展的最大影响。"……表现在认识问题的深度上。比如读《共产党宣言》与读其他关于中国共产党政党的一般理论书籍相比,对我们政党的本质、对社会主义道路发展方向的认识深度肯定是不一样的。更重要的是,经典名著还能够提高人的钻研能力。相对而言,其他书籍读起来比较简单,但经典名著得去钻研,比如书中提到的某个词,我可能得去看这个词在当时时代背景下的意义以及它所表现出来的理论上的关联……所以,经典名著的阅读让我静得下来、沉得住气、钻得下去,这是对成长发展的最大影响。"(资料编号:DZF)

经典包括专业经典和非专业经典,大学生应兼而读之,这样既有助于形成专业意识又有利于突破专业思维模式,开阔理论视野,不断地启迪思维。SZW 的书籍年阅读量(80 本)是质性样本中最多的,专业和非专业经典著作是他三个阅读内容的取向之一,而"一定要读"是他对经典阅读的定位。"我认为阅读内容的选择有三个取向:一是兴趣;二是评价特别高的书;三是经典著作,包括专业和非专业的。经典著作是一定要读的,它的每句话都很有分量,读了一遍后就有再读的冲动,而且每读一遍感受都不同,印象很深刻。而其他书籍,读过后就会忘或印象不深。"(资料编号:SZW)显然,SZW 对经典著作的深刻印象和无法穷尽其义的读后感正是"经典"的特质所在——经典就是"每次重读都像初读那样带来发现"的书。② 这种阅读体验来源于经典著作的思想深度以及经典阅读对大学生认知思维能力发展的深刻影响。

经典阅读对大学生成长和发展的深刻影响也源自经典著作对价值观的影响、知识量积累的意义以及阅读的难度等,这些是其他书籍所无法比拟的。QBZ 就从以上三方面阐述了经典阅读对其价值观念、学习能力和知识量积累的深刻影响。"……我就讲阅读经典名著的三个区别吧。……一是由于意义不同从而对人生价值观念的影响不同。从来没有哪本小说对我影

---

① 吕逸新.经典阅读与中文专业学生的创新能力培养[J].宁波教育学院学报,2013(5):21.

② 卡尔维诺.为什么读经典[M].黄灿然,李桂蜜,译.南京:译林出版社,2012:3.

响很大,不管是科幻、玄幻小说还是探险小说,这些消遣类小说读时觉得很好看、惊险、刺激,但读完很快就忘了;反观读《史记》,每个人的事迹我都记得很清楚,这对价值观的影响显然不同。二是由于难易程度不同从而带来学习能力的差异。阅读经典名著就是培养学习能力,如果读名著的能力强,读教材的能力也百分之百不会弱,我可以保证,因为教材是以普通白话文写的。三是知识量积累的差距。比如我们了解了罗马法,就真的能感受到那种市民的自由感和地中海文明的熏陶,感觉很伟大,但这种感受其实是从书中得来的,阅读就是为以后做的知识储备。"(资料编号:QBZ)

不难发现,经典著作对学习能力和知识容量的提升以及阅读者对经典的难以忘怀也是经典著作的特质所在,正如卡尔维诺对经典的解释,"经典就是产生某种特殊影响的书"①。以上特质也决定了经典阅读能够帮助大学生夯实理论基础、开阔理论视野和激发创新热情等,从而影响大学生价值观、知识获取与创新能力、心理品质等的发展。吕逸新的研究发现,经典著作独特的思维方式、理论路向和人文精神可以让学生体验理论的魅力、培养对理论的兴趣,进而激发学习热情和创造潜能。② ZB"先苦后甜"的经典阅读感受充分证明了以上观点。"读经典特别慢,比如黑格尔的《精神现象学》,我一天基本上就读三段。不过,读懂了就很开心,而且它的一些观点很深刻,感觉好像打开了思想的大门,精神上都会有升华。"(资料编号:ZB)由此可见,尽管经典著作很难理解,阅读速度也很慢,但大学生只要坚持阅读就能体验到充实和快乐,并且在思维、心理和精神上也得到拓展和升华。

综上所述,虽然量化研究没有证实经典阅读显著影响大学生发展,但质性研究发现两者密切相关,经典阅读促进了大学生价值观、认知思维能力、知识获取与创新能力以及心理品质的发展。正如应克荣在其研究中指出,经典阅读具有获取知识、促进思维发展、陶冶心灵等价值,是一个人成长、成才和成功必不可少的条件。③ 以上发现使经典阅读对大学生发展的影响力得到更为全面的评判。

---

① 卡尔维诺.为什么读经典[M].黄灿然,李桂蜜,译.南京:译林出版社,2012:3.

② 吕逸新.经典阅读与中文专业学生的创新能力培养[J].宁波教育学院学报,2013(5):20-21.

③ 应克荣.经典与经典阅读:对网络文化背景下阅读价值的思考[J].出版发行研究,2011(2):50-51.

当然,不可否认大学生经典阅读匮乏的事实。量化样本中只有8.7%的大学生以经典阅读为主,质性样本的比例虽有所提升,但也不足三分之一(31.8%)。通过质性资料的分析,其中的原因也显露一二。除了大学生的阅读习惯、知识和阅历的积累程度、毅力和耐心的差异等因素外,对于本科阶段的大学生而言,经典"难读"是个具有共性的客观事实,而大学也并未给予大学生及时充分的阅读指导,这些因素叠加在一起就形成了大学生远离经典的事实。然而,同样不可否认的是,虽然只有少数大学生以经典阅读为主,但这些大学生从经典著作中汲取的养分也为他们所深刻体悟。尽管只有少数本科大学生获益于经典阅读,但仍掩盖不了经典阅读对大学生发展具有深刻且深远的影响的事实。

第五节 本章小结

本章主要是阅读与大学生发展关系的质性研究。研究发现,阅读全面促进大学生的发展,而家庭背景和阅读熏陶、基础教育阶段的阅读经历和重要的阅读机遇以及大学校园阅读活动、阅读课程和阅读互动是大学生在不同成长阶段重要的阅读影响因素。此外,尽管大学生的经典阅读十分匮乏,但经典阅读对大学生产生了深刻的影响。

一、典型个案分析显示,阅读是影响大学生成长和成功的重要因素

三个典型个案,代表了70后、80后和90后三个不同年代的大学生,代表了"全能型"、"创业型"和"学业型"三类大学生,代表了大学生奋斗在政界、商界和仍求学于大学三个不同的场域。

案例呈现表明,不管是"全能型""创业型""学业型",还是省管青年干部、年轻的服装业创业者、已获得免试攻读硕士学位资格的大四学生,三个典型个案均是他们各自人生阶段中的成功者。案例分析也发现,尽管他们的成功各有各的精彩,但有一个相似点,即他们都有稳定、持续的阅读兴趣和阅读习惯,而阅读特别是大学本科阶段大量的阅读为他们的成长和成功写下了浓墨重彩的一笔。

二、影响大学生阅读的因素包括家庭背景和阅读熏陶、基础教育阶段阅读经历、重要阅读机遇、大学校园阅读活动、阅读课程和阅读互动

1. 家庭背景和阅读熏陶、基础教育阶段阅读经历与重要阅读机遇影响大学生阅读

在大学生的个体特征因素中，家庭背景和阅读熏陶、基础教育阶段的阅读经历与重要的阅读机遇形成了学生进入大学前阅读参与的智力和心理准备特征，是大学生阅读的重要影响因素。

研究发现，家庭背景对大学生阅读行为的影响呈现多元性特征，阅读参与水平较高的大学生主要来自文化资本优越的家庭，但是仍然有少数出身于文化资本非优越家庭的大学生也具有较高的阅读参与水平。家庭对大学生童年时期阅读的影响方式包括阅读陪伴（亲子阅读）、阅读指导、阅读交流、阅读肯定、阅读推荐和阅读环境的创设等。在家庭的阅读熏陶和培养下，大学生在童年时期形成的阅读兴趣和阅读习惯一直稳定持续至基础教育阶段，突出的标志是大学生在基础教育阶段学习繁忙时（如中考、高考备考期间）仍坚持阅读。

研究发现，大学生基本都能清晰记得在基础教育阶段就读学校开展的各类阅读活动，如班级读书角、阅读与写作比赛、"每天阅读一小时"、读书节等，这些阅读活动在一定程度上形成了一所学校的阅读氛围乃至阅读文化，并使学生在童年时期受其家庭影响所培养的阅读兴趣和阅读习惯得到进一步的巩固和加强。尽管学习繁忙并且有升学压力，但或出于阅读兴趣或为了缓解学业压力，学生们都有一些自发进行的阅读行为，而个别学生在中学阶段"偷偷摸摸"开始的阅读后来成为其事业发展的重要起点。但是，研究也发现，尽管大学生在基础教育阶段就读的学校组织了各类阅读活动，但形式仍不够丰富，实效也有待提升。同时，由于中考和高考的现实压力，不同学校对阅读的重视程度和实施行动存在明显的差异，突出表现在教师对学生阅读的引导和指导方面，因此本书将"教师对学生阅读的引导和指导"视为学生的"重要阅读机遇"。只有少数教师重视学生的阅读并付诸行动。

研究发现，在影响大学生阅读的个体特征中还有一个因素，即重要的阅读机遇。"重要的阅读机遇"是指在基础教育阶段对其阅读产生过重要影响的人物或事件。"重要人物"主要是教师，包括班主任、语文教师和其他教师，他们重视学生的阅读并且付诸行动，阅读引导方式也比较独特。"重要事件"主要是个别中学开设了在基础教育阶段鲜有的阅读课，尽管形式简

单,但由此获得的充实又快乐的阅读体验让大学生记忆犹新。"重要的阅读机遇"对大学生阅读兴趣、阅读习惯、阅读方法等的培养和改善具有重大意义。但这些"重要人物"和"重要事件"明显稀缺并且具有鲜明的个性化特征,只有少数学生有幸遇到并受益,因此称之为"机遇"。

在大学生的个体特征因素中,家庭背景和阅读熏陶、基础教育阶段的阅读经历与重要的阅读机遇是大学生阅读的重要影响因素。这是对第四章量化研究结论的重大补充,特别是从个体阅读史的视角追溯了影响大学生阅读的因素。

2.大学校园阅读活动和阅读课程影响大学生阅读

大学校园阅读活动和阅读课程形成了大学的阅读环境,是大学在促进学生阅读中的影响力的体现。质性研究发现,以读书会和学术报告(讲座论坛)、演讲辩论、读书节等为主要形式并且品质有保证的校园阅读活动,以本学科的经典导读或名著选读等为主要内容的阅读课程,促进了大学生的阅读。

研究发现,大学校园中的读书会主要有专业教师组织的经典型和专业型读书会、大学生个体组织的兴趣型读书会以及学生组织举办的读书会三种类型。读书会积极影响大学生阅读,包括阅读内容的选择、阅读数量的提升和阅读习惯的坚持等,尤其是引导和指导了大学生的经典阅读。但上述作用的实现必须有教师的介入和指导。

大学在第二课堂中开展了丰富多彩的阅读推广活动,大学生对此却出现了或认同或质疑的两级感受,分歧产生的焦点是校园阅读活动能否真正让大学生得到收获和进步。这表明目前大学的校园阅读活动质量优劣不均,数量也有待提升。对此,本书做了进一步的探究,除大学校际差异、大学生关注侧重点不同等个体差异这类客观原因之外,本书还有三方面的发现:(1)校院两级机构举办的大量优质的讲座论坛、学术报告等未能普遍促进大学生阅读和发展的原因,在于不少大学生没有具备与之相匹配的阅读态度和阅读基础。因此开展对大学生的阅读指导迫在眉睫。(2)学生组织是大学阅读活动的重要组织者之一,虽然开展阅读活动的热情很高,但阅读推荐等活动毕竟具有专业性,学生组织由于能力不足导致阅读活动的质量得不到保证,这也是阅读活动吸引不了大学生的原因之一。(3)大学图书馆是阅读推广活动的中坚力量,近年来为促进大学生阅读提出了不少新思路和新方法并且积极付诸实践。但就目前大学生阅读现状总体严峻的现实来说,阅读推广活动由图书馆唱"独角戏",客观上其难担重任。

　　本书的"阅读课程"主要指以阅读推荐、阅读引导和指导为核心内容的课程,包括本学科的经典导读或名著选读课程以及可供全校学生选修的阅读指导课程。研究发现,虽然不少大学没有开设阅读课程,但是所在大学开设了学科或专业经典导读或名著选读课程的,其阅读选择和阅读兴趣明显优于所在学校没有开设相关阅读课程的大学生。而且本书的问卷调查显示,大学生迫切需要阅读指导。因此,能在最大限度上保证每一位大学生受益的阅读课程应是大学开展阅读教育的主渠道,也是破解大学生阅读困境的关键。

　　在大学阅读环境中,质性研究关于读书会影响大学生阅读的发现进一步支持了量化研究结果。大学生对学术报告(讲座论坛)、读书节等阅读推广活动或认同或质疑的两级感受发现,使量化研究结果("阅读推广活动对大学生的阅读参与水平没有显著影响")与质性研究发现("不少大学生的阅读发展受益于阅读推广活动")的相对并存得到解释和补充。阅读课程在大学生阅读影响因素中的凸显,既是对量化研究结果的有力补充,也为破解大学生阅读困境提供了思路。总之,质性研究发现进一步证实了大学阅读环境影响大学生在阅读参与中付出努力的程度,包括大学生阅读参与的内容和数量。

　　3.大学阅读互动影响大学生阅读

　　大学阅读互动主要包括师生互动和同伴互动。质性研究发现,同伴阅读互动和集阅读推荐、阅读指导和阅读分享于一体的师生阅读互动促进了大学生阅读。

　　研究发现,当下大学的师生阅读互动主要发生在专业教师(包括担任班主任的专业教师)与学生之间,而鲜有辅导员与学生之间的阅读互动。师生阅读互动的形式主要停留在阅读推荐阶段,但仍有少数教师与学生进行集阅读推荐、阅读指导和分享于一体的阅读互动,这种全方位的阅读互动促进了大学生阅读。大学生同伴之间的阅读推荐和阅读分享表现出鲜明的空间优势和兴趣优势特征,即阅读互动主要发生在大学生室友和阅读兴趣相似者之间。同伴阅读互动在潜移默化中促进了大学生彼此的阅读。

　　质性研究发现,师生阅读互动中"阅读推荐"与"集阅读推荐、指导和分享于一体"的两种互动形式并存,这在一定程度上解释了量化研究与质性研究"双重结果"并存的原因,并使师生阅读互动对大学生阅读的影响力得到更为全面的评价。而同伴阅读互动对大学生阅读具有促进作用的发现,进一步证实了量化研究结果。

三、阅读促进了大学生价值观、知识获取与创新能力、组织表达能力、认知思维能力和心理品质的发展

1.阅读促进了大学生价值观的发展

研究发现,大学生在谈及阅读对自身成长和发展的多方面帮助时,基本都提及阅读对价值观的影响,并且聚焦在对不同文化的理解和尊重、诚信和规范、社会责任感、对社会和政治的关注等方面。同时,不仅是大学生的阅读数量,就阅读内容而言,除文学作品主导型外,以经典著作、专业论著阅读为主对大学生价值观发展也有影响。此外,质性研究没有发现以文学作品阅读为主会反面影响大学生价值观和知识获取与创新能力发展的证据。以上发现进一步证实并补充了量化研究结果,也使文学作品阅读对大学生发展的影响得到更为全面的评判。

2.阅读促进了大学生知识获取与创新能力的发展

研究发现,专业阅读或者说阅读内容以专业类书籍为主在大学生中较为普遍,同时大学生频繁提及阅读对自身专业理论知识的掌握、专业动手能力的加强、专业前沿的了解以及知识面和视野的拓展等方面的帮助和作用,表明阅读促进了大学生知识获取与创新能力的发展。以上发现进一步证实了阅读对大学生知识获取与创新能力发展的积极影响以及以专业类书籍阅读为主对大学生知识获取与创新能力的显著提升作用。质性研究与量化研究得到了基本一致的结果。

3.阅读促进了大学生认知思维能力的发展

研究发现,阅读提升了大学生的批判性思维、发现与解决问题等能力的发展,表明阅读促进了大学生认知思维能力的发展。此外,经典著作和专业论著阅读对大学生认知思维能力发展的影响更为明显。尽管量化研究没有证实阅读与大学生认知思维能力发展显著相关,但质性研究发现两者密切相关。这使阅读对大学生认知思维能力发展的影响得到更为全面的评判。

4.阅读促进了大学生组织表达能力的发展

研究发现,大学生基本都能直接感受到阅读对自身组织表达能力提升的影响,并且聚焦在写作能力、口头表达能力、与人相处和社会交往能力和组织领导能力四个方面。同时,不仅是大学生的阅读数量,阅读内容对大学生组织表达能力的发展也有影响,特别是文学作品的阅读促进了大学生的语言表达能力。以上发现进一步证实并补充了量化研究结果。

5. 阅读促进了大学生心理品质的发展

研究发现,大学生在遇到学习和人际关系等困扰时普遍会通过阅读来纾解和疗愈,以阅读改变和完善自己,进而使自己开放和包容的心态得以提升。同时,大学生也直接或间接地感受到阅读对完善性格、保持求知欲等的积极影响并获得充实和快乐的阅读体验。以上发现表明阅读促进了大学生心理品质的发展。阅读帮助大学生滋养积极的心理品质,而积极的心理品质又进一步提升了大学生阅读的自觉性、主动性和持久性等,阅读与大学生的心理品质之间形成了良好的互动。此外,研究发现,不仅是大学生的阅读数量,阅读内容或者说阅读本身都促进了大学生心理品质的发展。质性研究发现使量化研究结果得到了进一步的证实和补充。

四、大学生的经典阅读

1. 大学生的经典阅读现状堪忧

在质性样本中,选择阅读内容为经典著作主导型的有 7 人,占 31.8%,但其中 5 位同时选择了两类主要阅读内容,也就是说,只有 2 位被访大学生的主要阅读内容真正聚焦在经典著作上。进一步分析发现,这 2 位被访大学生均为 70 后(已工作人士),这在一定程度上说明大学生阅读经典的退化。而在问卷调查中,尽管 94.9% 的大学生认同经典著作阅读对大学生的成长和发展起"重要"和"非常重要"的作用,但仅有 8.7% 的大学生以阅读经典著作为主。由此可见,大学生的经典阅读十分匮乏并存在明显的知行不一的现象。

2. 大学生普遍认为经典"难读"

在经典阅读过程中,不管是"常读"的大学生还是"鲜读"的大学生,"难读"是他们共同的阅读感受。经典"难读"的具体表现是经典晦涩、深奥、难以理解,以致读起来特别慢,甚至难以坚持。本书认为,对于本科大学生而言,经典"难读"的阅读感受是真实且客观存在的,这与本科阶段大学生知识、阅历等的深度和广度是基本相适应的。

研究发现,除了少数从小就有良好阅读习惯的大学生能坚持阅读经典外,大部分大学生阅读经典是半途而废或停滞不前。这固然有大学生缺乏恒心和毅力等自身原因,但本书也发现大学没有为帮助学生克服经典阅读中遇到的困难提供充分的指导,大学在学生的经典阅读中主要扮演了"倡导"和"推荐"的角色。除了少数大学、少数专业开设"经典导读"或"名著选读"课程以及少数学生在一些教师组织的读书会中获得经典阅读指导外,大部分学生没有得到充分而全面的经典阅读指导。本书认为,这是大学在学生经典阅读中的缺失所在,也是大学生对经典阅读望而生畏的原因之一。

　　3.经典阅读促进了大学生的发展

　　坚持阅读经典的大学生都能深刻感受到经典阅读对自身成长和发展的促进,并且聚焦在价值观、知识获取与创新能力、认知思维能力以及心理品质的发展四个方面。以上发现与量化研究结果并不一致,但使经典阅读对大学生发展的影响得到更为全面的评判。尽管只有少数本科大学生以经典阅读为主,因此也只有少数大学生获益于经典阅读,但仍掩盖不了经典阅读对大学生发展具有深刻且深远的影响的事实。

第六章 研究结论、建议与展望

本书旨在探讨大学生的阅读参与以及大学为鼓励和促进学生的阅读参与而提供的支持和服务与大学生发展的关系。笔者首先对国内外的相关文献进行梳理并在此基础上确定了"大学生阅读"和"大学生发展"所关注的内容；其次，对若干在校大学生和大学毕业工作10年左右的社会人士就研究问题进行访谈，进而就访谈分析结果设计调查问卷并进行预调查；再次，通过实地走访浙江省5所大学，对1105名本科阶段的文科大学生开展问卷调查，并对18位在校生和4位已工作人士进行深度访谈，面对面地感受他们的阅读体验，了解他们的阅读故事；最后，对量化调查数据和质性调查资料分别进行处理、分析、比较和讨论。

本章将结合绪论中所提出的问题，梳理综合前文各章节分析讨论中所得出的主要结论，并根据研究结论提出促进大学生阅读的建议，以供大学生和大学参考。最后对本书的创新点进行总结并对后续研究提出展望。

第一节 主要研究结论

本书采用量化研究和质性研究相结合的方法，围绕阅读与大学生发展进行了分析和探索，得出以下几点主要结论。

一、大学生的阅读参与和大学的阅读支持现状均堪忧

尽管大学生高度认同阅读的重要性，阅读方式更倾向于纸质方式，但阅

读数量明显偏少,经典阅读则十分匮乏。大学的阅读环境和阅读互动都不够理想,各种校园阅读活动的数量和质量均有待提升,并且大学生的阅读参与度很低,阅读课程开设率仅达 11.8%,师生阅读互动和大学生同伴阅读互动的频次都不高。

二、阅读对大学生发展产生了显著影响

具体而言:(1)阅读促进了大学生价值观、知识获取与创新能力、组织表达能力和心理品质的发展,而阅读对大学生认知思维能力发展的影响,本书的量化研究和质性研究初步论证了双重结论(没有显著影响和积极影响)的并存。(2)量化研究发现,阅读参与水平对大学生不同发展维度的影响不同,阅读数量与大学生价值观、知识获取与创新能力、组织表达能力和心理品质的发展正相关,其中对心理品质的提升最大;阅读内容以专业类书籍为主促进了大学生知识获取与创新能力的发展,并且知识获取与创新能力发展的解释力在所有变量中是作用最大的。(3)质性研究发现,文学作品阅读促进了大学生语言表达能力的发展,而阅读内容以专业类书籍(特别是专业论著)和经典著作为主以及理想的阅读数量能够全面促进大学生的发展。总之,阅读数量和阅读内容分别作为大学生阅读参与水平的"量"和"质"的指标,对大学生发展的显著影响在量化研究中得到证实,在质性研究中也得到一定程度的体现。但是,本书没有发现阅读方式显著影响大学生发展,这与本书最初的理论分析结果基本一致。大学生的阅读方式应依据阅读内容和阅读目的合理选择,只要相应的选择恰当,无论是纸质阅读还是电子阅读,都有助于大学生的成长。

三、学生个体特征、大学阅读环境和阅读互动对大学生阅读产生了显著影响

(1)个体特征包括性别、专业类型、高中学校类型、学生身份、政治面貌和对阅读重要性的认知,以及家庭背景和阅读熏陶、基础教育阶段的阅读经历与重要的阅读机遇等,显著影响大学生的阅读数量、阅读内容和阅读方式。(2)阅读环境中的有效读书会以及以本学科的经典导读或名著选读等为主要内容的阅读课程,促进了大学生的阅读参与水平。(3)阅读互动中的同伴阅读互动影响了大学生彼此的阅读。(4)阅读环境中以学术报告(讲座论坛)、演讲辩论、读书节等为主要形式的阅读推广活动和阅读互动中的师生阅读互动对大学生阅读的影响,量化研究和质性研究初步论证了双重结

论(没有显著影响和积极影响)的并存。质性研究发现,以上双重结论并存的原因在于,大学阅读推广活动的质量有优劣之分,而师生阅读互动中"阅读推荐"与"集阅读推荐、指导和分享于一体"的两种互动形式并存。

四、量化研究发现,学生个体特征、大学阅读环境和阅读互动不仅显著影响大学生阅读,也显著影响大学生的发展

(1)个体特征包括性别、专业类型、政治面貌、学生身份、高中学校类型和对阅读重要性的认知等,显著影响大学生不同维度的发展。(2)大学阅读环境包括对学校图书馆软硬件的满意程度、阅读推广活动和读书会等,与大学生的价值观、知识获取与创新能力、认知思维能力和组织表达能力的发展正相关。(3)大学阅读互动包括师生阅读互动和同伴阅读互动,专业教师与学生的阅读互动促进了大学生认知思维能力的发展,同伴阅读互动全面提升了大学生各维度的发展,对大学生发展的解释力度在所有变量中是最全面的。但是,辅导员与学生的阅读互动对大学生发展没有显著影响。

五、质性研究发现,经典阅读促进了大学生发展,而大学生经典阅读匮乏以及对经典阅读知行不一的主要原因在于普遍感受到经典"难读"

坚持阅读经典的大学生都能深刻感受到经典阅读对自身成长和发展的促进,并且聚焦在价值观、知识获取与创新能力、认知思维能力以及心理品质的发展四个方面。但是,不管是坚持阅读经典的大学生还是偶尔为之的大学生,"难读"是他们共同的阅读感受,具体表现是经典晦涩、深奥、难以理解,以致读起来特别慢,甚至难以坚持。对于本科大学生而言,经典"难读"是个客观事实,大部分大学生在经典阅读过程中半途而废或停滞不前,这固然有大学生缺乏恒心和毅力等自身原因,但本书也发现大学没有提供充分的指导和支持帮助学生克服经典阅读中遇到的困难。

综合而言,本书的研究发现,大学生的个体特征和在阅读参与中付出努力的数量(阅读数量)和质量(阅读内容)显著影响大学生发展,包括大学生价值观、知识获取与创新能力、认知思维能力、组织表达能力和心理品质的发展,这表明阅读参与水平对大学生发展具有影响。阅读环境和阅读互动是大学为吸引和鼓励学生积极参与阅读而提供的支持和服务,阅读环境和阅读互动显著影响大学生阅读和大学生发展,这表明大学对学生的阅读参与水平和学生的发展都具有影响力。由此可见,本书的假设得到证实,即学生的阅读参与和大学的阅读支持共同影响大学生的发展。基于综合研究结论,本书形成了阅读与大学生发展的理论模型,见图 6-1。

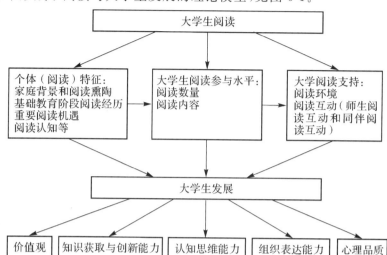

图 6-1　阅读与大学生发展的理论模型

第二节　促进大学生阅读的建议

如前文所述,大学生的个体特征、阅读参与水平、大学阅读环境和阅读互动都会影响学生的发展,但大学生的阅读参与现状和大学的阅读支持均不容乐观。因此本书提出如下建议。

一、大学生应提升阅读参与水平

阅读参与水平对大学生的发展产生了重要影响。建议大学生在高度认同阅读重要性的基础上自觉参与阅读,逐步提升阅读参与水平。

(一)增加阅读数量

从本书的问卷调查结果来看,大学生的阅读数量显然偏少,书籍年阅读量大于 15 本、周阅读时间大于 6 小时的学生均仅占 8%。阅读数量与大学生价值观、知识获取与创新能力、组织表达能力和心理品质的发展正相关,而且大量的阅读是文科大学生提升专业素养和获得精神成长不可或缺、至关重要的必经之路。因此大学生的阅读要有数量上的保证。

（二）增加专业类书籍和经典著作的阅读

问卷调查结果显示，16.0％的大学生以阅读专业类书籍为主，以阅读经典著作为主的大学生仅占8.7％。阅读内容以专业类书籍为主的大学生与其知识获取与创新能力提升显著正相关，并且知识获取与创新能力发展的解释力在所有变量中是作用最大的。而经典阅读积极影响大学生价值观、知识获取与创新能力、认知思维能力以及心理品质的发展。因此建议大学生要合理选择阅读内容，增加专业论著和经典著作的阅读；在阅读中知难而上，并通过聆听学术报告、参加读书会等校园阅读活动以及在与老师和同学的阅读互动中逐步提升阅读能力。

二、大学应建立以阅读课程为主渠道、校园阅读活动为补充的大学生阅读教育机制

调研结果显示，不知道"读什么"和"如何读"是大学生在阅读中的两大困惑，经典"难读"是大学生的普遍感受，而以阅读引导和指导为主要内容的阅读课程和校园阅读活动既是大学生阅读的重要影响因素，也直接影响大学生的发展。因此建议大学积极作为、提供支持，逐步将大学生阅读教育纳入高等教育体系，充分发挥大学在大学生阅读推动中的影响力。

（一）开设阅读课程

调研发现，大学生迫切需要阅读引导和指导，但大学在第一课堂中可供全校学生选读的阅读指导课程"经常有"的比例仅占11.8％，开设学科或专业经典导读或名著选读课程的也是凤毛麟角。但是，研究也发现所在大学开设了学科或专业经典导读或名著选读课程的，其阅读选择、阅读兴趣和阅读能力等明显优于所在大学没有开设相关阅读课程的大学生。

因此建议大学要在高等教育体系中增加阅读教育模块，重视课程体系设计中阅读课程的开发和开设。阅读课程主要包括可供全校学生选修的阅读指导课程和本学科的经典导读或名著选读两类，前者重在向学生推荐经典名著和优秀书籍、介绍阅读知识和阅读方法等，后者重在推荐和指导学生阅读学科专业的经典名著，培养和提升大学生的专业素养和经典阅读能力等。此外，可尝试将阅读素养作为学生学业评价的组成部分。

本书认为，开设阅读课程是破解大学生阅读困境和大学开展阅读教育的关键。对文科大学生而言，课程目标的真正实现有赖于学生课外自觉而大量的阅读，阅读是实现大学课程目标乃至人才培养目标的关键所在。基

于目前大学生阅读的现状,实现大量课程阅读的前提是阅读课程的先行,而且第一课堂的课程方式能够在最大限度上保证让每一位大学生受益。

（二）增强阅读推广活动的实效

阅读推广活动（学术报告、演讲辩论、读书节等）是大学阅读文化的重要载体,在潜移默化中影响着大学生的阅读行为,特别是对大学生组织表达能力的发展产生重大影响。调研发现,大学能经常开展各类校园阅读活动的仅占 16.0%～17.6%,其中仅有 2.2% 的大学生经常参加大学组织的读书节活动。对此的归因主要是大学对校园阅读活动的关注度不够,阅读推广活动多停留在形式层面,效果不佳,而大学生或不了解校园阅读活动或认为不能从中受益,致使参与度低。因此建议大学一方面要加强阅读推广活动在第二课堂中的比重;另一方面更要通过教师指导的介入、大学生多样化阅读需求的满足等途径提高阅读活动的质量,以增强其对大学生的吸引力。此外,可通过阅读课程的引导和指导,帮助大学生具备与讲座论坛、学术报告等相匹配的阅读态度和阅读基础,进而逐步提升大学生的阅读素养。

（三）鼓励教师举办读书会

读书会既是一种以阅读为核心的组织,也是大学校园阅读活动的重要组成部分。研究发现,由教师组织的经典型或专业型读书会对大学生的阅读参与水平特别是对大学生经典阅读会产生积极影响,并与大学生认知思维能力的发展显著正相关,而且读书会也是师生阅读互动和同伴阅读互动的重要载体。因此建议大学要创造条件,鼓励和激励专业教师定期或不定期举办读书会,并可尝试吸收少量本科生参加以博士、硕士阅读交流为主要内容的读书会。

三、大学应加强和完善阅读推荐、阅读指导和阅读分享三位一体的阅读互动体系建设

研究发现,阅读互动对大学生阅读产生了显著影响并且直接促进了大学生的发展,特别是同伴阅读互动对大学生发展的解释力是所有变量中最全面的。因此建议大学积极创设条件,加强和完善校园阅读互动。

（一）在课程教学过程中注重师生阅读互动的全方位落实

师生阅读互动主要发生在课程教学过程中。调研结果显示,专业教师与学生的阅读互动促进了大学生认知思维能力的发展,少数教师集阅读推荐、指导和分享于一体的师生阅读互动促进了大学生阅读。但是,大部分教

师与学生的阅读互动停留在阅读推荐阶段,36.8%的学生表示教师会经常推荐阅读书目,而经常进行阅读指导和阅读分享则下降到 12.1% 和 16.2%。因此建议大学在教学建设过程中对师生阅读互动给予足够的关注,支持和激励教师开展阅读推荐、阅读指导和阅读分享三位一体的阅读互动,并在课程改革与创新、教师教学评价、学生学业评价等环节中重塑阅读互动的定位,以充分发挥大学在促进学生发展中的影响力。

(二)搭建调动和增加大学生同伴阅读互动的平台

研究发现,同伴阅读互动促进了大学生价值观、知识获取与创新能力、认知思维能力、组织表达能力和心理品质的发展,即全面提升了大学生的发展。但是,大学生同伴之间经常进行阅读互动的比例总体偏低,经常与同学进行阅读推荐和阅读分享的大学生分别仅占 22.7% 和 16.6%。因此建议大学在第一和第二课堂创设条件,搭建平台,使校园阅读氛围更浓厚,充分鼓励、调动和激发大学生同伴之间的阅读互动,以全面促进大学生成长和发展。

总之,大学生的发展受到学生个体和大学的双重影响。学生个体的阅读参与水平越高,大学为鼓励和促进学生的阅读参与在资源配置、课程组织、管理等方面付出的努力越多,大学生的发展就越好。因此大学在人才培养过程中应对阅读之于大学生发展之重要性给予足够的关注,以不断提升人才培养质量。

第三节　研究创新与展望

一、研究创新

回顾整个研究,创新点可以归纳在研究视角、研究方法和研究结论三个方面。

第一,从研究视角来看,大学生阅读与大学生发展是教育研究领域中的常规课题,但鲜有研究从阅读这个微观视角检验阅读对大学生发展的影响。国内外学者特别是国外学者对"大学生发展"进行了长期、大量的研究,验证人际互动、学生参与、大学组织、学习模式等对大学生发展的影响,但"面"上因素关注较多,"点"上因素关注较少。本书选择的"阅读"视角,虽然是大学生学习生活中的一个微观"点",但阅读普遍存在于大学生的课内外学习、专业和跨专业学习、课外学术科技活动和校园文化活动中,是贯穿大学生全面地参与大学学习生活的"点"。本书从阅读视角出发,探讨阅读与大学生发展的关系,拓展了高等教育关于大学生发展的研究视角。

第二,从研究方法来看,本书采用了量化研究与质性研究相结合的方法,综合运用问卷调查法、统计分析法、访谈调查法、个案研究法和文献研究法对选题进行探讨。多方法的综合运用,力图使研究结论客观、全面、完整。

第三,从研究结论来看,本书通过实证调研呈现了大学生阅读的基本情况,检验和探索了学生的个体特征和阅读参与水平以及大学的阅读支持对大学生发展的影响,澄清了阅读与大学生发展的基本关系及其要素,并初步构建了阅读与大学生发展的理论模型。研究结论是对已有的大学生阅读研究和大学生发展研究的补充。

二、研究展望

对阅读与大学生发展的关系进行研究,既缘于笔者内心对大学生成长成才的关切,也出于大学人才培养质量亟待提升的现实需要。在大学工作20多年来,大学生是与笔者朝夕相处甚至"亲密接触"的群体,是笔者工作生活中的一个重要部分。因此对大学生的成长和发展,笔者内心有着不可忽视的关切。人才培养质量是当下中国乃至全球范围内的普遍关注点,人才培养质量停滞不前甚至下滑成为社会各界质疑、诟病乃至问责高校的一个突出现实问题,也成为高校内部一个隐而未发的瓶颈问题。虽然人才培养是一个系统工程,但以阅读为视角,通过实证研究的方法探究阅读对大学生成长和发展的影响力,不仅关乎大学生个体的发展,而且关乎大学人才培养的质量。同时,这也是对以学生为重点、以促进学生发展为基本要义的人才培养质量过程性评估模式的一种探索。

本书从阅读这个微观视角检验了阅读对大学生发展的影响,弥补了以往研究对该问题关注的不足。与此同时,由于笔者能力和已有研究的限制等,未能对该问题进行更为深入的分析,后续研究可以从以下几方面展开。

第一,扩展研究样本的数量和区域分布并增加新的样本。本书以浙江省大学生为例,虽然是对以省级区域为视域开展大学生阅读调研和大学生发展研究的丰富和补充,但研究毕竟限于一个区域,研究结论是否适应全国大学生的实际有待进一步论证。因此,后续研究可以将样本的区域分布逐步扩展到全国,问卷调查的样本数量增加到 3000 份左右,对全国范围内文科大学生的阅读参与水平进行调研并检验阅读对其发展的影响。同时,本书的调查发现教师对大学生阅读的影响是直接而深刻的,因此后续研究可将教师纳入调研,在事实调查和大学生自我报告的基础上,增加一个既是大学生阅读的"重要他人"又是大学生阅读的直接参与者(师生阅读互动)的视角观察、评价大学生阅读,以对研究议题进行更深层次、更有意义的探究。

第二,扩展研究对象的学科和层次分布,并进行相应的比较研究。本书的研究对象锁定为本科阶段的文科大学生,后续研究可以逐步把理工科大学生和研究生纳入研究对象中,将阅读与大学生发展的研究议题覆盖到不同学科和不同层次的大学生,并在此基础上进行相应的比较研究和校别研究等。

第三,修订大学生发展量表,周期性开展阅读与大学生发展研究并形成研究报告。对大学生发展量表的测量维度和项目进行修订和完善,并在研究对象的学科、区域实现全覆盖的基础上,对阅读与大学生发展进行周期性(每两年一轮)研究并公开研究报告。

参考文献

一、中文参考文献

（一）专著

[1]埃里克森.同一性:青少年与危机[M].孙名之,译.杭州:浙江教育出版社,1998.

[2]巴丹.阅读改变人生:中国当代文化名人读书启示录[M].北京:东方出版社,2010.

[3]鲍威.未完成的转型:高等教育影响力与学生发展[M].北京:教育科学出版社,2014.

[4]波兹曼.娱乐至死[M].章艳,译.北京:中信出版社,2015.

[5]博克.回归大学之道:对美国大学本科教育的反思与展望[M].2版.侯定凯,梁爽,陈琼琼,译.上海:华东师范大学出版社,2012.

[6]布尔迪约,帕斯隆.继承人:大学生与文化[M].邢克超,译.北京:商务印书馆,2002.

[7]布卢姆.美国精神的封闭[M].战旭英,译.南京:译林出版社,2007.

[8]布卢姆,等.教育评价[M].邱渊,王钢,夏孝川,等译.上海:华东师范大学出版社,1987.

[9]陈向明.质的研究方法与社会科学研究[M].北京:教育科学出版社,2000.

[10]崔华芳.天才少年的读书方法[M].哈尔滨:北方文艺出版

社,2007.

[11]高小方.读书法与研究法[M].南京:南京大学出版社,2013.

[12]国家图书馆《中国图书馆分类法》编辑委员会.中国图书馆分类法[M].5 版.北京:国家图书馆出版社,2010.

[13]何江涛.耕读传家[M].北京:北京图书馆出版社,2008.

[14]胡继武.现代阅读学[M].广州:中山大学出版社,1991.

[15]黄葵,俞君立.阅读学基础[M].武汉:武汉大学出版社,1996.

[16]金子元久.大学教育力[M].徐国兴,等译.上海:华东师范大学出版社,2009.

[17]卡尔维诺.为什么读经典[M].黄灿然,李桂蜜,译.南京:译林出版社,2012.

[18]李东来.书香社会[M].北京:北京图书馆出版社,2008.

[19]曼古埃尔.阅读史[M].吴昌杰,译.北京:商务印书馆,2002.

[20]毛姆.书与你[M].刘宸含,译.南京:译林出版社,2016.

[21]邱冠华.爱书人的世界[M].北京:北京图书馆出版社,2008.

[22]苏霍姆林斯基.给教师的建议[M].杜殿坤,编译.北京:教育科学出版社,1984.

[23]眭依凡.大学的使命与责任[M].北京:教育科学出版社,2007.

[24]眭依凡.理性捍卫大学[M].北京:北京大学出版社,2013.

[25]王继坤.现代阅读学教程[M].青岛:青岛海洋大学出版社,1999.

[26]王余光,等.中国阅读文化史论[M].北京:北京图书馆出版社,2007.

[27]王余光,徐雁.中国读书大辞典[M].南京:南京大学出版社,1993.

[28]吴明隆.问卷统计分析实务:SPSS 操作与应用[M].重庆:重庆大学出版社,2010.

[29]吴庆麟.国际教育百科全书:第四卷[M].贵阳:贵州教育出版社,1990.

[30]曾祥芹,韩雪屏.阅读学原理[M].郑州:大象出版社,1992.

[31]曾祥芹.阅读学新论[M].北京:语文出版社,1999.

[32]张维特.30 年中国人的阅读心灵史[M].南昌:江西教育出版社,2009.

[33]中国大百科全书 教育[M].北京:中国大百科全书出版社,1985.

[34]朱永新.我的阅读观[M].北京:中国人民大学出版社,2012.

（二）期刊

[1]鲍威.未完成的转型:普及化阶段首都高等教育的人才培养与学生发展[J].北京大学教育评论,2010(1):27-44.

[2]曹光灿.阅读本质论[J],西南师范大学学报(哲学社会科学版),1996(1):97-100.

[3]陈海春.十五大精神与大学生发展[J].教育研究,1998(6):15-18.

[4]陈海春,罗敏.信息化时代与大学生发展[J].教育研究,2002(2):45-48.

[5]陈晓曦,金越,陈务正.从大学生阅读需求探讨高校图书馆信息化建设问题[J].大学图书馆学报,1998(2):54-56.

[6]陈玉琨.关于高等教育若干问题的哲学思考[J].上海高教研究,1997(7):1-7.

[7]崔丽娟,刘琳.互联网对大学生社会性发展的影响[J].心理科学,2003(1):64-66.

[8]党怀兴.倡导阅读经典 提高大学生的人文素养[J].中国大学教学,2010(3):9-11.

[9]方巍.美国高校学生发展理论评述[J].外国教育研究,1996(4):47-51.

[10]费广洪,王细英,龚桂红.图文相关性对不同认知方式大学生阅读影响的眼动研究[J].心理学报,2013(7):783-789.

[11]黄静.书单策展:大学生阅读推广的众包策略[J].图书馆杂志,2013(9):62-68.

[12]黄晓斌,林晓燕,刘子明.数字媒体对大学生阅读行为影响的调查分析[J].图书情报工作,2008(2):53-56,119.

[13]金秋萍.基于问卷调查的高校图书馆阅读推广活动评价分析[J].图书馆学研究,2014(24):70-74.

[14]李师龙,潘松华,张红生.泛在知识环境下大学生阅读危机干预体系构建研究[J].图书馆学研究,2013(18):52-55.

[15]李文利.高等教育之于学生发展:能力提升还是能力筛选?[J].北京大学教育评论,2010(1):2-16,188.

[16]李湘萍,周作宇,梁显平.增值评价与高等教育质量保障研究:理论与方法述评[J].清华大学教育研究,2013(4):40-45.

[17]李筱梅,张永清,于虹.阅读好书,对人心理健康机制的影响[J].科技创新导报,2013(18):247.

[18]李忠,闫广芬.知识视野下的高等教育教学与大学生发展[J].江苏高教,2009(3):68-71.

[19]梁春芳.大学生读什么书:杭州16所本科高校大学生阅读状况调查[J].中国出版,2009(4):48-52.

[20]刘亚,蹇瑞卿.大学生手机阅读行为的调查分析[J].图书馆论坛,2013(3):97-101.

[21]刘英梅.全媒体时代大学生阅读环境分析[J].图书馆建设,2012(3):77-81.

[22]刘宇,李武.阅读中的冷漠与自觉:当代大学生阅读倾向调查[J].中国图书评论,2013(4):102-107.

[23]陆根书.课堂学习环境、学习方式与大学生发展[J].复旦教育论坛,2012(4):46-55.

[24]吕逸新.经典阅读与中文专业学生的创新能力培养[J].宁波教育学院学报,2013(5):20-23.

[25]梅新林,葛永海.经典"代读"的文化缺失与公共知识空间的重建[J].中国社会科学,2008(2):152-166.

[26]庞佳,穆祥望.移动互联环境下大学生阅读模式变迁的驱动因素分析[J].图书馆工作与研究,2013(10):124-128.

[27]仁.学生发展理论在学生事务管理中的应用:美国学生发展理论简介[J].李康,译.高等教育研究,2008(3):19-27.

[28]石彤.构建女大学生发展性德育模式[J].妇女研究论丛,2008(1):28-34.

[29]眭依凡.培养创新型人才的呼唤:重构大学人才培养体系[J].中国高等教育,2008(19):14-18.

[30]眭依凡.以素质教育撬动大学人才培养体系创新[J].中国高等教育,2010(7):1.

[31]眭依凡.素质教育:高校人才培养体系的重构[J].中国高等教育,2010(9):10-13.

[32]孙桂洁.对于大学生阅读经典问题的深度思考[J].图书馆学刊,2009(4):53-55.

[33]唐淑香,孙娟.湖南省大学生课外阅读调查与分析[J].图书馆建

设,2009(3):63-66.

[34]涂海青.10年来大学生阅读情况的比较与走向:以常熟理工学院为例[J].图书馆理论与实践,2011(6):85-88.

[35]王立群.全民阅读与文化传承[J].中国出版,2008(5):14-15.

[36]王丽莎.文学阅读:提升理工科大学生综合素质的重要途径[J].长春工业大学学报(高教研究版),2010(4):23-25.

[37]王勤.论女大学生发展的特殊性[J].青年研究,1995(9):7-10.

[38]王卫霞.家庭背景对大学生阅读影响大学生的实证研究[J].中国出版,2015(17):70-72.

[39]邬书林.阅读的本质:大数据时代的知识汲取和文化继承[J].图书馆杂志,2014(4):5.

[40]吴惠茹.高校读书会对大学生个体成长的影响及其推广策略研究[J].图书馆工作与研究,2016(2):105-109.

[41]闫国利,白学军,陈向阳.阅读过程的眼动理论综述[J].心理与行为研究,2003(2):156-160.

[42]杨钋,许申.本专科学生能力发展的对比研究:基于"2008年首都高校学生发展状况调查"相关数据的分析[J].教育发展研究,2010(5):17-22.

[43]杨一平.学习模式与理工科女大学生发展[J].妇女研究论丛,1999(1):19-22.

[44]应克荣.经典与经典阅读:对网络文化背景下阅读价值的思考[J].出版发行研究,2011(2):50-51.

[45]于海.上海大学生发展研究(2002—2003)[J].复旦教育论坛,2003(2):1-5,45.

[46]于海.2004—2005年上海大学生发展报告[J].复旦教育论坛,2006(2):49-54.

[47]于海,钟晓华.2006—2007年上海大学生发展报告综述[J].复旦教育论坛,2008(1):19-25.

[48]余鹏彦,鞠鑫.发展性阅读疗法在大学生积极品质培养中的应用探析[J].现代情报,2014(10):130-133.

[49]余小茅.书香中国畅想曲[J].教育研究,2012(1):134-137.

[50]岳修志.当代大学生阅读问卷调查分析[J].大学图书馆学报,2011(4):81-85.

[51]阅读的力量:朱永新、杨光、张颐武、徐雁、徐升国、潘际銮、李家强

[J].大学出版,2008(2):4-17.

[52]查颖.关于我国大学生发展问题的研究综述[J].江苏高教,2016
(1):115-118.

[53]查颖.文科大学生阅读问卷调查分析:对浙江省1004名大学生的
调查[J].中国高教研究,2016(11):65-69.

[54]张巧明,王爱云,闫国利.大学生阅读知觉广度影响因素的回归分
析[J].心理与行为研究,2013(2):190-194.

[55]张荣和.论文学阅读对大学生语言修养的影响[J].中国成人教育,
2012(17):135-137.

[56]张事业,陈志,叶静华.大学生读书现状及思考:广州地区七所高校
大学生读书情况调查[J].科技进步与对策,1998(6):104-105.

[57]赵慧真.中美大学生阅读倾向比较研究[J].图书馆,2009(6):
32-34.

[58]周国平.好读书与读好书[J].政策,2012(1):90-92.

[59]周挥辉,党波涛,蒋永红.手机对当代大学生发展的影响及其对策
研究[J].中国青年研究,2011(6):90-92.

[60]周松青.我国在校大学生读书表现存在问题及对策分析:对上海市
1305名大学生的调查[J].中国青年研究,2008(9):47-51.

[61]朱红.高校人才培养质量评估新范式:学生发展理论的视角[J].国
家教育行政学院学报,2010(9):50-54.

[62]朱红.高校学生参与度及其成长的影响机制:十年首都大学生发展
数据分析[J].清华大学教育研究,2010(6):35-43.

[63]朱红.个性化深度辅导与首都大学生发展的实证分析[J].北京大
学教育评论,2010(1):45-62.

[64]朱永新.阅读的力量:"天下第一件好事还是读书"[J].图书馆杂
志,2014(4):9-17.

(三)学位论文

[1]卢锋.阅读的价值、危机与出路:新教育实验营造"营造书香校园"的
哲学思考[D].苏州:苏州大学,2013:11-12.

[2]赵晓阳.基于学生参与理论的高校学生发展及其影响因素研究[D].
天津:天津大学,2013:18-20.

（四）电子文献

[1]国家主席习近平接受俄罗斯电视台专访（全文）[EB/OL].（2014-02-09）[2016-08-01].　http：//www.　gov.　cn/ldhd/2014-02/09/content_2581898.htm.

[2]教育部部长陈宝生：高等教育要做到四个"回归"[EB/OL].（2016-10-19）[2016-12-15].　http：//edu.　people.　com.　cn/GB/n1 ‖ 1019/c1053-28791643.html.

[3]李克强.阅读是一种享受，希望全民阅读能够形成一种氛围[EB/OL].（2015-03-15）[2016-07-23].　http：//www.　gov.　cn/zhuanti/2015-03/15/ content2834273.htm.

[4]彭世怀.对课外阅读与中学语文教学的理性思考[EB/OL].（2016-05-15）[2016-11-10].http：//www.　zaidian.　com/show/0521018615.html.

[5]叔本华.读书与书籍[EB/OL].（2011-03-18）[2016-08-01].　http：//www.360doc.　com/ content/11/0318/16/5934953_102301657.shtml.

[6]中国图书馆学会.大学生阅读暨高校图书馆阅读推广问卷调查报告（2010）[EB/OL].（2015-02-26）[2017-02-12].　http：//www.　doc88.　com/p-9941474789644.html

[7]中华人民共和国教育部.国家中长期教育改革和发展规划纲要（2010—2020 年）[EB/OL].（2010-07-29）[2016-07-20].　http：//www.　moe.edu.　cn/publicfiles/business/htmlfiles/moe/moe_838/201008/93704.html.

二、外文参考文献

（一）专著

[1]Evans N J，Forney D S，Guido-DiBrito F.　Student development in college：theory，research，and practice[M].　San Francisco：Jossey-Bass Publishers,1998.

[2]Evans N J，Forney D S，Guido-DiBrito F.　Student development in college：theory，research，and practice [M].　2nd ed..　San Francisco：Jossey-Bass Publishers，2010.

[3]Pascarella E T，Terenzini P T.　How college affects students：a third decade of research [M].　San Francisco：Jossey-Bass Publishers，2005.

（二）期刊

[1]Astin A W. Student involvement: a developmental theory for higher education[J]. Journal of College Student Development, 1999,40(5): 518-529.

[2]Bok D. On the purposes of undergraduate education[J]. Daedalus, 1974,103:160.

[3]Boykin L L. A summary of reading investigations among Negro college students, 1940－1954[J]. Journal of Educational Research, 1958, 51: 471-475.

[4]Dumler M J. A study of factors related to gains in the reading rate of college students trained with the tachistoscope and accelerator [J]. Journal of Educational Research, 1958,52: 27-30.

[5]Hoole W S. The reading of Birmingham-Southern College students [J]. Peabody Journal of Education, 1936,14:151-157.

[6]Hoole W S. A cross-section survey of the reading habits and library usage of Birmingham-Southern College students[J]. Peabody Journal of Education, 1938,15: 216-220.

[7]Kingstona A J, Georgea C E. The effects of special reading training upon the development of college students' reading skills[J]. Journal of Educational Research, 1957,50: 471-475.

[8]Laycock F. Significant characteristics of college students with varying flexibility in reading rate: I. Eye-Movements in reading prose[J]. The Journal of Experimental Education, 1955,23: 311-319.

[9]Maxwell M J. The role of attitudes and emotions in changing reading and study skills behavior of college students [J]. Journal of Reading, 1971(6): 359-364, 420-422.

[10]Mokhtari K, Reichard C A, Gardner A. The impact of internet and television use on the reading habits and practices of college students[J]. Journal of Adolescent and Adult Literacy, 2009,52: 609-619.

[11]Powell A S. Reading interests of 366 college students[J]. The Journal of Negro Education, 1954,23: 183-185.

[12]Preston R C, Botel M. The relation of reading skill and other

factors to the academic achievement of 2048 college students[J]. Journal of Experimental Education,1952, 20:363-371.

[13] Prestona R C, Tufta E N. The reading habits of superior college students[J]. The Journal of Experimental Education, 1948,16: 196-202.

[14]Ryff C D, Keyes C L M. The structure of psychological well-being revisited[J]. Journal of Personality and Social Psychology, 1995, 69: 719-727.

[15]Shores L. A comparison of the reading interests of Negro and white college students[J]. The Journal of Negro Education, 1933,2: 460-465.

(三)其他

[1] Astin A W. Excellence and equity in American education[R]. Washington DC: National Commission on Excellence in Education, Department of Education. ERIC, 1982.

[2]Pace C R. The credibility of student self-reports[R]. Los Angeles: University of California, The Center for the Study of Evaluation, National Inst. of Education, 1985.

[3]Tinto V, Pusser B. Moving from theory to action: building a model of institutional action for student success[R]. Washington DC: National Post secondary Education Cooperative, Department of Education, 2006.

附　录

附录一　阅读与大学生发展调查问卷

亲爱的同学：

您好！这是一份不记名的有关阅读与大学生发展的调查问卷,我们希望通过调查和研究能对当下中国大学人才培养机制和人才培养质量评估的改革有所帮助,因此调查信息仅用于科学研究,不会以任何形式公开,敬请放心。现在耽搁您 10～15 分钟时间,对下面的问题进行回答。请根据您的情况填写(问题基本都是单选题,请直接在选项上打"√",特殊标记的除外)。谢谢合作！

华东师范大学课题组

(一)基本情况

A 卷:

1.您的性别：

　(1)男　　　　(2)女

2.您的出生年份是＿＿＿＿＿＿＿＿

3.您目前所学专业的学科门类是：

(1)哲学　(2)经济学　(3)法学　(4)教育学　(5)文学　(6)历史学

(7)管理学　(8)其他,请填写_____

4.您所处的年级是：

(1)大一　　　　　(2)大二　　　　　(3)大三　　　　　(4)大四

5.您来自：

(1)直辖市或省会城市　　　　　　　(2)地级城市

(3)县级市或县城　　　　　　　　　(4)乡镇　　　　　(5)农村

6.您升入大学之前的学校是：

(1)重点或示范性高中　(2)普通高中　(3)中等职业学校

7.您在高中阶段的班级学习成绩排名是：

(1)前 10%　　　　(2)11%～25%　　　(3)26%～50%　　(4)51%～75%

(5)75%后

8.您在 2014—2015 学年的班级综合测评排名是：

(1)前 10%　　　　(2)11%～25%　　　(3)26%～50%　　(4)51%～75%

(5)75%后

9.您在 2014—2015 学年的 GPA(平均学分绩点)是 _____

10.目前您是不是学生干部？

(1)是　　　　　　　(2)否

11.您的政治面貌是：

(1)中共党员(含预备党员)　　　　　(2)入党积极分子

(3)共青团员　　　　　　　　　　　(4)群众

12.您的宗教信仰是：

(1)无宗教信仰　(2)佛教　　　　　(3)道教　　　　(4)基督教

(5)天主教　　　(6)伊斯兰教　　　(7)其他,请填写_____

13.您父亲的职业是：

(1)政府机关管理人员　　　　　　　(2)事业单位管理/专业人员

(3)企业管理/专业人员　　　　　　　(4)务农

(5)退休　　　　　(6)失业　　　　　(7)其他,请填写_____

14.您母亲的职业是：

(1)政府机关管理人员　　　　　　　(2)事业单位管理/专业人员

(3)企业管理/专业人员　　　　　　　(4)务农

(5)退休　　　　　(6)失业　　　　　(7)其他,请填写_____

15. 您父亲的文化程度是:
   (1)不识字或识字很少　　　　　　(2)小学
   (3)初中　　　　(4)普通高中　　　(5)中等职业/技术/师范学院
   (6)大专　　　　(7)本科　　　　　(8)研究生

16. 您母亲的文化程度是:
   (1)不识字或识字很少　　　　　　(2)小学
   (3)初中　　　　(4)普通高中　　　(5)中等职业/技术/师范学院
   (6)大专　　　　(7)本科　　　　　(8)研究生

17. 请估计您的家庭 2014 年全年总收入(含奖金补贴等)为:
   (1)3 万元以下　　(2)3 万～6 万元　　(3)7 万～10 万元
   (4)11 万～20 万元 (5)21 万～30 万元　(6)30 万元以上　(7)不清楚

(二)大学期间阅读情况

　　亲爱的同学:请您继续回答以下与阅读相关的问题,感谢您的支持和合作!(这里的"阅读"内容包括各类书籍、学术期刊和报纸等读物,形式包括纸质阅读和电子阅读。)

B 卷:

1. 阅读认知

1.1　您是否觉得阅读重要?
   (1)完全不重要　　(2)不重要　　　(3)重要　　　(4)非常重要

1.2　影响您阅读的因素有哪些?(可多选)
   (1)社会浮躁,学校也没有阅读氛围　(2)感兴趣的书不多
   (3)学习繁忙,没时间读书　　　　　(4)得不到阅读指导和分享
   (5)不喜欢阅读　　　　　　　　　　(6)其他,请填写_____

1.3　您阅读的最主要目的是什么?
   (1)因学业及就业需要　　　　　　(2)学习知识或扩大视野
   (3)科研　　　　(4)兴趣　　　　　(5)陶冶情操,提升修养
   (6)随意浏览,休闲娱乐　　　　　　(7)其他,请填写_____

1.4　您对阅读最大的困惑是什么?
   (1)没有困惑　　(2)不知道读什么　　(3)不知道怎么读
   (4)不知道读了以后有什么用　　　　(5)其他,请填写_____

1.5　基于您在大学的学习经历,您对大学人才培养机制改革过程中强化阅读的态度是:

　　(1)阅读完全不重要　　　　　　(2)阅读不重要

　　(3)阅读重要　　　　　　　　　(4)阅读非常重要

2.阅读数量

2.1　您是否有定期的阅读计划?

　　(1)没有　　　　　　　　　　　(2)偶尔有

　　(3)有,但很少能做到　　　　　　(4)有,并且能做到

2.2　您是否每天都有阅读?

　　(1)从不　　　　(2)很少　　　　(3)有时　　　　　(4)经常

2.3　您每周的阅读时间累计约有多长?

　　(1)1 小时以下　　　　　　　　(2)1～3 小时

　　(3)4～6 小时　　　　　　　　　(4)其他,请填写____小时

2.4　您每年会读几本书?

　　(1)3 本以下　　　　　　　　　(2)3～8 本

　　(3)9～15 本　　　　　　　　　(4)其他,请填写____本

2.5　您有阅读习惯吗?

　　(1)从不①　　　(2)很少　　　　(3)有时　　　　　(4)经常

2.6　您的阅读习惯是从什么时候开始的?(如没有阅读习惯此题可不做)

　　(1)小学　　　　(2)初中　　　　(3)高中　　　　　(4)大学

2.7　在本校学生中,据您观察,有阅读习惯的同学的比例大约是多少?

　　(1)不到 20%　　(2)21%～40%　　(3)41%～60%　　(4)61%～80%

　　(5)超过 80%

3.阅读内容

3.1　根据您在大学期间的阅读实际,您属于下列阅读类型中的哪一类?

　　(1)专业类书籍主导型　　　　　(2)文学作品主导型

　　(3)经典著作主导型　　　　　　(4)休闲娱乐类书籍主导型

　　(5)各类书籍平衡型

3.2　请根据上题(3.1)对阅读类型的选择,在下表的相应类型中作进一步选择(注意:上题选择"各类书籍平衡型"的同学此题可不答)

---

　①　本题选项表述不太恰当,但考虑到尊重调查时的真实问卷情况,此处未予以修改。

专业类书籍主导型	3.2.1	教材和教辅类书籍	(1)从不 (2)很少 (3)有时 (4)经常
	3.2.2	励志与成功类书籍(包括心灵读物、人际交往、成功学、礼仪口才与面试、公务员考试等书籍)	(1)从不 (2)很少 (3)有时 (4)经常
	3.2.3	专业论著	(1)从不 (2)很少 (3)有时 (4)经常
	3.2.4	学术期刊	(1)从不 (2)很少 (3)有时 (4)经常
文学作品主导型	3.2.5	小说(传记)	(1)从不 (2)很少 (3)有时 (4)经常
	3.2.6	诗歌	(1)从不 (2)很少 (3)有时 (4)经常
	3.2.7	散文	(1)从不 (2)很少 (3)有时 (4)经常
	3.2.8	戏剧	(1)从不 (2)很少 (3)有时 (4)经常
经典著作主导型	3.2.9	文史哲类经典著作	(1)从不 (2)很少 (3)有时 (4)经常
	3.2.10	社会科学类经典著作	(1)从不 (2)很少 (3)有时 (4)经常
	3.2.11	自然科学类经典著作	(1)从不 (2)很少 (3)有时 (4)经常
	3.2.12	艺术类经典著作	(1)从不 (2)很少 (3)有时 (4)经常
休闲娱乐类书籍主导型	3.2.13	报纸	(1)从不 (2)很少 (3)有时 (4)经常
	3.2.14	时尚类杂志	(1)从不 (2)很少 (3)有时 (4)经常
	3.2.15	武侠与言情类书籍	(1)从不 (2)很少 (3)有时 (4)经常
	3.2.16	科幻与侦探推理类书籍	(1)从不 (2)很少 (3)有时 (4)经常
	3.2.17	美食健康与生活类书籍	(1)从不 (2)很少 (3)有时 (4)经常

3.3 关于大学生阅读内容的选择,您是如何看待的?

(1)应博览群书　　　(2)在精通专业基础上阅读部分经典著作

(3)只读有实用价值的书籍　　　(4)经典著作应该占最大的比重

(5)读什么内容影响不大

3.4 您认为经典著作阅读是否对大学生的成长和发展起重要作用?

(1)完全不重要　　(2)不重要　　(3)重要　　(4)非常重要

3.5 请罗列一些您读过的经典著作＿＿＿＿＿＿＿＿＿＿＿＿＿＿＿

4.阅读方式

4.1 根据您在大学期间的阅读实际,您属于下列阅读方式中的哪一类?

(1)传统纸质阅读主导型

(2)电子阅读(包括电脑阅读、手机阅读和电子阅读器阅读)主导型

(3)传统纸质阅读和电子阅读平衡型

4.2 请上题(4.1)选择"电子阅读"的同学在下表中作进一步选择:

电子阅读	4.2.1 电脑阅读	(1)从不 (2)很少 (3)有时 (4)经常
	4.2.2 手机阅读	(1)从不 (2)很少 (3)有时 (4)经常
	4.2.3 电子阅读器阅读	(1)从不 (2)很少 (3)有时 (4)经常

C卷:

5.大学校园阅读活动

5.1 阅读推广活动

5.1.1 您所在的大学组织的校园文化活动中是否有与阅读相关的活动?

(1)没有　　　(2)很少　　　　(3)有时有　　　(4)经常有

5.1.2 您所在的大学是否有读书节活动?

(1)没有　　　(2)很少　　　　(3)有时有　　　(4)经常有

5.1.3 您是否参加所在大学的读书节活动?

(1)从不　　　(2)很少　　　　(3)有时　　　(4)经常

5.1.4 您所在的大学是否有可供全校学生选读的阅读指导课程?

(1)没有　　　(2)很少　　　　(3)有时有　　　(4)经常有

5.2 读书会

5.2.1 您所在大学是否有由学校、学院、班级、社团或教师个人等组织的读书会?

(1)没有　　　(2)很少　　　　(3)有时有　　　(4)经常有

5.2.2 您是否有参加读书会?

(1)从不

(2)很少(A.学校组织　B.学院组织　C.班级组织　D.社团组织 E.教师个人组织)(可多选)

(3)有时(A.学校组织　B.学院组织　C.班级组织　D.社团组织 E.教师个人组织)(可多选)

(4)经常(A.学校组织　B.学院组织　C.班级组织　D.社团组织

　　　　　E. 教师个人组织)(可多选)

5.2.3　您所在大学是否有学生自发形成的读书会?

　　　　　(1)没有　　　　(2)很少　　　　　(3)有时有　　　　(4)经常有

5.2.4　您是否有参加学生自发形成的读书会?

　　　　　(1)从不　　　　(2)很少　　　　　(3)有时　　　　　(4)经常

5.2.5　您觉得参加读书会带给您最大的感受和启发是＿＿＿＿＿＿＿＿＿

＿＿＿＿＿＿＿＿＿＿＿＿＿＿＿＿＿＿＿＿＿＿＿＿＿＿＿＿＿＿＿＿＿＿

6.大学图书馆软硬件

6.1　您喜欢的阅读地点是(可多选):

　　　　(1)图书馆　　　(2)教室　　　　　(3)宿舍　　　　(4)书店、报亭

　　　　(5)校园　　　　(6)家里　　　　　(7)其他,请指出＿＿＿＿＿

6.2　您所在大学的图书馆在以下方面是否能满足您的阅读需求?

6.2.1　阅读环境	(1)从不　(2)很少　(3)有时　(4)经常
6.2.2　阅读方式(包括传统纸质阅读和电子阅读等设施)	(1)从不　(2)很少　(3)有时　(4)经常
6.2.3　书籍种类	(1)从不　(2)很少　(3)有时　(4)经常
6.2.4　阅读服务	(1)从不　(2)很少　(3)有时　(4)经常

7.专业教师与学生的阅读互动

　　您在大学接触的教师是否会进行以下阅读互动?

7.1　推荐阅读书目	(1)从不　(2)很少　(3)有时　(4)经常
7.2　进行阅读指导	(1)从不　(2)很少　(3)有时　(4)经常
7.3　进行阅读分享	(1)从不　(2)很少　(3)有时　(4)经常

8.辅导员与学生的阅读互动

8.1　您在大学接触的辅导员是否会进行以下阅读互动?

8.1.1　推荐阅读书目	(1)从不　(2)很少　(3)有时　(4)经常
8.1.2　进行阅读指导	(1)从不　(2)很少　(3)有时　(4)经常
8.1.3　进行阅读分享	(1)从不　(2)很少　(3)有时　(4)经常

8.2　您是否会主动与辅导员进行阅读交流?

　　　　(1)从不　　　　(2)很少　　　　　(3)有时　　　　(4)经常

9.同伴阅读互动

9.1　您是否会与同学同时阅读同一书籍？

　　　(1)从不　　　　　(2)很少　　　　　(3)有时　　　　　(4)经常

9.2　您是否会与同学互相进行阅读推荐？

　　　(1)从不　　　　　(2)很少　　　　　(3)有时　　　　　(4)经常

9.3　您是否会与同学分享阅读心得和体会？

　　　(1)从不　　　　　(2)很少　　　　　(3)有时　　　　　(4)经常

10.给您印象最深的两本书是＿＿＿＿＿＿＿＿＿、＿＿＿＿＿＿＿＿＿。

(三)阅读对发展的影响

　　亲爱的同学,请根据您在大学中的阅读情况,判断阅读对您以下方面的影响。请从1～7中进行选择,数值越大代表阅读对您的影响越大。谢谢您的支持和合作!

D 卷:

题　　项	(1)没有影响——(7)很大提高						
1.全球化意识和国际化视角	(1)	(2)	(3)	(4)	(5)	(6)	(7)
2.尊重和理解不同地区和社会文化背景的群体	(1)	(2)	(3)	(4)	(5)	(6)	(7)
3.诚信和社会规范意识	(1)	(2)	(3)	(4)	(5)	(6)	(7)
4.社会责任感	(1)	(2)	(3)	(4)	(5)	(6)	(7)
5.对重大政治事件(如两会、国家领导人更换)的关心程度	(1)	(2)	(3)	(4)	(5)	(6)	(7)
6.对重大社会事件(如地震灾害、全球变暖)的关心程度	(1)	(2)	(3)	(4)	(5)	(6)	(7)
7.专业学科的基本知识理论的掌握	(1)	(2)	(3)	(4)	(5)	(6)	(7)
8.知识面和视野	(1)	(2)	(3)	(4)	(5)	(6)	(7)
9.专业学科领域的操作动手能力	(1)	(2)	(3)	(4)	(5)	(6)	(7)
10.专业学科知识发展前沿的了解	(1)	(2)	(3)	(4)	(5)	(6)	(7)
11.计算机等信息处理能力	(1)	(2)	(3)	(4)	(5)	(6)	(7)
12.发现与解决问题能力	(1)	(2)	(3)	(4)	(5)	(6)	(7)
13.批判性思维	(1)	(2)	(3)	(4)	(5)	(6)	(7)

续表

题　项	(1)没有影响——▶(7)很大提高						
14.数理统计分析能力	(1)	(2)	(3)	(4)	(5)	(6)	(7)
15.清晰有效的口头表达能力	(1)	(2)	(3)	(4)	(5)	(6)	(7)
16.理论性文章的写作能力	(1)	(2)	(3)	(4)	(5)	(6)	(7)
17.与人相处和社会交往能力	(1)	(2)	(3)	(4)	(5)	(6)	(7)
18.外语听说和沟通能力	(1)	(2)	(3)	(4)	(5)	(6)	(7)
19.组织领导能力	(1)	(2)	(3)	(4)	(5)	(6)	(7)
20.持续的求知欲	(1)	(2)	(3)	(4)	(5)	(6)	(7)
21.终身学习的愿望	(1)	(2)	(3)	(4)	(5)	(6)	(7)
22.尊重事实和追求真理的品质	(1)	(2)	(3)	(4)	(5)	(6)	(7)
23.开放包容能力	(1)	(2)	(3)	(4)	(5)	(6)	(7)
24.敢于冒险能力	(1)	(2)	(3)	(4)	(5)	(6)	(7)
25.充实和快乐的体验	(1)	(2)	(3)	(4)	(5)	(6)	(7)

问卷到此结束,再次感谢您对本次问卷调查的支持!

2015 年 11 月

附录二　阅读与大学生发展访谈提纲

一、大学生(已工作)访谈提纲

1.请谈谈您在大学本科期间学习和生活中的阅读情况,如阅读数量、阅读内容、阅读方式等。

2.您觉得哪些因素影响了您的阅读? 如家庭环境、基础教育阶段的学校教育环境、大学阅读环境、大学师生和同伴之间的阅读互动等。

3.您觉得大学本科期间的阅读与您的成长和事业发展有什么关系? 促进了您哪些方面(能力)的发展?

(1)与其他书籍相比,经典名著对您成长的影响有什么不同吗?

(2)您觉得大学本科期间的阅读与您现在事业的成功有关吗? 能否具体谈谈?

二、大学生(在校)访谈提纲

1.请谈谈您在大学本科期间学习和生活中的阅读情况,如阅读数量、阅读内容、阅读方式等。

2.您觉得哪些因素影响了您的阅读? 如家庭环境、基础教育阶段的学校教育环境、大学阅读环境、大学师生和同伴之间的阅读互动等。

3.您觉得大学本科期间的阅读与您的成长和发展有什么关系? 促进了您哪些方面(能力)的发展? 与其他书籍相比,经典名著对您成长的影响有什么不同吗?

索　引

后　记

　　这本书是在我的博士学位论文《阅读与大学生发展的关系研究——基于浙江省文科大学生的阅读调查》的基础上修改而成的,这个后记也是对我攻读博士学位学习成长历程的回忆,并向一路上给予我关心、支持和帮助的老师、同事及亲朋好友表达我的感激之情。

　　2012年进入华东师大攻读博士学位时我已步入不惑之年,尽管一直身处大学校园,但华师带给我的激情和震撼、成长和蜕变,总让我念念不忘;也许正是因为不再年轻,我对重新获得的学生身份倍感珍惜,而华东师大也必然成为我一生的心之所牵。

　　博士学位论文是博士生经历的要求最高也最为系统的研究训练,而论文的研究写作过程既循序渐进也充满变数,既艰难痛苦又充实兴奋,甚至让人激动不已、喜出望外,个中滋味实难简单概括。我是在职攻读博士学位,只有第一年是脱产学习,学位论文的研究写作是在繁忙的工作之余断断续续进行的。但我深知时间是可以把握的,不管是零碎的时间,还是整段的寒暑假,我都紧紧地抓住不松手,于是我一步一步地向前方的目标靠近。回想这个过程,从最初的文献收集、整理和研读,到一次又一次地修正研究问题、限定研究范围、界定核心概念、确定研究框架、修订访谈提纲和调查问卷并最终实施,再到分析方法的学习应用和论文的写作,每一步都经历了数次的变化,但也正是这反反复复的每一步,让我不断地获取新知、锤炼思维、成长蜕变。我深刻而清晰地感受到学位论文的完成对我自身学术训练的意义,同时也深刻而清晰地感受到这每一步都离不开恩师——眭依凡教授的精心指导。

　　初识眭老师,感觉他是遥不可及的大师级人物。所以我经常想,我是何德何能又何其幸运遇见老师并被收入门下谆谆教诲。老师治学严谨、学养深厚,让我领略了"大家"的风范;老师带我走进学术的殿堂,让我拥有去实现梦想的勇气;老师关于"读书与音乐"的观点,让我领悟生命的真谛;……正是老师的百般馈赠,让我的人生有了如此充沛富足的一段经历。

　　而时时让我愧疚的是,虽然我不是年轻学生,却让眭老师操心最多。从论文的选题、核心概念的界定、研究框架的确立到最后定稿,眭老师不厌其烦地悉心指导,为了我的学业和学位论文的完成付出了太多的心血。同时让我不安的是,我这个已不年轻的学生却还是屡屡出错,而眭老师总是包容我所有的缺点。如此厚重的一份恩情,岂是一句"感谢"所能道尽?唯有一生铭记,唯有学习和实践导师做人、做事、做学问的准则。虽难以望其项背,但也努力成就更好的自己来回报师恩。

　　感谢华东师大高教所的每一位老师。感谢阎光才老师、唐玉光老师、房剑森老师、戚业国老师、韩映雄老师、荀渊老师、张东海老师、李梅老师,感谢你们在课堂上给我的启迪,你们的博识和睿智总是让我感受到思想的力量!感谢陈曦老师、岳英老师、娄岙菲老师,感谢你们在生活和学业事务上对我的理解、帮助和指导!

　　特别感谢石中英教授,在应邀来浙师大讲学期间专门留出时间对我的学位论文进行指导和提点。感谢丁钢教授和陈向明教授,在讲学的休息时间帮我解惑。此外,在博士学习过程中,我还有幸聆听了张楚廷教授、王英杰教授、袁振国教授、刘海峰教授、张斌贤教授、吴康宁教授、刘献君教授、别敦荣教授、龚放教授、周川教授、岳昌君教授等老师的讲学。老师们独到的视角、卓尔不群的观点、深邃的思想和独特的思维方式,每每让我如饮醍醐,从中收获的不仅仅是视野的开阔,对学习、学术乃至生命的启迪,更是一次次愉悦的心灵和精神体验!正是导师眭依凡教授和以上这些学术前辈的引领、鼓励和指点,让我一步步地走进高等教育学的研究领域。在此特向你们致谢!

　　感谢陈红儿老师,从本科阶段开始一直关心、关注和帮助我成长!人生的重大抉择当口,都离不开您的指导!

　　感谢浙江师范大学的领导和同事!我从报考开始就一直得到校院两级领导和同事们的关心、支持、鼓励和帮助。特别感谢博士学习期间我所工作的教师教育学院和地理与环境科学学院的全体班子成员,感谢你们的理解和支持!感谢所有的同事,感谢你们在不同场合以不同方式对我学位论文的各种建议、启示和鼓励！这里虽然没有一一列出你们的姓名，但你们每一个都清晰地住在我心里！

感谢我的同窗同学，文晓、梦虎、徐永和郭银，以及同在高教所求学的高芳祎博士和于汝霜博士。感谢在我人生的最后一次求学生涯中与你们相伴同行！尽管我年长你们很多，但在心理年龄上我真把你们当"同学"，总是不分时间场合向你们咨询各种问题，而你们总是不厌其烦地认真回答我，这份同甘共苦、相互鼓励的同学情谊弥足珍贵！

感谢同门的熊万曦博士、何志伟博士给我提供的各种帮助；感谢王占军博士和朱剑博士为我的调研问卷提出的建议；感谢年强、黄丹、琼嫦在本文的数据整理过程中给予的协助；感谢妹妹晓彤在沪上的相伴。

感谢浙江大学沈黎勇老师和王万成老师、浙江工业大学贾侃老师、浙江工商大学郑晓春老师、宁波大学林奇凯师兄对我的调研工作给予的支持和帮助。感谢参与问卷调查的每一位大学生，感谢参与访谈的 20 位在校大学生和 4 位青年才俊。正是你们，我才获得丰富、鲜活、宝贵的一手资料，才可能获得现在的研究成果。

感谢与我"没有血缘却有亲情"的兄弟姐妹们！感谢与我"亦师亦友、一生认我"的学生们！感谢作锋、世斌、黎斌为我的调研工作付出的直接帮助。感谢生命中与你们的遇见！所有的你们！尽管激情燃烧的岁月已成昨日，尽管星移物换仍是今日，这份情谊一如当年！

感谢我的父母！在父母对我无私无尽的爱面前，任何言语都显苍白。为了让我在寒暑假能心无旁骛地写作，父母包揽了所有的家务。妈妈每天清晨开始就忙着洗洗晒晒，爸爸变着花样做着饭菜，就连亲朋好友到访也是父母忙碌接待。想想自己已入不惑之年，父母还在为支持女儿的学习而辛劳，每每听见爸爸的电视声音大起来时妈妈忙不迭地斥责，歉疚的内心又夹杂着甜蜜，因为这就是我亲爱的爸爸妈妈！

关于本书的出版，还要感谢浙江大学出版社的各位编辑老师给予的大力支持！尤其要感谢吴伟伟老师、周群老师为此付出的大量耐心细致的工作！

最后要感谢我的丈夫施伟东。写作过程漫长又充满着纠结，尽管我一直调整着状态和节奏，也难免焦虑不安。感谢你以你一贯的淡定静静地陪伴我，让我在岁月流淌中体悟陪伴是最长情的告白。当婚姻渐渐走向成熟时，能在平淡无奇中享受闲情雅致，在柴米油盐中体会脉脉温情，愿琴瑟在御，岁月静好。

有人说,喜欢一座城往往是因为一个人。而我却是因为一所大学、一段经历拥有了对上海特殊的情结。婺沪之间的反复位移,这一路上的无限风光已烙印在我生命中。

出版专著尚属首次。拙作若有可取之处,全是导师指导、同事好友关心帮助的结果;若有不妥之处,全因本人才疏学浅、学业不勤,敬请专家批评指正。

阅读的本质在于"总有一段文字影响生命的成长"。对于"阅读与大学生发展"的研究和探索,让我对阅读有了更为理性、多维的认知,也更加推崇"阅读是为了遇见更好的自己"。

2019 年 7 月 10 日